Naturparke in Südtirol

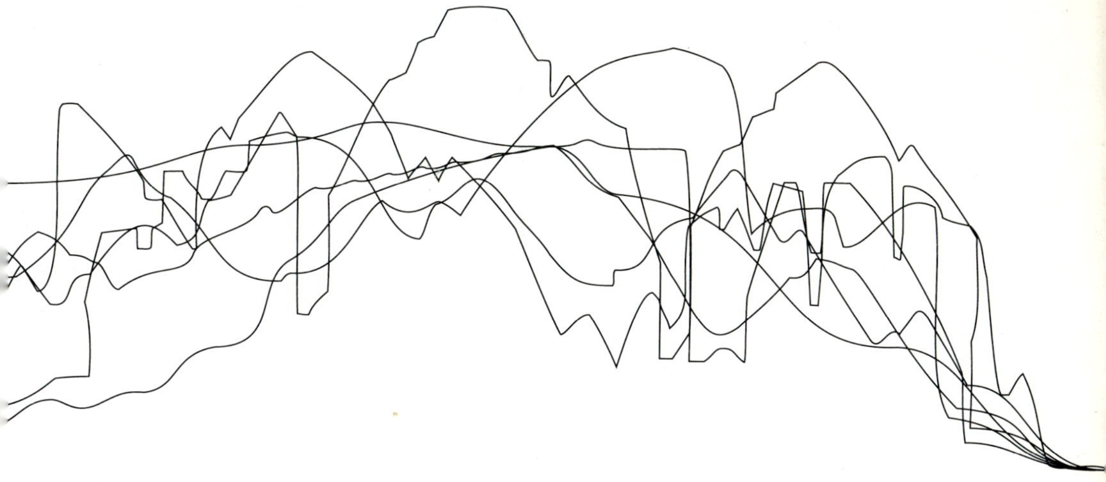

Umschlagbild:

Peitlerkofel (Aufnahme Peter Schreiner)

Oktober 1993

Text: Martin Schweiggl

Koordination:
Peter Schreiner

Gestaltung / Layout: Peter Schreiner

Fotografie
Martin Schweiggl (97), Leo Unterholzner (41),
Peter Schreiner (7), Hugo Wassermann (6), Ernst Hofer (5),
Giacomo Barducci (3),
Reimo Lunz (2), Fiorenza Bortolotti (2),
Carlo Dapoz (1),
Ferruccio Maestri (1), Konrad Verand (1)

Gesamtherstellung: Athesiadruck Ges.m.b.H. Bozen

ISBN 88-7014-771-1

Martin Schweiggl

Naturparke in Südtirol

Herausgeber:
AUTONOME PROVINZ BOZEN/SÜDTIROL
Amt für Naturparke
Naturschutz und
Landschaftspflege

VERLAGSANSTALT ATHESIA - BOZEN

Vorwort

Die Autonome Provinz Bozen / Südtirol hat sieben von acht vorgesehenen Naturparken errichtet. Das Ziel, großflächige, für unser Land repräsentative Natur- und Kulturlandschaften zu erhalten, ist weitgehend erreicht.
Mit dem noch auszuweisenden Naturpark Sarntaler Alpen wird sodann etwa ein Fünftel der Fläche unseres Landes das »Naturparksiegel« tragen. Damit ist die Verpflichtung verbunden, diese Gebiete wirksam und auf Dauer zu schützen.

Rückblickend auf fast zwei Jahrzehnte Naturparkgeschichte steht fest: Die Idee hat sich bewährt.
Anfängliche Skepsis, zum Teil totale Ablehnung in der betroffenen Bevölkerung ist einer breiten Akzeptanz gewichen. Dazu war viel Informations- und Überzeugungsarbeit notwendig.

Mein Dank richtet sich an alle, die die Naturparkidee mit Idee und Tat unterstützt haben: angefangen bei den politisch Verantwortlichen auf Landes- und Gemeindeebene in der schwierigen Zeit der Naturparkausweisung - bis zu den Mitgliedern der Führungsausschüsse der jeweiligen Naturparke, deren Einsatz für die Identifikation der Einheimischen mit dem Naturpark und mit den Zielen der Einrichtung ausschlaggebend ist.

Von größter Hilfe für die Bildung einer positiven Einstellung zur Vorbereitung und Verwirklichung der Naturparkidee war von allem Anfang an der Einsatz von Seiten der verschiedenen Medien in unserem Land.

Anerkennung gebührt dem Leiter und den Mitarbeitern des Landesamtes für Naturparke, die mit viel Engagement und großer Sachkompetenz, gemeinsam mit der Landesforstbehörde, konsequent an der Umsetzung der Parkidee gearbeitet haben.

Meine Gratulation gilt auch den Text- und Bildautoren dieses dritten Bandes der Bücherserie über die Schutzgebiete unseres Landes, die vom Amt für Naturparke herausgegebenen wurden.

Dem Leser wünsche ich die Anregung zu erholsamen und erlebnisreichen Wanderungen in »seinem« Naturpark.

Dr. Erich Achmüller

Landesrat
für Natur- und Landschaftsschutz

Einleitung

Roland Dellagiacoma

Wildpark, Naturpark, Nationalpark und andere Parks

Mit dem Begriff »Park« werden unterschiedliche Erwartungen und Angebote verbunden. Das Wort »Park« ist imageträchtig und medienwirksam. Neben bekannten Begriffen (Stadtpark, Kurpark) entstanden auch neue Wortschöpfungen wie Freizeitpark oder Industriepark - auch wenn sie mit Natur wenig oder nichts gemeinsam haben.

Doch bestehen Unterschiede zwischen einem Naturpark und einem Nationalpark?

Haben Naturparke in Deutschland, Österreich oder Italien dieselben Ziele?
Umfassen sie in etwa vergleichbare Landschaftsbereiche?

Versuch einer Klärung im Park-Wirrwarr

Die ersten Naturparke wurden in den Fünfziger Jahren in der Bundesrepublik Deutschland gegründet. Sie umfassen zumeist attraktive, relativ dünn besiedelte Landschaftsbereiche. Sie haben die Landschaftspflege und die Erholungsnutzung zum vorrangigen Ziel. Träger der Parke sind meist private Vereine, die in der Regel nur über bescheidene personelle und finanzielle Mittel verfügen.
In Großbritannien wurden zur selben Zeit einige repräsentative Kulturlandschaften als »Nationalparke« geschützt. Dem Beispiel der Deutschen und Briten folgten andere europäische Länder wie Frankreich, Luxemburg, Belgien, Spanien, Portugal und Italien.
In Italien gab es 1992 laut einer offiziellen Liste des Umweltministeriums 81 Naturparke.
Die italienischen Naturparke sind häufig als regional - politisches Raumordnungsinstrument konzipiert und werden als eine »sanfte« Entwicklungsalternative in strukturschwachen Gebieten angeboten. Großzügige Förderungsprogramme sollen zur »Aufwertung« des Parkgebietes beitragen, das in der Regel auch besiedelte Bereiche umfasst. Eine Vielzahl verschiedener Zonenausweisungen (vom Landwirtschaftsgebiet bis zu Siedlungs- und Entwicklungszonen) sorgt für stolze Flächenbilanzen an Schutzgebieten. Die Vorrangfläche für den Naturschutz ist meist wesentlich bescheidener.
In Südtirol sind Dauersiedlungen von den Naturparken ausgeschlossen. Es besteht kein unmittelbares ökonomisches Ziel. Vorrang hat der Natur- und Landschaftsschutz.

Naturpark - geschützte Kulturlandschaft

Trotz verschiedener Schwerpunkte der Zielsetzung und Planungskonzepte in den verschiedenen Ländern werden unter »Naturparken« Kulturlandschaften - mit mehr oder weniger großem Anteil an natürlichen oder naturnahen Bereichen - ausgewiesen.

Die 1973 gegründete »Föderation der Natur- und Nationalparke Europas« definiert die Naturparke so:

»Naturparke sind großräumige, geschützte Kulturlandschaften. Ihre durch Wechselwirkungen zwischen Mensch und Natur gewachsenen abwechslungsreichen Strukturen, ihre Vielfalt und Schönheit sollen geschützt, sie sollen als Erholungsräume genutzt und durch schonende Formen der Landnutzung und Landschaftspflege erhalten werden«.

Nationalparke - Selbstbestimmungsrecht für die Natur

Wer im Schweizerischen Engadin vom Ofenpaß nach Zernez fährt, dem fällt ein hoher Anteil an abgestorbenen Bäumen im Wald auf.
Er durchquert den einzigen Nationalpark der Schweiz. Seit seiner Gründung im Jahre 1914 wird hier die Natur sich selbst überlassen.

Der internationale Naturschutzverband IUCN hat bereits im Jahre 1969 in New Delhi die Kriterien für einen Nationalpark festgelegt:

»Ein Nationalpark ist ein verhältnismäßig großes Gebiet, in dem

1. *eines oder mehrere Ökosysteme nicht wesentlich durch menschliche Nutzung oder Inanspruchnahme verändert sind, in dem Pflanzen- und Tierarten, geomorphologische Erscheinungen sowie Biotope von besonderer Bedeutung für Wissenschaft, Bildung und Erholung sind oder das eine besonders schöne natürliche Landschaft aufweist;*

2. *die oberste zuständige Behörde des betreffenden Landes Maßnahmen getroffen hat, im gesamten Gebiet so früh wie möglich die wirtschaftliche Nutzung oder jede andere Inanspruchnahme zu verhindern oder zu beseitigen und damit wirksam sicherzustellen, daß die ökologischen, geologischen, morphologischen oder ästhetischen Eigenschaften, die zur Ausweisung des Schutzgebietes geführt haben, unantastbar bleiben;*

3. *Besuchern unter bestimmten Bedingungen zur Erbauung, Bildung, Kulturvermittlung und Erholung Zutritt gewährt wird.*

Diese strenge Definition wurde von der IUCN 1972 in Banff soweit gelockert, daß ein Nationalpark neben einer streng geschützten »Wildniszone« auch geschützte anthropologische bzw. historische oder archäologische Zonen umfassen darf. Am Prinzip des Schutzes einer vom Menschen weitgehend ungestörten natürlichen Entwicklung von Lebensgemeinschaften wird jedoch festgehalten.

Bei einem Nationalpark geht es also letztlich darum, der Natur einen Eigenwert zuzugestehen, und zwar unabhängig von den Wertzuweisungen durch die jeweilige menschliche Gesellschaft.
Nationalparke sollen darüber hinaus der wissenschaftlichen Forschung dienen. Sie sollen vor allem ein weltweites Netz von Restflächen einer ursprünglichen Natur sicherstellen.

Die Kluft zwischen Theorie und Praxis

Zwischen der internationalen Begriffsdefinition eines Nationalparkes und der Wirklichkeit besteht häufig ein großer Unterschied.

So entsprechen die »Nationalparke« in Großbritannien mustergültig geschützten Naturparks. Nationalparke im Alpenraum umfassen neben mehr oder weniger ursprünglicher Hochgebirgsnatur auch die damit innig verbundene Kulturlandschaft, die von jahrhundertelanger bäuerlicher Bewirtschaftung gestaltet und geprägt ist.

Das 1991 in Kraft getretene italienische Rahmengesetz für die Schutzgebiete (G. vom 06.12.1991, Nr. 394) listet in der Nationalparkdefinition neben dem Naturschutzziel auch ästhetische, kulturelle, Bildungs- und Erholungsziele auf. Das Parkgebiet kann in vier Zonen eingeteilt werden, vom streng geschützten Naturreservat bis zur »Zone für die Wirtschaftsförderung«, die völlig naturferne, stark anthropisierte Bereiche umfaßt.

Nationalpark Stilfser Joch - eine Wende in Sicht

Mit über 50.000 Hektar hat Südtirol mit dem Trentino und der Region Lombardei Anteil am Nationalpark Stilfser Joch. Dieser 1935 in der faschistischen Ära gegründete Nationalpark hat in Südtirol bei der betroffenen Bevölkerung bis heute große Akzeptanzprobleme.
Neuordnungsbemühungen der Landesverwaltung auf der juridischen Grundlage einer spezifischen Durchführungsbestimmung zum Autonomiestatut waren bis heute erfolglos (D.P.R. vom 22. März 1974, Nr. 279) .
Aktuelle Entwicklungen eröffnen jedoch die Perspektive einer positiven Wende in dieser langen und von vielen Auseinandersetzungen zwischen dem Zentralstaat und den Landesregierungen geprägten Nationalparkgeschichte.
Das 1992 erzielte Einvernehmen mit dem Staat über eine neue Nationalparkverwaltung, die Ausgrenzung der intensiv besiedelten Talbereiche des Vinschgaus und die Möglichkeit der Zonierung des Nationalparkgebietes sind erste konkrete Schritte zu einem neuen, glaubwürdigen Nationalpark.

Das Südtiroler Naturparkkonzept

1970 erteilte die Südtiroler Landesregierung einer Expertengruppe den Auftrag, für unser Land repräsentative Natur- und Kulturlandschaftsbereiche als Naturparke auszuweisen. Die diesem Auftrag zugrundeliegende Idee war klar und vom Landschaftsschutzgesetz vorgegeben: Naturparke sind noch ökologisch intakte Gebiete von besonderem wissenschaftlichen Wert und sind für die Forschung, für die Umweltbildung und »eventuell« auch für die Erholung der Bevölkerung geeignet.

In Zeiten des ungebrochenen Glaubens an das unbegrenzte Wirtschaftswachstum bewies die damalige Landesregierung ökologischen Weitblick. Dem großen Erschließungsdruck - vor allem zur Skierschließung - in bisher unberührten, landschaftlich einmaligen Hochgebirgsszenarien, wurde die Naturparkidee entgegengesetzt. Ein Fünftel der Landesfläche sollte als »Ruhegebiet« frei bleiben von Großtechnologie und industrieller Nutzung.
Trotz harter Auseinandersetzungen zwischen Fortschrittsgläubigen und »Rückständigen« setzte sich die Naturparkidee durch.
Bereits geplante Skikaruselle am Fuße der Geislergruppe im Villnösstal oder auf der Plätzwiese im Naturpark Fanes-Sennes-Prags wurden nicht gebaut. Gigantische Wasserkraftprojekte wie im Pfossental im Naturpark Texelgruppe konnten ebenfalls verhindert werden.
Überzeugungsarbeit, solides Stehvermögen und vor allem auch Verhandlungsgeschick waren notwendig, um das Ziel »Naturparke« zu erreichen.

Das Südtiroler Naturparkkonzept beruht auf wenigen, klaren Richtlinien:

1. Dauersiedlungen und dazugehörige intensiv genutzte Wirtschaftsflächen werden vom Parkgebiet ausgegrenzt.
Die Naturparkgebiete umfassen daher im wesentlichen Wald- und Almgebiete und alpine bis hochalpine Naturlandschaftsbereiche, reichen aber auch hinab bis in die supramediterrane Stufe, etwa im Naturpark Trudner Horn oder im Naturpark Texelgruppe.

2. Die traditionelle Bodennutzung wird in der bisherigen Form beibehalten, muß jedoch auf die Erfordernisse des Natur- und Landschaftsschutzes Rücksicht nehmen.

3. Grundsätzlich verboten ist jede Bautätigkeit, die nicht im Zusammenhang mit der land- und forstwirtschaftlichen Nutzung steht.
Der Bau von Seilbahnen und Straßen, von Skiliften oder Skipisten, von Elektro- und Telefonfreileitungen, Bergbau und Schotterabbau, die Nutzung der Gewässer von übergemeindlicher Bedeutung zu hydroelektrischen oder industriellen Zwecken sind ausnahmslos verboten.

4. Relativ strenge Regelungen gelten für den Naturparkbesucher: Sammelverbote für Pflanzen, Pilze, Mineralien und Fossilien; Fahr- und Campingverbote.

Die Naturparkverwaltung

Südtirol hat nicht eine eigene Körperschaft für jeden einzelnen Naturpark geschaffen, sondern ein Landesamt mit der einheitlichen Verwaltung aller Parke betraut. Die Landesforstbehörde wurde eng eingebunden.
Mit eigenem Landesgesetz wurden die Maßnahmen zur Erreichung der Naturparkziele festgelegt und für jeden Naturpark Führungsausschüsse eingesetzt, die sich aus Vertretern der gebietsmäßig betroffenen Gemeinden, der Naturschutzverbände, Vertreter der Grundbesitzer und einzelnen Fachressorts der Landesverwaltung zusammensetzen.

Neben den Pflegemaßnahmen sowie der Instandhaltung des Wege- und Steigenetzes wurde vor allem auch der ökologische Bildungsauftrag konsequent wahrgenommen.
Für alle Parke liegen Informationsmaterialien in gedruckter und audiovisueller Form vor. Naturerlebnis-Wanderungen unter der Leitung erfahrener Führer und saisonale Betreuer vor Ort dienen einer umfassenden Umweltbildung.

Die Natur- und Nationalparke: Teil einer globalen Naturschutzstrategie

In der öffentlichen Meinung wird die Rolle der Schutzgebiete - kleinstflächige Biotope oder Natur- und Nationalparke, häufig überschätzt. Natur- und Nationalparketiketten werden als »ökologische Gütesiegel« vergeben.
Mit zehn oder auch zwanzig Prozent »Naturparkschutz« ist weder die Natur- noch die Kulturlandschaft langfristig zu erhalten.
Auch die ganz »normale« Natur unseres Lebensraumes ist schützenswert.

Die Naturparke in unserem Lande waren zum Zeitpunkt ihrer Konzeption ein Abwehrinstrument vor weiterer Zerstörung der Natur oder positiv formuliert: eine Vorsorgemaßnahme für den Schutz der Natur. Sie sind heute der grundlegende Bestandteil einer Strategie, die hundert Prozent der Landesfläche umfassen muß: Eine Naturschutzstrategie, der ein Lebens- und Wirtschaftsleitbild zugrunde liegt, das die Produktionsverfahren und unser Konsumverhalten von den Zinsen und nicht vom Kapital unserer Natur und Umwelt bestreitet.

Bozen, im August 1993

Roland Dellagiacoma
Leiter des Amtes für Naturparke

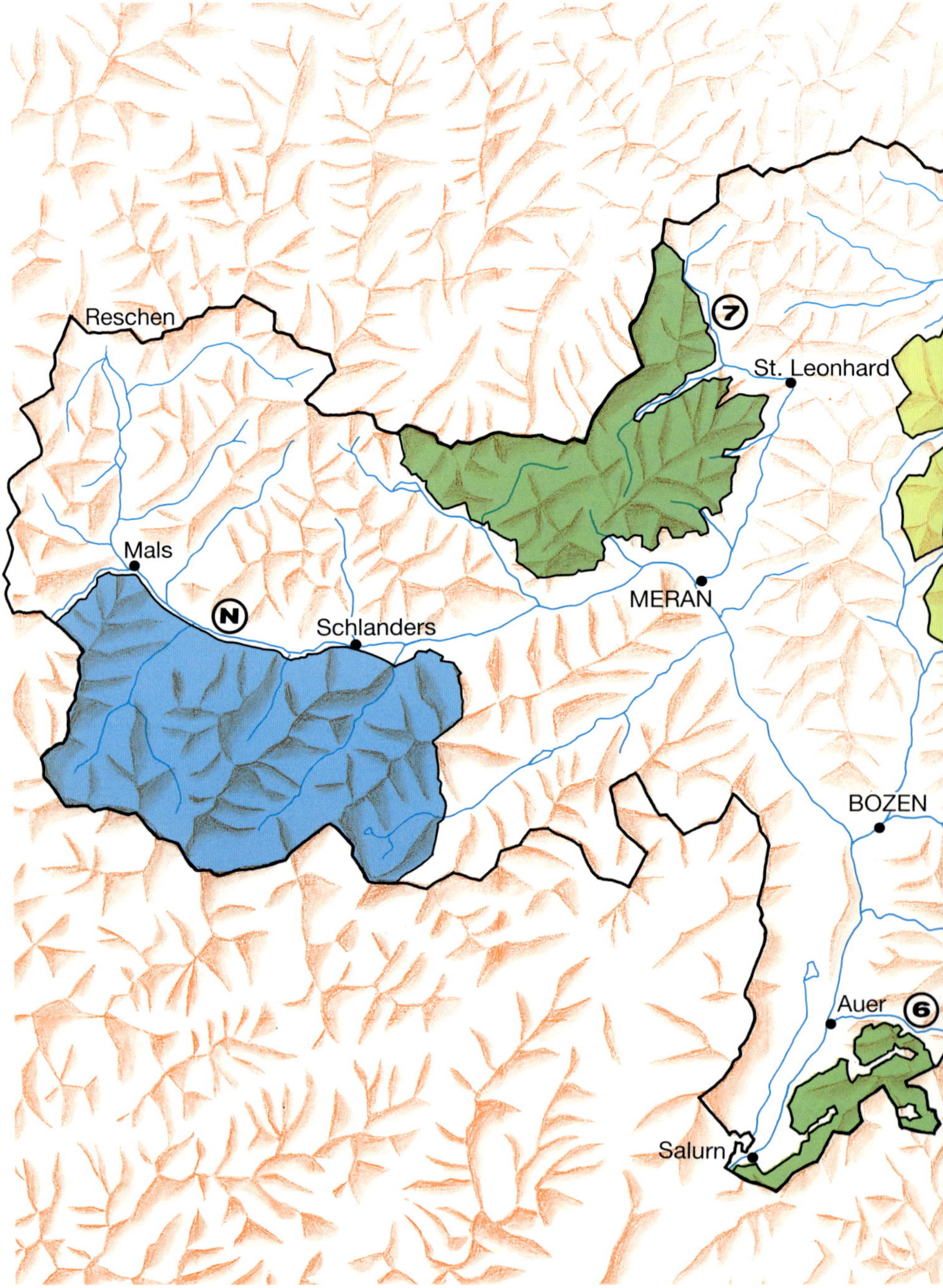

Reschen
7
St. Leonhard
Mals
N
Schlanders
MERAN
BOZEN
Auer
6
Salurn

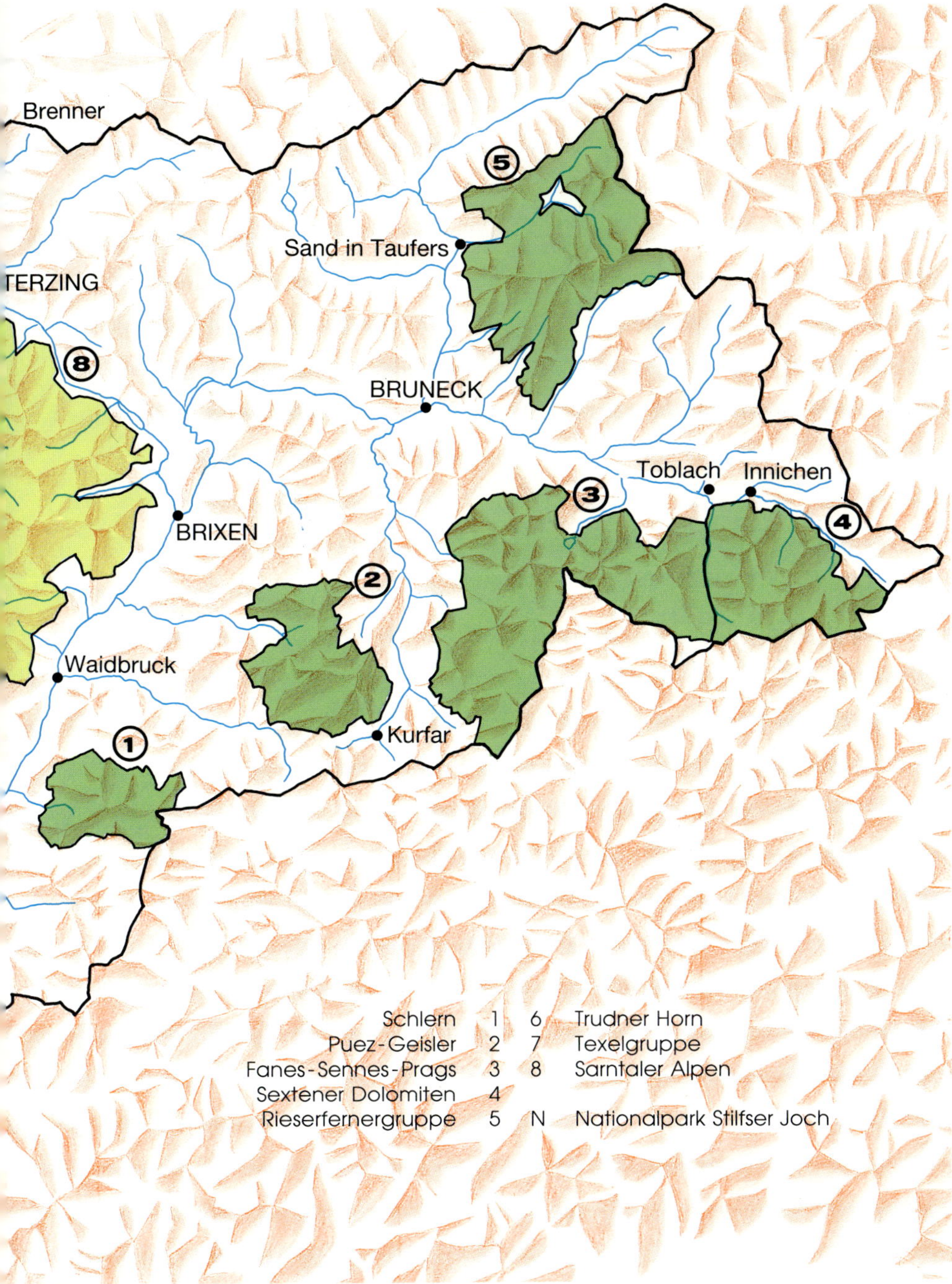

Brenner
STERZING
Sand in Taufers
BRUNECK
BRIXEN
Toblach
Innichen
Waidbruck
Kurfar
1
2
3
4
5
8
Schlern 1
Puez-Geisler 2
Fanes-Sennes-Prags 3
Sextener Dolomiten 4
Rieserfernergruppe 5
6 Trudner Horn
7 Texelgruppe
8 Sarntaler Alpen
N Nationalpark Stilfser Joch

Informationen zu den Naturparken (allgemein)

Informationsmaterial
ist im Amt für Naturparke der Autonomen Provinz Bozen erhältlich
und in den Verkehrsämtern der Naturparkgemeinden

Literaturhinweise zu den Naturparken

Borsellini, Alfonso:
La storia geologica delle Dolomiti, O. O., 1989

Carta geologica d'Italia 1:50.000

Danesch, Othmar und Edeltraud: Tiroler Orchideen, Bozen, 1980

Exel, Reinhard:
Die Mineralien Tirols (Band 1), Bozen, 1980

Frass, H. - Riedl, F.H.:
Heilbäder und Heilwässer in Südtirol, Bozen, 1979

Hellrigl-Niederfriniger-Ortner:
Lebensräume in Südtirol: Die Tierwelt, Bozen, 1987

Klebelsberg, Raimund von: Geologie von Tirol, Berlin, 1935

Lammerer, Bernd:
Wege durch Jahrmillionen (Geolog. Bildband), Bozen, 1990

Landesinstitut für Statistik:
Statistisches Jahrbuch, Bozen, 1992

Menara, Hanspaul - Rampold, Josef:
Südtiroler Bergseen, Bozen, 1974

Menara, Hanspaul:
Südtiroler Schutzhütten, Bozen, 1978

Menara, Hanspaul:
Südtiroler Höhenwege, Bozen, 1981

Menara, Hanspaul:
Südtiroler Wasserfälle, Bozen, 1980

Ortner, Peter:
Tierwelt der Südalpen, Bozen, 1988

Ortner, P. - Mayr, Ch.: Südtiroler Naturführer, Bozen, 1984

Peer, Thomas:
Lebensräume in Südtirol: Die Pflanzenwelt, Bozen, 1989

Staindl, Alois:
Kurze Geologie von Südtirol, Brixen, 1982

Wolff, Karl Felix:
Dolomitensagen, Innsbruck

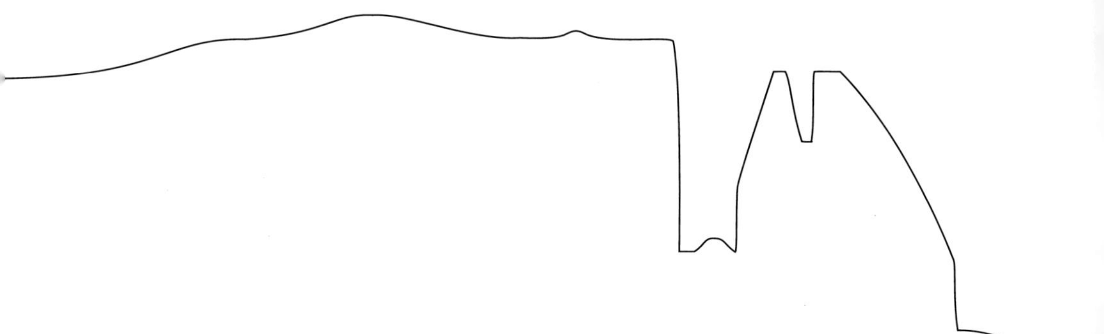

Naturpark Schlern

Naturpark

Schlern

Frühe Kulturen und späte Einsichten

Aus dem Nebel von Mythologie und Geschichte
ragt das markante Profil des Schlern weit übers Land: der »Schicksalsberg Südtirols«
ist auch in der Naturschutzpolitik ein markanter Meilenstein.

Hier, wo der Schlern
»wie eine vom Licht umflossene Gralsburg in den Orkus
der Eisackschlucht schaut« (J. Rampold)

Die Silhuette des Schlern mit den beiden Türmen Santner und Euringer gilt als eines der typischen Wahrzeichen Südtirols. Hier, wo der Schlern »wie eine vom Licht umflossene Gralsburg in den Orkus der Eisackschlucht schaut« (Josef Rampold), schieben sich die Dolomiten am weitesten nach Westen vor und wie es einem mächtigen Fürsten wohl zusteht, ruht der Schlern auf einem mehrstufigen Podest.
Auf durchschnittlich etwa tausend Meter Meereshöhe bilden im Westen und Süden die Orte Kastelruth, Seis, Völs und Tiers seinen Fußschemel. Fast tausend Meter höher weitet sich an seiner Nordflanke die Seiser Alm als grüngewelltes Ruhekissen, auf welchem dann nochmals fünfhundert Meter höher das Schlernplateau hingelagert ist.

Die Naturparkgemeinden

Die Hauptzugänge zu dem Naturpark sind die bereits erwähnten Mittelgebirgsorte zu seinen Füßen, die oft auch unter dem Namen »Schlerngebiet« zusammengefaßt werden. Von hier aus wurden die Almen um den Schlern seit Jahrtausenden genutzt: früher zur sommerlichen Weide und Heugewinnung, in unserem

Auf dem geheiligten Boden heidnischer Kultstätten:
St. Peter bei Völs.

Hängende Gärten am Dach der Bergfestung:
Grüne Almen und die gebleichten Reste der Hauptdolomitdecke des Schlern.

Jahrhundert zunehmend für den Sommer- und Wintertourismus. Ausgehend von der alten Sommerfrischetradition der Bozner Bürger, hat sich in den Orten Seis, Kastelruth, Völs und Tiers der Fremdenverkehr zum mittlerweile dominierenden Wirtschaftszweig entwickelt. Wenn auch der eigentliche Bauboom erst in den letzten Jahrzehnten eingesetzt hat, weist dennoch der unverwechselbare Stil der Jahrhundertwende mancher Ferienhäuser und Pensionen bereits auf die frühe Spezialisierung hin.

Dank der 1936 / 37 erbauten Seiser-Alm-Straße eroberte die Kastelruther Fraktion Seis die Spitzenposition.

Urgewaltig überragt die Santnerspitze (2413 m) das Dorfbild. Sie ist auf ungezählten Kalenderbildern abgebildet: mit den auf sanften Wiesenhügeln stehenden Kirchen von St. Konstantin bzw. von St. Valentin im Vordergrund.
Ungestüme Natur und erlesene Kultur auf einen Blick.

Von der historischen Bedeutung des Gemeindehauptortes Kastelruth zeugt der stattliche Dorfplatz, wo sich alte Häuser und Gasthöfe mit Fassadendekorationen sowie die Pfarrkirche um den Brunnen gruppieren.
Vor Beginn der touristischen Bautätigkeit war die Siedlungslandschaft der Schlern-

Im geologischen Bilderbuch
der Frötschbachschlucht kann der Kundige
Schicht für Schicht
Millionen Jahre »zurückblättern«.
Die Seiser Schichten wurden vor rund 220
Millionen Jahren abgelagert.

gemeinden von einzelstehenden Paarhöfen geprägt. Obwohl heute durchwegs mit Ziegeln gedeckt, bezeugt das flachgeneigte Dach der gemauerten Wohnbauten die früher übliche Verwendung von Holzschindeln; die steilgiebeligen, großteils aus Holz erbauten Futterhäuser waren mit Stroh gedeckt. In durch Jahrhunderte gewachsener Erfahrung haben sich für jedes dieser bodenständigen Materialien die klimatisch und funktional optimalen Bauformen entwickelt, aus der wiederum eine harmonische Siedlungslandschaft entstanden ist. Erst von außen importierte Industriematerialien und deren oft widersprüchliche Verwendung bringen Mißklang in die einheitliche Baulandschaft.

Burgartig angelegt ist der alte Dorfkern von Völs am Schlern. Am baulich geschlossenen Dorfplatz sind die Kirche und ihr Flügelaltar Meisterwerke der Spätgotik. In dieser Zeit erlebte die Kirchenbautätigkeit im Schlerngebiet einen Höhepunkt, von dem auch zahlreiche prächtige Fresken aus dem 15. Jahrhundert zeugen. Noch romanisch geprägt ist die Kirche St. Peter, auf einem heute einsamen Hügel, der zahlreiche prähistorische Siedlungsspuren aufweist.

Die Ausläufer der Naturparkwälder umrundend, gelangen wir über Ums, Prösels (dessen prächtige Burg mit ihren Zwingern, Rondellen und Gemächern eine der besterhaltenen Wehrbauten aus der Zeit Kaiser Maximilians ist) und Völser Aicha

ins Tiersertal: überragt vom bewaldeten Tschafon, dominiert jedoch von der bizarren Rosengartengruppe, mit der untrennbar die mittelalterliche Heldensage von König Laurin verbunden ist.
Über St. Zyprian erreichen wir sodann das urtümliche Tschamintal an der Südflanke des Schlern.

Schicksalsberg Südtirols

Der Schlern wird auch als Schicksalsberg Südtirols bezeichnet.
Naturwissenschaftler und Volkskundler leisteten hier Pionierarbeit für Südtirol; früher als anderswo zeichnete sich im Schlerngebiet in den letzen hundert Jahren auch die Entwicklung der neuzeitlichen Bergkultur ab.

Seit 150 Jahren ist die unvergleichliche Vielfalt der Flora ein Mekka für Botaniker wie für Naturfreunde. An wenigen Stellen der Dolomiten können Geologen deren Entstehungsgeschichte so gut studieren wie am Schlern. Sagenforscher und Volkskundler erforschten einen reichen Schatz an Bräuchen und Erzählungen,

Biotop von Menschenhand:
Der Völser Weiher, von den Burgherren auf Prösels einst für die Fischzucht gestaut, ist heute Teil des Naturparks.

Immer mehr ergriff der Mensch
Besitz von diesen Bergeshöhen, deren »Zauber« in verschleierten Mythen gehütet wurde

Gegen die technologische »Aufrüstung«
auf der Alm bildet der Naturpark ein unüberwindbares Bollwerk.

Sonnenhang Puflatsch

deren prähistorische Hintergründe von Archäologen aufgedeckt wurden.
Generationen von Bozner Bergsteigern gingen in den Schlernwänden zur Schule; mehr und mehr Bergwanderer bestiegen diese Aussichtswarte allerersten Ranges, der von den Weingefilden des Etschtales bis hin zu den Firnhäuptern von Ortler, Ötztaler und Zillertaler Alpen das gesamte Land zu Füßen liegt. Das legendäre Schlernhaus entwickelte sich vor hundert Jahren zu einem Kristallisationspunkt der Alpenvereinstradition Südtirols.

Auf den Schneehängen der Seiser Alm zogen die Skipioniere ihre ersten Spuren und die Fremdenverkehrspioniere dann die ersten Liftseile. Immer mehr und immer schneller nahm der Mensch Besitz von diesen Bergeshöhen, deren »Zauber« in verschleierten Mythen gehütet wurde. Almhütten wurden zu Hotels erweitert, neue Straßen brachten Verkehrslärm und Abgase in die Stille, Planierraupen und Intensivdüngung dezimierten die Blumenvielfalt; das Spinnennetz der Lifte spannte sich immer weiter, ja man dachte bereits auch die Roßzähne sowie den Schlern selbst durch Seilbahnen zu erschließen.
Die Bergkultur wurde immer mehr zur Unkultur; der Berg, den Ureinwohnern noch als Sitz der Götter und Dämonen heilig, wurde zunehmend zum Sportgerät profaniert.
Aber einmal mehr wurde der Schlern zum Symbol des Weges Südtirols: Zu Anfang der Siebziger Jahre wurde mit

Das gerettete Paradies: Almgebiet im Naturpark am Fuße der Roßzähne.

dem Landschaftsplan für die Seiser Alm die erste Notbremse gezogen; unter lautstarken Protesten Uneinsichtiger wurden der Autoverkehr und die Bautätigkeit eingeschränkt und der noch intakte Bereich durch den ersten Südtiroler Naturpark geschützt.

Die heftigen Auseinandersetzungen zwischen Befürwortern und Gegnern des Naturparkes sorgten auch noch beim Eröffnungsfest des Parkes 1975 für Mißtöne: die Märsche klangen etwas dürftig, da ein Teil der Musikkapelle, die zur festlichen Umrahmung beitragen sollte, aus Protest gegen die Naturparkbestimmungen die Feier boykottiert hatte. Die Bauern befürchteten existenzgefährdende Nutzungseinschränkungen, die Jäger bangten um ihr Wildbret, die Fremdenverkehrswirtschaft sah weitere Liftprojekte und Hotelbauten vereitelt und die Gäste entschwinden. Seit der faschistischen Gründung des Stilfser-Joch-Parkes

Vor etwa 200 Millionen Jahren überschwemmte das Meer die langsam sinkende Landscholle

war für viele Südtiroler allein das Wort »Naturpark« suspekt.
Doch schon wenige Jahre darauf beantragte die Gemeinde Völs von sich aus eine Erweiterung des Parkgebietes. Die Befürchtungen hatten sich als unbegründet erwiesen, alle überlebten und die gestiegene Umweltsensibilität - vor allem bei den Gästen - machte auch die Wirte zu Naturparkbefürwortern, wie die Werbehinweise auf den Fremdenverkehrsprospekten jedenfalls dokumentieren. Bislang galten nämlich ein paar zusätzliche Lifte und Skipisten noch allemal als besserer Gästemagnet als eine intakte Naturlandschaft.

Die »sanften Touristen« kommen nun in so großen Scharen, daß stellenweise die Vegetation in Wegbreite weggetrampelt wird und sich das Naturparkamt Gedanken über eine zweckdienliche Besucherlenkung macht und die Alpenvereinsjugend auf Umweltbaustellen mühsame Wiederbegrünungen versucht.

Der geologische Bau

Der dreistufige Aufbau des Schlerngebietes spiegelt eindrucksvoll die geologische Struktur wieder.
Die Mittelgebirgsterrassen von Kastelruth, Seis, Völs und Tiers werden vom Bozner Quarzporphyr aufgebaut, welcher vor fast 300 Millionen Jahren als Glutlava das Gebiet überflutete. Die rötliche Ackererde ist ein Verwitterungsprodukt des Grödner Sandsteins, welcher sich in einer wüstenhaften Phase auf der Porphyrhochfläche gebildet hatte. Der Großteil der Rodungsflächen liegt jedoch auf sandig-lehmigen Eiszeitmoränen mit fruchtbareren Böden als jenen des grusigen Porphyr.
Vor ungefähr 200 Millionen Jahren überschwemmte vom Osten her das Meer die langsam sinkende Landscholle. In flachen Lagunen lagerten zuerst die sandigmergelig-kalkigen Bellerophon und die Werfener Schichten ab, die je nach Sauerstoff- und Mineralgehalt verschiedene Farben aufweisen.
Fossilien, Reste von Kohle, Gipslinsen und Rippelmarken berichten von längst vergangenen Lebensvorgängen.

Diese vielgestaltige Schichtfolie ist am Nordabbruch der Seiser Alm gut aufgeschlossen, an der West- und Südflanke hingegen vom bewaldeten Hangschutt überdeckt. Gute Aufschlüsse finden sich um Weißlahnbad, unterhalb des Tschafon, im Schlernbach, unter der Tuffalm, in der Seiser Klamm und vor allem im Frötschbach am Weg von Bad Ratzes zur Prossliner Schwaige, der daher als Seiser Geologensteig bezeichnet wird.
Auch ohne Geologenhammer können wir den unterschiedlichen Härtegrad der verschiedenen Gesteinsschichten am Bachverlauf unschwer erkennen: Auf flacheren Strecken haben harte Gesteine dem Wasser Widerstand geleistet; in weichen

Schichten hat es hingegen tiefe Klammen erodiert, in die es über Kaskaden hinabfällt.

Im oberen Teil des Frötschbaches stoßen wir unvermittelt auf Basaltlaven, die teilweise in schönen fünf- bis sechskantigen Säulen erstarrten - als die Zeugen eines Jahrmillionen währenden vulkanischen Zwischenspiels.

In jener Zeit sank der Meeresboden in beachtliche Tiefen ab, gleichzeitig bauten Korallen, Algen, Schnecken, Muscheln, Seelilien, Seeigel mit ihren Kalkgehäusen ein gewaltiges Riff auf, den Schlerndolomit - nicht anders als wir es heute in der tropischen Südsee beobachten können. Wie einzelne Kohleschnitzel, Eisenkonkretionen (Bohnerz) und rote Reliktböden (Roterdspitzen) auf dem Schlern dokumentieren, ragten die Riffspitzen als üppige tropische Inseln hervor. Südseeromantik in Südtirol.
Gleichzeitig mit der Riffbildung tobte am Meeresboden der Vulkanismus. Basalte und Andesite ergossen sich unter die bestehenden Schichten; Unterwasservulkane überdeckten den Meeresboden mit Laven und Tuffen, die ihrerseits mit den zu Boden sinkenden Kalkgehäusen der Mikroorganismen zu verschiedenfarbigen Wengener und Kassianer Schichten sich vermengten, welche den Großteil der Seiser Alm bedecken.

Ihrer Verwitterungsanfälligkeit verdanken wir die weichen Formen der Almhochfläche, ihrer optimalen Mischung von Ton, Sand, Kalk und mineralreicher vulkanischer Asche die fruchtbaren Almböden und die vielfältige Flora.
Da das Korallenriff die Eigenschaft hat, im seichten Wasser pilzförmig in die Breite zu wachsen, donnerten oft große Riffpartien in die Meerestiefe, wo sie - von vulkanischen Aschen und Sedimenten bedeckt, dem späteren Dolomitisierungsprozeß entgingen, so daß die Riffossilien hier oft exemplarisch erhalten sind (sogenannte Cipitkalke). Diese turbulenten Vorgänge - das Ineinandergreifen von hellem Dolomit und dunklen Laven, von vulkanischen Tuffen und Tonschiefern, in denen wiederum Cipitkalke eingeschlossen sind, läßt sich an der Ostseite der Roßzähne am besten beobachten. Die zahlreichen Mineralbildungen sind ebenfalls den Auswirkungen des Vulkanismus zuzuschreiben.
Das tafelförmige Schlernplateau wird vor Erosion durch die Raiblerschichten geschützt, einem dünnen mergeligen Band, das bezeugt, daß Vulkanerscheinungen kurzfristig auch die Riffhochfläche erreichten.

Wo diese schützende Decke später abgetragen wurde, löst sich der Schlerndolomit zu Türmen auf (Santner, Euringer, Roßzähne, Rosengarten).
Vom darauffolgenden Hauptdolomit haben am Schlern nur ausgebleichte Trümmerreste (Pez, Burgstall und Kranzer) die über Jahrmillionen währende Erosion überdauert.

»Auff einem kofel rund und smal
mit dickem wald umbfangen, viel hoher perg und tieffe tal
stain, stauden, stöck, snestangen.«

(Oswald von Wolkenstein)

Waldreich, weiter oben
unberührt-wild, führt das Tschamintal in
die Gipfelwelt
der nördlichen Rosengartengruppe.

Natur im Mittelalter

Ein breiter Gürtel von montanem und subalpinem Fichtenwald - sonnseitig mit Föhren durchsetzt - schiebt sich oberhalb der Siedlungen entlang der Abhänge von Seiser Alm und Schlern.

»Auff einem kofel rund und smal
mit dickem wald umbfangen,
viel hoher perg und tieffe tal
stain, stauden, stöck, snestangen.«

Nicht gerade begeistert schildert Oswald von Wolkenstein (1377 - 1445), der größte deutsche Dichter des späten Mittelalters, seine Burg Hauenstein, die zu Füßen des Schlerns auf einem Dolomitklotz aus endlos scheinenden Baumwipfelreihen hervorlugt.
Für uns ist der Wald heute Synonym für Erholung, gesundes Klima und für eine intakte Umwelt.
Nicht von ungefähr sind auch Oswalds »wald, perg, stain, stauden, stöck« heute durch den Naturpark Schlern geschützt.
Im Mittelalter, wo die Siedlungen noch kleine Kulturinseln waren, bedeutete der Wald hingegen Wildnis, Unkultur, totes Kapital, Gefahren durch Raubtiere und Räuberbanden. Eine Rodung brachte hingegen eine Erhöhung der gutsherrschaftlichen Zinseinkünfte.
Trotzdem gab es schon vereinzelte landesfürstliche Rodungsverbote und Nutzungsbeschränkungen. Allerdings nicht aus Naturschutzgründen, sondern für die

Helle Riffsedimente
zwischen verschiedenfarbigen Basalten,
Andesiten, Tuffen und Laven.

Im Geröll
des Frötschbaches bei Bad Ratzes.

»... ehe dis land bewohnt,
vil der dracken
in wildnussen sich aufgehalten.«

Ein versteinertes
Drachenpferd, das die Geheimnisse des
Schlern bewacht?

Wildhege. Die Jagd war denn auch der einzige positive Aspekt, den die Feudalherren dem Wald abgewinnen konnten. Die Jagd war seit jeher Privileg des Adels und dessen beliebteste Freizeitbeschäftigung - besonders seit Turniere und Abenteuer der fahrenden Ritter außer Mode kamen.
Marx Sittich von Wolkenstein, ein Nachfahre Oswalds, widmet dem Wild in der um 1600 verfaßten Landesbeschreibung von Südtirol breiten Raum:

»Diese Grafschaft Tirol ist mit Wildpret, allerlei Geflügel und Tieren aus Gnaden Gottes vor vielen anderen Ländern sehr reichlich begabt. Der wilden Schweine finden sich hin un wieder sehr viel, daß also dem Bauersvolk in ihren Gärten Kraut und anderes vor ihnen nit sicher ist. Sie dörfen doch unangesehens ihres großen Schadens, so von ihnen in Gärten beschicht, nicht geschossen oder gefangen werden, doch jährlichen von denen fürstlichen Jägern gemindert und eine ziemliche Anzahl hinweggenommen.

Was aber in dem Gebirg wohnet und Güeter hat, die werden von den Hirschen mit merklichen Schaden sehr viel geplagt, sind wie überall im Reich von den Untertanen zu schießen und hinweg zunehmen bei ernstlicher Pein und Straf verboten. Gemsen und Steinböck derfindet man in den allerwildesten hohen Schrofen. (...) Darzu Biber, Dachs, Otter und Fuchs, Stainmarder, Murmentl, Hasen, Razen, wilde Katzen, Igl, Wisele, Eich-

»Diese Grafschaft Tirol ist mit Wildpret,
allerlei Geflügel und
Tieren aus Gnaden Gottes sehr reichlich begabt«

(M.S. von Wolkenstein)

horn. (...) Weiters Orhennen und Hahne, Steinhühnern, Schneehühner, Reph- und Haselhühner, Spielhennen, Schneegans, Wildtauben dreierlei Sort, Enten, Storchen, Reigen, Schnepfen(...) deßgleichen Geier, Habicht, Jochgeier.
Es wollen auch etlich, dass ehe dis land bewohnt, sich vil der draken in seen und wildnussen sich aufgehalten haben.
Anjzo aber ist in diser landschaft kein ort oder winkl so klein oder so wild nit, er wird von leuten durchsucht, gereinigt und bewohnt«.

Die Drachen hatte die unaufhaltsam vordringende Zivilisation damals also schon ausgerottet, nun waren Wölfe, Bären und Luchse an der Reihe, die noch zahlreich in den Wäldern hausten. Durch Köder lockte man sie in die getarnten Fallgruben. Flurnamen (wie Bärenloch, Bärenfalle, und Wolfsgrube), die wir etwa um Tiers antreffen, sind heute oft die einzigen Zeugen der einstigen Fauna.
Fortschreitende Rodung und gnadenlose Verfolgung haben dazu geführt, daß zu Beginn des 19. Jahrhunderts Bär, Wolf, Luchs, Bartgeier, Wildschwein, Gemse und Hirsch im Schlerngebiet ausgerottet waren. Die Ausmerzung des Raubwildes wurde von der Landesregierung mit hohen Kopfprämien gefördert.
1896 beschloß der Tiroler Landtag eine Prämie für die Tötung von Giftschlangen.

Das Christentum ließ die Schlernfeuer für immer verlöschen

Mit dem Erfolg, daß bis 1910 gezählte 18.227 Schlangenköpfe zum Inkasso präsentiert wurden - ein Drittel davon waren harmlose Nattern.

Heute klettern wieder Hunderte Gemsen in den felsigen Hängen des Naturparks herum und auch der Hirsch zieht vereinzelt wieder durch die Wälder.

Heiliger Berg und Hexentanzplatz

Doch auch das Hochgebirge selbst wurde nicht etwa erst von den Bergpionieren des 19. Jahrhunderts »entdeckt«. Es war eine archäologische Sensation, als man 1945 auf dem äußersten Schlernplateau, dem 2510 Meter hohen Burgstall, Spuren prähistorischer Kultstätten entdeckte.

Bronze- und eisenzeitliche Tonscherben, Fibeln, römische Münzen, doch vor allem dicke Schichten von Holzkohle und verbranntem Knochengrus dokumentieren, daß hier - dem Himmel nahe - die Ureinwohner durch Jahrtausende ihren Göttern opferten. 1919 fanden Holzfäller am Fuße der Schlernwände das prächtige 3500 Jahre alte »Hauensteiner Bronzeschwert«.

Erst das sich um das Jahr 400 ausbreitende Christentum ließ die Schlernfeuer für immer verlöschen.

Jahrtausende hindurch
leuchteten
auf dem Schlernplateau die Opferfeuer
der Ureinwohner
zu den Göttern empor.

Das 3500 Jahre alte
Hauensteiner Schwert wurde am Fuße
der Schlernwände aufgefunden.

Die Erinnerung an diesen später durch die christlichen Missionare dämonisierten Kult schwingt noch in den Erzählungen von den Schlernhexen nach, die hier auf nächtlichen Tanzplätzen mit Teufeln und Dämonen zusammengekommen seien. Wer die frappierenden »Hexensessel« hoch über Kastelruth am Kuppenrand des Puflatsch gesehen hat, kann sich diese Phantasien lebhaft vorstellen.

Blutiger Ernst daraus wurde im Jahre 1510 im Völser Hexenprozeß. Die angeklagten Frauen gestanden schließlich unter Folter, bei ihren nächtlichen Orgien auf dem Schlern unheilbringende Unwetter auf die Christenmenschen herabgeschickt zu haben.
Wetterkreuze (die »Vorfahren« unserer Gipfelkreuze) sollten den Spuk bannen. Drüben auf der anderen Talseite ziehen noch immer Pilger zum Latzfonser Heiligkreuz, mit 2300 Metern wohl eine der höchsten Wallfahrtskirchen Europas, um hier Schutz vor Blitz, Hagel und Wolkenbrüchen zu erbitten.

Wie inzwischen auch anderswo aufgedeckte steinzeitliche und bronzezeitliche Rastplätze bezeugen, wurden die baumfreien Hochflächen schon von den ersten Jägerhorden, die nach dem Abschmelzen der Eiszeitgletscher in die Alpen vordrangen - später von Hirtenstämmen - im Sommer regelmäßig aufgesucht. Die Täler waren wegen ihrer undurchdringlichen Urwälder und der ungebändigten Flüsse ja kaum nutzbar.

Das zwar kurze,
dafür um so aromatischere kräuterreiche Almheu
galt bei den Bauern als wahre Medizin

Blumenparadies Seiser Alm

Auch die Seiser Alm war einst von dichtem Urwald bedeckt. Die Brandrodung der Alm wurde durch die bajuwarischen Kolonisten im Hochmittelalter weitgehend abgeschlossen, wie die bis in jene Zeit zurückreichende Schwaigordnung »CastelrutterischerSeiser-Almb-Zetl«beweist. Langsam entwickelte sich auf dieser über 5000 Hektar großen Hochalm jene Florengemeinschaft, die im 19. Jahrhundert den Ruf der Seiser Alm als das schönste Bergblumenparadies Europas begründete.
Die erwähnte vielfältige und fruchtbare Bodenzusammensetzung und der Wechsel zwischen den sonnig-trockenen Kalkstandorten und den von Lehmschichten abgedichteten Mooren, auch die reiche Wasserführung in den Tälchen schufen auf engstem Raum eine Vielfalt von ökologischen Nischen. Dazu kommt noch, daß der Schlern selbst den eiszeitlichen Gletscherstrom überragte, so daß an den besonnten Südflanken manche Pflanzenarten und Insekten diese unwirtlichen Jahrtausende überlebten.
Der Biologe spricht von Eiszeitendemiten: Reliktarten, die nur mehr ein sehr beschränktes Verbreitungsgebiet haben. Die Flora der Seiser Alm ist somit nicht zuletzt unbeabsichtigtes Nebenprodukt

Trotz aller Beeinträchtigungen
ist das Schlerngebiet noch ein Mekka für Blumenfreunde geblieben:
Frühlingsanemone, Alpengrasnelke, Arnika, Teufelskralle.

der naturnahen Bewirtschaftung durch den Menschen. Alljährlich im Hochsommer bevölkerte sich die Alm schlagartig: für ein paar Wochen zog ein großer Teil der Bevölkerung, »bewaffnet« mit Sensen, Heugabeln, und Rechen, hinauf in die Schwaighütten, deren sonnenverbrannte rohgezimmerte Holzstämme und flechtenbewachsene Schindeldächer untrennbar mit der Landschaft der Seiser Alm verbunden sind.

Das zwar kurze, dafür um so aromatischere kräuterreiche Almheu galt bei den Bauern als wahre Medizin. Nicht nur dem Vieh tat es während der mageren Wintermonate sichtlich gut; schon im Sommer konnten sich die Menschen beim Heuliegen, später als Heubadkur bezeichnet, dank der ätherischen Kräuterdämpfe das Rheumatische aus den Gliedern schwitzen. Das in den Schupfen geborgene Heu wurde dann im Winter - in große Heutücher eingeknüpft - auf Schlitten zu Tal befördert.

Diese über Jahrhunderte betriebene Heumahd ohne jede ausgleichende Düngung hat die charakteristischen Magerrasen ausgebildet, auf denen eine kräuterreiche Alpenflora die optimalen Bedingungen vorfindet.

Selbst eine ellenlange Pflanzenliste könnte keinesfalls einen Eindruck der Blumenpracht vermitteln - man muß sie mit den

Die rosa blühende Alpengrasnelke
wird hier wegen ihres
zotteligen Fruchtstandes »Schlernhex« genannt

eigenen Augen gesehen und erlebt haben. Und so schwärmt jedes Jahr im Juni und Juli ein Meer von Blumenfreunden über die Alm aus.
Schon bald nach der Schneeschmelze bilden Krokusse und Soldanellen weiße bis lila Tupfen im ergrünenden Gras. Nach und nach steigert sich die Symphonie der Farben, von Woche zu Woche ändern sich die Tönungen der Matten und Almen: Enziane, Primeln, Orchideen, Läusekräuter, Glockenblumen, Steinbrech und Akelei, Fingerkräuter, Anemonen. Bergaster, Maiglöckchen, Feuerlilie, Türkenbund, Paradieslilie, Schmuckblume, Graslilie. In feuchten Mulden und Mösern leuchten aus dem Seggenried die Federbüschel der Wollgräser, blühen Sumpforchideen, das fleischfressende Fettkraut, Mehlprimel, Trollblume und Fieberklee.

Schmuckstücke felsiger Hänge sind das Edelweiß, das Dolomitenfingerkraut, die Alpenaster, die Schopfige Teufelskralle und die zarte Einsel's Akelei.
Die rosa blühende Alpengrasnelke wird hier wegen ihres zotteligen Fruchtstandes auch Schlernhex genannt. Auf den Weiden breiten sich die Heidel- und Preiselbeere, die Besenheide und blühende Alpenrosenfelder aus.

In mehreren lateinischen Pflanzennamen sind einige Erforscher der Schlernflora verewigt:
Sieber und Facchini in den Steinbrecharten Saxifraga squarrosa Sieber bzw. Saxifraga facchinii oder Franz von Hausmann im Mannsschild Androsacae hausmannii, Gustav Seelos im Farn Asplenium seelosii.

Vom Blumenparadies zum »Blumenmärchen«

Die in den letzten Jahrzehnten intensivierte Nutzung der Alm ließ den bunten Blumenteppich freilich stellenweise verblassen - genauer gesagt vergrünen. Ein dichtes Netz an Straßen und Almwegen ermöglicht heute den Düngertransport vom Tal herauf, Feuchtwiesen wurden zwecks Steigerung des Ertrages entwässert; Buckelwiesen zwecks rationellem Einsatz der Maschinen planiert. Schwaigen wurden zu Ferienhäusern. Hotelbauten, Skilifte, Pisten, Autoverkehr und Parkplätze taten ein übriges.

Botaniker und Naturfreunde schlugen Alarm: langfristig könnte vom märchenhaften Blumenparadies nur mehr ein Blumenmärchen auf den Fremdenverkehrsprospekten übrigbleiben.
Nachdem Generationen von Botanikern den Florenreichtum der Seiser Alm wissenschaftlich erforscht haben, sah sich die Südtiroler Landesregierung nun veranlaßt, das Institut für Botanik der Universität Innsbruck mit einer Studie über den Florenverlust auf der Seiser Alm zu beauftragen.

Die Ergebnisse der Studie sind alarmierend, denn fast die Hälfte der Almwiesen werden bereits mehr oder weniger intensiv bewirtschaftet und gedüngt und nur etwa auf einem Viertel der Almmähder ist der ursprüngliche Reichtum der Flora noch intakt, ein weiteres Viertel der Almfläche wird beweidet.

Während auf den klassischen Magerwiesen im Durchschnitt achtzig Pflanzenarten auf den zwanzig Quadratmeter großen Untersuchungsflächen anzutreffen sind, reduziert sich deren Anzahl auf intensiv gedüngten Wiesen auf zwanzig bis fünfzig Arten, wobei der Rückgang unter den bekannten Alpenblumen überproportional stark ist.

Bei besonders düngeempfindlichen Arten wie Arnika, stengellosem Enzian, der Schwefelanemone oder der Frühlingsküchenschelle, der Brunelle, dem Alpenklee und bei manchen Orchideen genügt mitunter eine einzige Stickstoff- oder Mistdüngung, um sie für Jahrzehnte zum Verschwinden zu bringen. Botaniker haben geschätzt, daß auf diese Weise heute auf der Alm vielleicht schon um die hundert Millionen Alpenblumen weniger blühen als vor fünfzig Jahren - verdrängt vom üppigen Graswuchs.

Es ist das Dilemma, mit dem man europaweit um die Erhaltung extensiver vorindustrieller Kulturlandschaften ringt:
die Flora der Almmähder verdankt ihre Entwicklung der naturnahen Nutzung durch den Menschen und ist langfristig nur durch diese zu erhalten. Die Nutzung und Pflege unterliegt natürlich dem Prinzip der Wirtschaftlichkeit und die Bauern sind verständlicherweise bestrebt, durch hohen Ertrag ihre ökonomische Basis zu verbessern.

Der Bauer als Milchproduzent oder als Landschaftspfleger?

Das Artenschutzkonzept Seiser Alm versucht einen gangbaren Kompromiß: Auf gutwüchsigen Standorten eine sparsam dosierte Düngung; und für jene Bauern, die auf Düngung und Intensivierung verzichten, Ausgleichzahlungen als Landschaftspflegeprämien. Betrug ist ausgeschlossen. Denn auch eine bei Nacht und Nebel ausgebrachte Stickstoff- oder Gülledüngung entgeht dem geschulten Auge der kontrollierenden Naturschutzbeamten nicht: schon im Jahr darauf werden sie einen Rückgang der stickstoffsensiblen Bergblumenarten feststellen.

Die klassische Seiser-Alm-Flora ist heute vorwiegend auf Randbereichen anzutreffen; etwa am Fuße des Schlerns oder der Roßzähne.

Unverändert blumenreich sind nach wie vor die ausgedehnten Kalktrockenrasen an den Südflanken von Schlern und Roßzähnen sowie das Schlernplateau selbst, wo sogar kleinere Feuchtgebiete anzutreffen sind.
Es ist ein sonderbarer Kontrast, wenn der

»Nicht ein einziges Tal
sämtlicher Kalkalpen ist gleich schön und wild.«

(Heinrich Noe 1880)

Kletterer nach Überwinden der senkrechten Schlernwände auf die blumenreichen Matten mit weidenden Kühen aussteigt.

Für das Tschamintal, das von Tiers/ Weißlahnbad zuerst waldreich, sodann durch steiles felsiges Gelände zu den Roterdspitzen und zur nördlichen Rosengartengruppe (Kesselkogel, 3002 m) ansteigt, gilt hingegen nach wie vor, was Heinrich Noe bereits im Jahre 1880 in seinem Bozner Führer vermerkte:

»Nicht ein einziges Tal sämtlicher Kalkalpen ist gleich schön und wild.«

Es ist eine stille »Pufferzone«, ein ungestörter Zufluchtsort der Fauna zwischen den überlaufenen Gebieten Seiser Alm, Schlern beziehungsweise Rosengarten.

Blühende Almmatten haben eine magische Anziehungskraft:
über den uralten Knüppelweg durch die Schlernschlucht ziehen die Völser Kühe auf ihre Weideplätze.
In Massen treten selbst die »sanften Touristen« der Natur auf die Zehen.

Und die »Verheißene Zeit« wird kommen

In einer uralten ladinischen Sage, worin bereits die negativen Auswirkungen der menschlichen Kolonisation auf die Natur beklagt werden, wird auch die Hoffnung nicht aufgegeben, daß auf der Seiser Alm einmal wieder Friede zwischen Mensch und Natur einkehren wird.
Es ist dies die Sage von der »Verheißenen Zeit«.
Für die einstmals bewaldeten Hochflächen hatte König Laurin den Wildhüter Partschott bestellt. Im Sommer mähte er auf den Lichtungen das Heu und fütterte damit im Winter die hungernden Hirsche

Dereinst aber wird der Sänger
Oswald von Wolkenstein in strahlender Panzerrüstung
die »Verheißene Zeit« ankünden

»Auff einem kofel rund und smal mit dickem wald umbfangen«:
Wie zu Lebzeiten des Wolkensteiners
ragt Hauenstein aus dem dichten Wäldermeer im Schatten der Schlernspitzen.

und Gemsen. Als der von den Menschen gefangene König Laurin seinen Rosengarten verwünschte und versteinern ließ, vergaß er den Wildhüter draußen im Walde. So erbaute sich dieser am Col dal Spiedel (Grünser Bühel) seine Hütte und versorgte jahraus, jahrein das Wild.
Aber nach und nach drangen auch hier Menschen ein, jagten und töteten das Wild, trieben ihr Vieh auf die Lichtungen, brannten sogar den Wald nieder, um die Wiesen zu erweitern. Alle Mahnungen des getreuen Partschott fruchteten nichts und so wurde aus dem Jagdforst des Rosengartenkönigs allmählich eine große Alm. Der alte Wildhüter trauerte über seine getöteten Tiere, irrte ruhelos umher und wurde immer scheuer.
Die Hirten nannten ihn den Seiser-Alm-Geist.
Im Herbst aber, wenn nur mehr der Wind über die verlassenen Almgefilde fegt, schreitet er langsam vom Confinboden zum Col dal Spiedel. Da sieht er, daß er

noch warten muß und schweigend verschwindet er in den Schlern-Schrofen. Öfter noch als meeralte Leute denken können, wird Partschott diesen Gang machen müssen. Dereinst aber wird er am Col dal Spiedel den Sänger Oswald von Wolkenstein in dessen strahlender Panzerrüstung erblicken, wie er seine längst verklungenen Lieder anstimmt. Dann ist die Verheißene Zeit gekommen, wo wieder wird, was einmal war. Der Rosengarten ersteht in alter Pracht, die versunkenen Bergpaläste erscheinen wieder, der Wald sprießt von neuem und das Wild wird zurückkehren.
Wie wird dem alten Partschott heute wohl zumute sein, wenn er selbst im Winter auf der Seiser Alm keine Ruhe mehr findet? Der Col dal Spiedel, an der Grenze des Naturparks nahe bei den Goldknopfliften und -hotels gelegen, hat jedoch Symbolwert. Die von hier aus geplante Seilbahnerschließung der Roßzähne wurde durch die Naturparkausweisung gestoppt - und vielleicht mag der Naturpark selbst ein bescheidener Vorbote einer »Verheißenen Zeit« sein, in der wieder Ausgleich und Friede herrschen wird zwischen Mensch und Natur.

Der Alptraum vom »stummen Frühling« wird vergehen und die Schlußzeilen des Seiser-Alm-Liedes Oswalds von Wolkenstein werden ewige Gültigkeit erlangen:

» ... ich hor die voglin
groß und klein
in meinem Wald umb Hauenstein.«

Der Rosengarten ersteht
in alter Pracht und
die versunkenen Bergpaläste erscheinen
wieder -
wenn endlich Frieden sein wird
zwischen
Mensch und Natur.

Informationen zum Naturpark Schlern (Nachtrag)

Gesamtfläche des Parks: 5.850 ha (gegründet 1974)

Die Gemeinden des Naturparks Schlern

Kastelruth (Verkehrsamt: Telefon 0471/706333)
5.679 Einwohner. Fläche 11.781 ha. Anteil am Naturpark 2.230 ha

Tiers (Verkehrsamt: Telefon 0471/642127)
839 Einwohner. Fläche 4.209 ha. Anteil am Park 1.920 ha

Völs (Verkehrsamt: Telefon 0471/725047)
2.732 Einwohner. Fläche 4.438 ha. Anteil am Park 1.700 ha

Literaturhinweise zum Naturpark Schlern

Amt für Landschaftsplanung:
Naturpark Schlern, Assessorat für Umweltschutz, o. J.

Diverse Autoren:
Tierser Tal (Gebietsführer 3), Bozen, 1974

Heissl, Werner:
Südtiroler Dolomiten (Geologischer Führer 1971), Berlin-Stuttgart, 1982

Rampold, Josef:
Eisacktal (Landeskunde 5), Bozen, 1981

Schweiggl, Martin:
Zeugen aus Stein, Bozen, 1991

Schwob, Anton:
Oswald von Wolkenstein (Biographie), Bozen, 1979

Wolff, Karl Felix:
König Laurin und sein Rosengarten, Bozen, 1988

Naturpark Puez-Geisler

Naturpark

Puez-Geisler

Das Geschichtsbuch der Erde

Das klassische Szenarium
der Villnösser Geisler zu ungewohnter Stunde
im ersten Morgenlicht.

Verkarstete Hochflächen,
sanftgewellte Almwiesen und zerklüftete Bergspitzen,
majestätische Wandfluchten,
Erosionstäler und dunkle Nadelwälder

Die Dolomitenbauhütte könnte man den 9400 Hektar großen Naturpark Puez-Geisler nennen. Geologen finden darin sämtliche für die Dolomiten typischen Erdschollenbewegungen, Gesteinsarten, Ablagerungsschichten und Formen der Verwitterung.

Öde, verkarstete Hochflächen und sanftgewellte fruchtbare Almwiesen vor bizarr zerklüfteten Bergspitzen, majestätische Wandfluchten, tief eingeschnittene Erosionstäler und dunkle Nadelwälder bilden eine Vielfalt an landschaftlichen Formen, wie wir sie auf so kleinem Raum nur selten finden.
Doch für einen noch einschneidenderen Gegensatz im Haushalt der Natur hat der geschäftige Mensch gesorgt.

Im Süden und Osten grenzt der Naturpark direkt an die Tourismushochburgen Gröden und Hochabteital. Bis an den Fuß der Felswände, die als natürliche Barrieren das letzte Reich der Gemsen und Murmeltiere schützen, brandet hier der Rummel des modernen Massentourismus, spannen sich die Seile der Skianlagen, zerschneiden die Schneisen der Pisten die Wälder, dröhnen die Schneekanonenbatterien und bieten die Hotelburgen dem König Gast jeden Komfort. Dieser will aus der grauen Stadt in die Berge, aber bittesehr auf schnellen Stra-

Saftig-grüne Bergwiesen im Talschluß von Campill / Lungiarü und das ewige Ringen zwischen der Vorhut des Lebens und dem unablässig aus dem Antersasc-Massiv rieselnden Felsschutt

ßen, in komfortable Hotels, mit modernster Lifttechnologie und glattgewalzten breiten Skiautobahnen, mit hinreichend Schneekanonen, falls die Sonne zuviel scheint, mit Hallenbad und Solarium, wenn es draußen schneit.

Die Naturliebhaber, von den pockennarbigen Pistenlandschaften vergrault, suchen dann im Sommer ihre im grauen Winter geträumten bunten Blumenwiesen in immer abgeschiedeneren Gegenden der Berge.
Und sie zerreißen dabei vielleicht den unsichtbaren Zauberfaden um die letzten Paradiese der Murmeltiere, Auerhähne und Gemsen.

Die Ladiner, das älteste Alpenvolk

Wenn wir vom ruhigen Villnößtal absehen, umfaßt dieser Naturpark durchwegs Gebiete ladinischer Gemeinden: St. Christina / Santa Crestina und Wolkenstein / Sëlva im Süden, Corvara, Abtei / Badia, St. Martin in Thurn / San Martin de Tor im Osten.

Die Ladiner der Dolomiten gehören zu jener rätoromanischen Bevölkerung, die als romanisierte Ureinwohner noch zu Beginn der Völkerwanderung die Alpen von Karnien bis weit in die Schweiz hinein besiedelten.

Im Laufe des Mittelalters engten germanische, italische und slawische Völkerschaften und Kulturen von Norden, Süden und Osten her den rätoromanischen Siedlungsraum ein. Die Ureinwohner zogen sich entweder in unzugängliche Alpentäler zurück oder sie gingen in den Kulturen der neuen Herren auf. So haben sie bis zum heutigen Tag nur in drei weit auseinandergerissenen rätoromanischen Sprachinseln überlebt: die Graubündner in der Schweiz, die Ladiner der Dolomiten (Gröden, Gadertal, Fassatal, Buchenstein, Ampezzo) und die Furlanen im Friaul.

Erst im Hochmittelalter treten diese abgeschiedenen Dolomitentäler in das Licht der (beurkundeten) Geschichte ein.
Als deren selbsternannte »Schutzherren« brachten damals Feudalherren aus dem Eisacktal und Pustertal auch diese selbstgenügsamen, aber freien ladinischen Gemeinden in ihre Abhängigkeit, rissen die Gerichtsbarkeit an sich und erhoben Lehenszinse.
Ein beredtes Zeugnis der Epoche ist die Burg Wolkenstein, an eine unzugängliche Nische in der Steviawand geklebt. Ihr zu Füßen zog der uralte Troy pajan (Heidenweg) vom Eisacktal über das Grödner Joch ins Gadertal und Pustertal. Einst als Volksburg Zuflucht in Gefahrenzeiten, wurde nun daraus eine Zwingburg der neuen Feudalherren. Die Geschichten über Fron, Raub, Nötigung und Willkür sind aus Klageschriften urkundlich belegt.

Die fast verblaßte Erinnerung an eine goldene Zeit, als die Rätoromanen noch die Herren des Alpenbogens waren und in üppigeren Gefilden siedelten, lebt in den ladinischen Sagen weiter, die von blutigen Kämpfen und untergegangenen Reichen erzählen.

Gröden und Gadertal

Wegen der im Verhältnis zur landwirtschaftlichen Produktion doch großen Bevölkerungsdichte Ladiniens mußte hier früher sozusagen jedes Grasbüschel bis hinauf in die höchsten Schrofen genutzt werden. Die intensive Waldweide hat vor allem im Gadertal zu Hangrutschungen und Erosionen geführt, die heute noch nicht zum Stillstand gekommen sind, ja da und dort durch Pistenrodungen und Planierungen sogar neue Schubkraft erhalten haben.

In Gröden / Gherdëina entwickelte sich als Zuverdienst ab dem 16. Jahrhundert

Allseits löst sich
der ungeschützte Dolomit am Rande
der Hochflächen

(links bei der Nivesscharte, rechts
Antersasc)

in Türme, Spalten
und Schutthalden auf.

Ehemalige Kirchdörfer explodierten besonders in den letzten Jahrzehnten zu Hotelsiedlungen

Relikte
der autarken Wirtschaftsweise
der Bergbauern:

Holz als
Baustoff und Energielieferant.

die Holzschnitzerei zu einem Hausgewerbe, das besonders im 19. Jahrhundert derartige Ausmaße annahm, daß man sogar um den Bestand der Wälder fürchten mußte. Besonders strenge Bestimmungen mußten zum Schutz der Zirbe erlassen werden, dem wohl begehrtesten Schnitzholz.
Der Bau der ersten Grödner Talstraße (1856) sollte in erster Linie den Schnitzwarenexport erleichtern, brachte jedoch alsbald die ersten Bergtouristen ins Tal. Eine ungeahnte Entwicklung setzte ein, paradoxerweise gefördert durch den Ersten Weltkrieg:
Gröden wurde nun eine Eisenbahn und den Dolomitenpässen ein durchgehendes Straßennetz beschert.
Ehemalige Kirchdörfer, die im wesentlichen aus Widum, Schule, Mesnerhaus, Kramladen und Gasthaus bestanden, explodierten besonders in den letzten Jahrzehnten zu Hotelsiedlungen, die heute die acht Kilometer lange Grödner Talsohle zu einer Bandstadt machen.
Die Grödener Fremdenverkehrsstatistik spricht eine deutliche Sprache:
8.000 Einwohner und 15.000 Gästebetten mit über 1.500.000 Übernachtungen jährlich. Ladinien, einst ein »Armenhaus« Südtirols, hat sich zu einem der potentesten Wirtschaftsräume entwickelt.

In der Talsohle Grödens wird sich der Naturliebhaber zwar nicht lange aufhalten, doch lohnt allemal ein Besuch des Heimatmuseums von St. Ulrich/Urtijej, das neben den Sammlungen aus Brauch-

Zusammengehörigkeitsgefühl, Solidarität und der sparsame Umgang mit dem Boden als einziger Lebensgrundlage: die »Viles« des Gadertales. Seres bei Lungiarü.

tum und Volkskunde Grödens herrliche Mineralien- und Fossilienschätze zeigt, die dem geologisch Interessierten einen guten Einblick in den Reichtum der Dolomiten bieten.

An den Hängen findet man da und dort noch urtümliche Bauernhöfe, die in die romanische Zeit zurückreichen; viele der Wanderer schweben freilich darüber hinweg, mit den Seilbahnen Seceda, Col Raiser, Dantercepies, die sie bis an den Südrand des Naturparks bringen.

Über das Grödner Joch (2121 m), eingesenkt zwischen der bizarren Cirgruppe und dem Sellastock, erreichen wir das obere Gadertal / Val Badia:

Corvara mit Kolfuschg / Calfosch und mit Pescosta;

Abtei / Badia mit Stern / La Ila und mit Pedratsches / Pedraces am Fuße der Gardenacia.

Vor Jahrzehnten noch ein Geheimtip für einen Skiurlaub in ruhiger Umgebung, ist nun der skitechnologische Rückstand zu

Nicht weit von den Hotelburgen entfernt hat sich auf den Steilhängen droben ein Stück Mittelalter erhalten

Gröden aufgehoben. Schon im Jahre 1947 hat Corvara den ersten Skilift Italiens erhalten.

In der Gemeinde St. Martin hingegen ist das »alte Ladinien« auch in der Siedlungslandschaft noch gut erhalten. Ober dem Dorf auf einem Wiesenhügel Schloß Thurn, wo einst der Hauptmann des Brixner Fürstbischofs saß, dem das Gebiet unterstand. Der Großteil des Gadertales zinste jedoch dem fürstlichen Frauenstift Sonnenburg bei St.Lorenzen (deshalb der Name Abteital). Bei der Zinseintreibung standen die geistlichen Herren den weltlichen in nichts nach.
Während Untermoj / Antermoja, an der Straße übers Würzjoch nach Brixen gelegen, mehrere Liftanlagen besitzt, führt das Tal von Campill / Lungiarü nicht nur weit in den Naturpark hinein, sondern auch weit zurück in die Geschichte der ladinischen Siedlungskultur.

Die Kulturlandschaft der Viles

Hier finden wir einige Weiler - ladinisch Viles -, die weithin die traditionelle Siedlungslandschaft des Gadertales prägen. Bis zu zehn Höfe sind zumeist um einen kleinen Dorfplatz mit dem gemeinsamen Brunnen und Backofen gruppiert - als kontrastreicher Akzent zur umliegenden siedlungsfreien Kulturlandschaft.

Das Bedürfnis nach Schutz, Zusammengehörigkeitsgefühl und nicht zuletzt der sparsame Umgang mit dem raren Kulturgrund mögen zu dieser wohl ursprünglichsten Siedlungsform des Alpenraumes geführt haben. Da Wohn- und Futterhaus fast durchwegs getrennt sind, entsteht das Bild eines malerischen Haufendorfes.

Wenn wir von Campill in den Naturpark wandern, treffen wir nacheinander die Weiler Frena, Seres und Miscì und am Bach nacheinander acht Getreidemühlen, die über ein ausgeklügeltes System von Schleusen, Holzrinnen und Sperren betrieben werden.

Das Landschaftsbild wird neben der Naturausstattung auch wesentlich von der Wirtschafts-, Sozial- und Kulturgeschichte der Besiedler geprägt. Bis zum Bau der Talstraße (1892) war das Gadertal ganz auf Selbstversorgung ausgerichtet, bei der einzig und allein der verfügbare Boden die materielle und wirtschaftliche Grundlage bildete. In einem durch Jahrhunderte ausbalancierten System wanderte die bäuerliche Tätigkeit im Laufe eines Jahres von unten nach oben und im Herbst wieder talwärts, jede ökologische Nische nutzend. Dieses vertikale Bodennutzungssystem stieg von den Talwiesen unterhalb der Weiler auf zu den Gärten, Äckern und Wiesen um diese herum und über Niederweiden, Wälder und Bergmähder zu den Hochalmen hinan.
Ackerbau (mit Gerste, Hafer, Roggen, Weizen, Bohnen, Flachs und Hanf) und

Viehzucht (Milchprodukte, Fleisch, Wolle, Mist) mußten in ein ausgewogenes Verhältnis gebracht werden und einen geschlossenen Kreislauf bilden: das ewige Bauernland.
Dieses nachweisbar bereits im Hochmittelalter ausgereifte System sicherte das Überleben der ladinischen Gemeinschaften bis ins 20. Jahrhundert hinein.

Ebenso unverändert blieb die bäuerliche Architektur, die mit den vorhandenen Baumaterialen Stein und Holz das Auslangen fand. Charakteristisch ist die Pilzform der Wohnhäuser:
Kellergeschoß und erstes Wohngeschoß (mit Stube und Küche) in weißgetünchtem Steinmauerwerk, die Schlafkammern und der Dachspeicher in Holz, jedoch mit einem an mehreren Seiten umlaufenden Söller (Sorà) zum Trocknen von Feldfrüchten. Auch der durchwegs aus Holz erbaute Stadel besitzt einen umlaufenden Trockensöller (Parinzinch). Das flachgeneigte Holzschindeldach vollendet das harmonische Bild der Viles.

Die gewaltige wirtschaftliche Entwicklung der letzten Jahrzehnte ist an den meisten Viles erstaunlicherweise nahezu spurlos vorüber gegangen. Der touristische Bauboom konzentrierte sich auf die Talortschaften im Umfeld der Skianlagen. Nicht weit davon entfernt hat sich auf den Steilhängen droben ein Stück Mittelalter erhalten, wo alte Leute in gleicher Weise wie seit Jahrhunderten ihrer gewohnten Arbeit nachgingen.

Angesichts der ersten Erscheinungen des Verfalls einerseits und der Tendenz zu Um- und Neubauten ohne Rücksicht auf die einzigartige Siedlungskultur hat das Südtiroler Landesassessorat für Umweltschutz nach umfangreichen Erhebungen Schutz- und Förderungsprogramme für die Viles des Gadertales ausgearbeitet, die eine behutsame Anpassung an die geänderten sozio-ökonomischen Verhältnisse zum Ziel haben.

Villnößtal

Im Westen bildet das Villnößtal das grüne Herz des Naturparks, eine Oase der Ruhe zwischen den Skikarussellen von Gröden und der Plose. Nach dem Motto »was den anderen recht ist, muß auch uns billig sein« hatte allerdings auch Villnöß auf Weiß gesetzt. Als man zu Beginn der Siebziger Jahre mit der Ausweisung des Naturparks begann, enthielt der Bauleitplan der Gemeinde für den majestätischen amphitheaterförmigen Talschluß zwischen Villnösser und Aferer Geisler bereits rote Linien und graue Streifen: das geplante Liftkarussell Zanser Alm. Projekte wie Aktien für die Liftgesellschaft wurden bereits gezeichnet und mancher träumte schon von einer Skischaukel ins Gadertal hinüber.
Doch ein derart an seiner grünen Taille abgeschnürter Naturpark wäre nur ein

Die erste Südtiroler Bürgerinitiative um ein Naturschutzanliegen

Weit in das Herzstück
von Puez hinein
stößt das vom Eiszeitgletscher ausgeräumte
Langental hinter Wolkenstein.

Felsentorso geblieben und hätte damit dem Gesamtbild der Landschaft keineswegs entsprochen.

Zuerst waren es nur die Leserbriefe einiger »Fortschrittsbremser«, doch alsbald tobte in den Spalten der Tageszeitungen, in Rundfunksendungen und Fernsehdiskussionen ein zweijähriger heißer Kampf um die Skierschließung Zanser Alm, in dem vom Schüler bis zum Landeshauptmann alle involviert waren.

Die »Aktion zur Erhaltung der Geislergruppe« sammelte über 5000 Unterschriften für die Naturparkausweisung. Es war dies zudem die erste landesweite Bürgerinitiative um ein Naturschutzanliegen, zu einer Zeit, als Südtirol erst langsam die Schwelle zum Wohlstandsland erklomm und man das Wort »Ökologie« noch vergeblich in den Wahlprogrammen suchte. Villnöß markiert somit einen historischen Meilenstein der Südtiroler Naturschutzpolitik, die gezeigt hat, daß die Lifte nicht unbeschränkt in den Himmel Südtirols wachsen dürfen.

Heute setzt Villnöß auf den sanften Tourismus. Die bäuerliche Kulturlandschaft geht nahtlos über in intakte Wälder und blühende Almwiesen zu Füßen der majestätischen Geislerspitzen.
Die Gäste suchen nicht nur, sondern sie finden hier auch Ruhe, Ausgleich zum Leben der Stadt und Erholung in einer vom Massenrummel verschonten Natur- und Kulturlandschaft.

Die Dolomiten haben die Gebirgsbildungsphase der Alpen vor etwa 60 Millionen Jahren relativ »heil« überstanden

Der geologische Bau der Dolomiten

Die Bozner Porphyrplatte, die noch den Mittelgebirgssockel des Schlerngebietes aufgebaut hat, erreicht nördlich von St. Ulrich in der Raschötz ihre Nordgrenze. Von der an der West- und Nordkante steilgestellten Porphyrplatte sind in der Vergangenheit oftmals große Felsstürze abgegangen, deren Blöcke wir etwa bei Pontives an der Porta ladinia antreffen. Die Verengung ist auf den hier das Tal querenden Porphyr zurückzuführen, der der Erosionstätigkeit von Wasser und Eis weitaus größeren Widerstand entgegensetzt als die marinen Sedimentgesteine.

Im Nordteil des Naturparks liegt die Dolomitserie dem Brixner Quarzphyllit auf, der schon südlich des Villnösser Baches von Lajen bis zur Zanser Alm ansteht und im Norden (Afers - Plosemassiv - Würzjoch) direkt an die Grenze des Parkes heranreicht. Der Quarzphyllit ist ein mindestens 600 Millionen Jahre altes, ursprünglich sandig-toniges Sedimentgestein, das unter dem Einfluß von Druck und Hitze späterer Erdschollenbewegungen stark umgewandelt wurde.

Der vorwiegend schiefergraue Phyllit ist von weißen Quarzadern durchzogen und in der Verwitterung oft unregelmäßig plattig, bei Eisengehalt bräunlich.

Die Südtiroler Dolomiten haben die Gebirgsbildungsphase der Alpen (vor 50 bis 60 Millionen Jahren) relativ heil überstanden. Während anderswo gewaltige Deckenüberschiebungen und Erdschollenkippungen den Altersaufbau der Gesteine für den Laien verwirrend und undurchschaubar machen, ist hier die ursprüngliche Ablagerungsfolge der Gesteinsschichten meist noch gut erkennbar, besonders längs der tektonischen Bruchlinien, an denen sich die Gesteinsschollen gehoben oder verschoben haben.

Die bedeutendste Bruchlinie im Naturpark ist die »Villnösser Linie«, die von Gufidaun am Eingang des Villnößtales bis St. Magdalena verläuft, sich dort sodann teilt, einerseits bis zum Talschluß oberhalb der Zanser Alm führt, andererseits am Nordfuß der Aferer Geisler (Halsl, Würzjoch) bis nach St. Martin in Thurn reicht.

Aus dem Hauptdolomitplateau der Gardenacia ragt wie ein Vulkankegel der Col dala Soné.

Seine verwitterungsanfälligen Jura- und Kreidesedimente werden von einem Dolomitdach geschützt, das bei der Gebirgsbildung auf die jüngeren Schichten geschoben worden ist.

Die bizarr zerklüftete, in Türme aufgelöste Cir-Gruppe vermittelt uns noch heute den Eindruck eines Korallenriffs.

Grödner Sandstein

Sowohl auf den Porphyr als auch auf den Quarzphyllit folgt der bis zu 300 Meter mächtige Grödner Sandstein (so genannt weil er erstmals hier beschrieben wurde). Er ist das Erosionsprodukt eines wüstenhaften Klimas über Jahrmillionen, ähnlich dem Klima, wie wir es heute in großen Teilen der Nordsahara vorfinden. Episodische Flüsse führen große Mengen

In stark salzhaltigen Lagunen kristallisierten Gipslinsen aus

an Material mit, das sich in abflußlosen Verdunstungsbecken ansammelt. Trocknet der Schlamm sodann aus, entstehen Trockenrisse und Tonröllchen, wie sie in tonigen Lagen auch im Grödner Sandstein fossil anzutreffen sind - die Schrägschichtung und die gewellte Oberfläche vieler Sandsteinbänke ist auf die Wasserströmungen der einstigen Flüsse zurückzuführen.
Vorherrschend sind bräunlich - rote Farbtöne, je nach Ablagerungsbedingungen aber auch graue, gelbe, grüne Schichten. Schluffig - tonige Zwischenlagen, Gipslinsen und verkohlte Pflanzenreste weisen stellenweise auf die Existenz von Flüssen, Endseen, Brackwasserlagunen und Oasen hin.

In den Abbrüchen der Compatschwiesen am Fuße des Peitlerkofels ist der rötliche Grödner Sandstein schon von der Würzjochstraße aus zu erkennen. In Villnöß steht er um St. Magdalena-Ranui und bei der Broglesalm an, in Gröden wird er an zahlreichen Stellen angeschnitten, ebenso bei Kolfuschg im oberen Gadertal.

Bellerophonschichten

Vor gut 200 Millionen Jahren wurde das kontinuierlich sinkende Land von Osten von einem Nebenarm des ausgedehnten Urmittelmeeres, der Tethys, überflutet. Die Ufernähe bringt häufig wechselnde

Hoch über dem Ausgang des Langentales hat die Erosion die Felsbrücke der Stevia ausgebildet.

terrestrischeEinschwemmungenmit sich. Entsprechend vielgestaltig ist daher das bis zu 200 Meter mächtige Schichtpaket, das nach der darin häufig anzutreffenden fossilen Bellerophon-Wasserschnecke benannt wurde. Vielfach von Hangschutt überdeckt stehen sie vereinzelt am Fuße des Peitlerkofels, der Aferer und der Villnösser Geisler an, auch oberhalb von St. Christina, Pescosta und im hintersten Villnößtal (Gampenalm, Kreuzjoch).

Die zu sanften Formen verwitternden Sandstein- und Bellerophonschichten bilden etwa die lieblichen Kompatsch- und Peitlerwiesen am Fuße des mächtig aufragenden Peitlerkofels.

Wir stoßen auf wiederholt wechselnde Schichten von gelb-braunem, löchrigem Dolomit-Sandstein und weichen tonigen Zwischenlagen.
Die grau-gelben Oolithkalke setzen sich aus winzigen kugeligen Konkretionen von Kalk zusammen, die ebenso wie die Gipslinsen in stark salzhaltigen Lagunen auskristallisierten. Bitumengehalt weist auf eine schlechte Durchlüftung des Meeresbodens hin.

Werfener Schichten

Mit den Bellerophonschichten endet das Erdzeitalter des Perm. Vor rund 180 Millionen Jahren begann nun die Triaszeit.

Geologische Übersicht Südtirols
(nach H. Vetters)

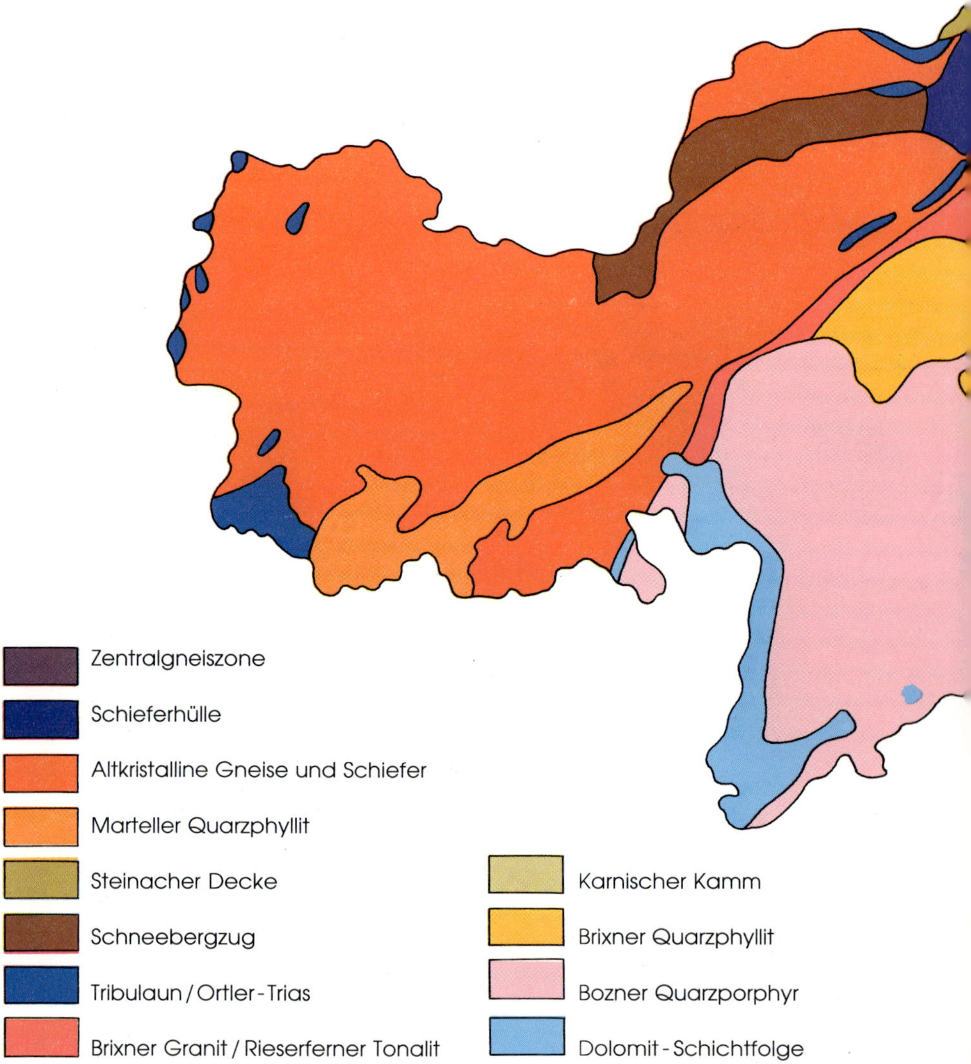

Schematisches Profil durch die Dolomiten

(nach B. Lammerer)

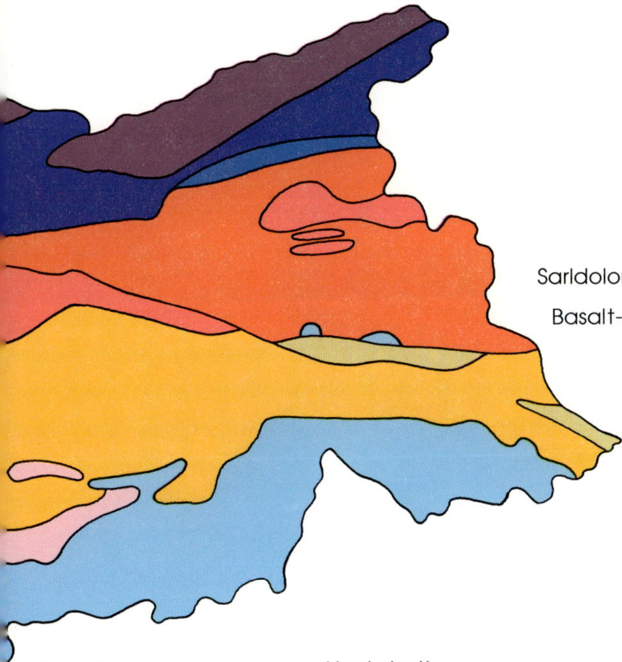

Brixner Granit 1
Quarzphyllit 2
Quarzporphyr und Tuffe 3
Grödner Sandstein 4
Bellerophonschichten 5
Werfener Schichten 6
Sarldolomit - Buchensteiner Schichten 7
Basalt-Latit-Andesit / Tuffe u. Laven 8
Wengener Schichten 9
Cassianer Schichten 10
Schlerndolomit 11
Raibler Schichten 12
Hauptdolomit 13

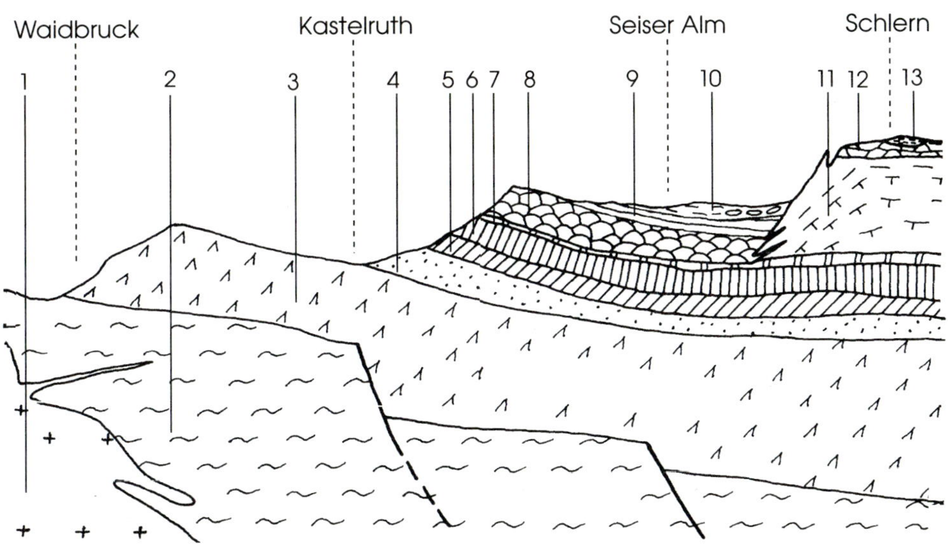

In Jahrmillionen bauten winzige Mikroorganismen, Algen, Korallen und Muscheln tausende Meter mächtige Sedimentgesteine

Die Tethys - mit der tropischen Südsee vergleichbar - überflutet immer mehr Land. In Jahrmillionen bauen die auf den Meeresgrund gesunkenen Gehäuse winziger Mikroorganismen, Algen, Korallen und Muscheln tausende Meter mächtige Sedimentgesteine auf.

Die Werfener Schichten (benannt nach einem Ort im Salzburgischen) werden noch in die vorwiegend grauen Seiser Schichten und in die rötlichen Campiller Schichten unterteilt. Sie prägen das Gebiet um Campill bis zum Juac an der Wasserscheide nach Villnöß, ebenso den Sockel der Aferer und Villnösser Geisler und treten auch bei St. Christina und Kolfuschg an die Oberfläche.

Plattenkalke und Oolithe, sandige Dolomite, Sylte, Schieferton, Mergellinsen, geschichtete Kalke, Zellendolomit und ufernahe Sandsteine wechseln einander ab. Die Farbpalette dieses im Durchschnitt um 300 Meter mächtigen Schichtpaketes, das wegen der unterschiedlichen Härte oft bizarr erodiert, variiert stark. Die nur wenige Millimeter dünnen Schichten von Schlamm - Mergel - Sedimenten und Sandablagerungen zeugen vom jahreszeitlichen Rhythmus des Flußhochwassers; die wellenförmigen Rippelmarken und Gezeitenkanäle vom steten Wechsel von Ebbe und Flut. Durcheinandergewürfelte Sturmsedimente weisen auf erodierende Winterstürme oder Seebeben hin; schräge Lagen in parallel geschichtetem Gestein auf Unterwasserrutschungen; aufeinanderfolgende Gipsschichten oder Schlamm zeugen von wechselnden Salzwasserkonzentrationen der Lagune; Trockenrisse von zeitweilig trockenem Lagunenboden.
Manche Horizonte erzählen von längst vergangenem Leben:
Dünne Kohleschnitzel, fossile Pflanzenreste, Bruchstücke von Muscheln, von Schnecken und Seeigeln, Fischschuppen und Fischzähne, die Kriechspuren und Wühlgänge primitiver Würmer sowie die nur mikroskopisch kleinen Gehäuse von Mikroorganismen und Algen.

Muschelkalk, Sarldolomit, Buchensteiner Schichten

Nachdem die Werfener Schichten durch eine dünne Lage des Richthofen-Konglomerates abgeschlossen werden, kommt es in zunehmend tieferen Meeresschichten zur Ablagerung dichter, gebankter Kalk- und Dolomitschichten (Sarl- bzw. Mendeldolomit, Unterer Muschelkalk), die wegen ihrer gegenüber den Werfener Schichten größeren Härte (wie etwa am Peitlerkofel, an den Aferer Geislern und den Ruefen) als deutliche Sockelstufe am Fuße der Dolomitwände hervortreten.

Die grauen, gut gebankten Buchensteiner Kalke sind durch eingelagerte Hornsteinknollen gekennzeichnet, die oft von dünnen Mergellagen überzogen sind. Auch

grünliche vulkanische Tuffe (pietra verde) sind oft eingeschlossen.
Den besten Einblick in diese vielfältigen Schichtpakete gewinnen wir bei einer Wanderung von der Gampenalm oder von Campill aus hinauf zur Schlüterhütte und an der Einsattelung zwischen Aferer und Villnösser Geisler.

Wengener und Kassianer Schichten

Ebenfalls in diesem Bereich, aber noch deutlicher in den sanften Formen des Grödner Joches und der Mastlé-Alm zeugen die Wengener und die Kassianer Schichten vom Überhandnehmen vulkanischer Ereignisse.
Tuffmergel haben hier die Vormacht. Die Gesteine sind reich an marinen Fossilien, etwa die schöne, wie eine strahlende Sonne aussehende Daonella.
Am Steig von der Schlüterhütte zur Peitlerkofelscharte läßt sich die Faziesverzahnung zwischen Schlerndolomit sowie Wengener und Kassianer Schichten deutlich beobachten.

Schlerndolomit

Der Schlerndolomit, jenes in Jahrmillionen gewachsene Korallenriff, das wir bereits beim Schlern vorgefunden haben, prägt auch den Naturpark Puez-Geisler mit großer Mächtigkeit - landschaftlich jedoch in unterschiedlicher Form.

Im Nordteil des Parks(Villnösser Geisler, Aferer Geisler, Peitlerkofel) bildet der Schlerndolomit den Gipfelaufbau und ist in zahlreiche Türme und Felszähne aufgelöst, die oftmals senkrecht aus den Schutthängen zu ihren Füßen emporragen und damit an ein urweltliches Riesengebiß erinnern. Die Wände der Geisler sind mit den Namen berühmter Bergsteigerpioniere verbunden.

Der südliche Teil des Naturparks (Puez, Gardenacia, Crespëina, Stevia) präsentiert sich hingegen - ähnlich wie das Schlernplateau - als ein gegliederter, im Durchschnitt 2500 Meter hoher Gebirgsstock. Hier bewahren die wasserstauenden Raibler Schichten den Schlerndolomit vor der Auflösung.

Am Rande des Hochplateaus, wo die Raibler Schichten abgetragen wurden, begegnen wir auch prompt den bizarren Dolomitformationen, die in imposanten Wänden und Türmen zu den Waldhängen und Almwiesen abbrechen - etwa am Mont da l'Ega und Antersasc im Süden Campills, an den Ostabstürzen der Gardenacia (Somamunt, Prä Janin, und Sassongher), Sas Ciampac ober Kolfuschg. Die vom Grödner Joch aus zum Greifen nahe bizarr zerklüftete Cirgruppe läßt das anschauliche Bild eines Korallenriffs in uns erstehen.

Ein Meter Gestein kann in tausend Jahren oder in einer Million Jahren entstehen - oder in Sekunden

Das Langental, ein vom Puez-Gletscher ausgehöhltes U-förmiges Trogtal, reicht von Wolkenstein fast eben weit in den Gebirgsstock hinein. Es ist von imposanten Dolomitwänden gesäumt. Lange vor Inkrafttreten des Naturparkdekretes bildeten sie einen natürlichen Schutzwall gegen Skierschließungen, so daß wir heute wenige Schritte hinter dem turbulenten Wolkenstein in unberührter Naturlandschaft stundenlang ins Tal hinein wandern können, durch sanft ansteigende Wälder und Weiden, zwischen emporragenden Felswänden.
Die ursprünglich im wesentlichen aus Kalkgehäusen(Calciumcarbonat) aufgebauten Riffe wurden später durch den Einbau des im Meereswasser gelösten Magnesiums zu Calcium - Magnesium-Doppelcarbonat dolomitisiert. Die Umkristallisation hat in der Regel auch die Fossilien unkenntlich gemacht.

Der Dolomit ist ein dichtes, weißes bis hellgelbliches, im frischen Bruch zuckerförmiges Gestein. Der Name rührt vom französischen Naturforscher Deodat de Dolomieu her, der 1789 - allerdings am Ausgang des Pflerschtales und in der Salurner Klause - erstmals die chemische Beschaffenheit dieses Gesteins beschrieben hat. Noch jünger ist die einheitliche geographische Bezeichnung Dolomiten, die damals allenfalls vage als »bleiche

Kohlensäurehaltiges Regenwasser graviert Rinnenkarren in den Hauptdolomit.
Strahlende Sonnen: die Daonella-Muschel, ein Leitfossil der Wengener Schichten.
In »Igelstellung« trotzen Polsterpflanzen Wind und Wetter.
Ein grünes Augenpaar in der Felseneinöde: Dolinen auf der Gardenacia.

Berge« umschrieben wurden. Es waren die englischen Autoren Churchill und Gilbert, die erstmals im Jahre 1864 in ihrer Reisebeschreibung »The dolomites mountains« diesen Namen publizistisch prägten - wohl nicht ahnend, daß er einmal zu den im internationalen Tourismusbusiness bekanntesten Begriffen zählen würde.

Raibler Schichten

Die deutlich geschichteten fossilreichen Raibler Schichten (benannt nach einem Fundort in Kärnten) bedecken - im wahrsten Sinne des Wortes - den Schlerndolomit in einer Mächtigkei von wenigen Metern bis 200 Meter (in der Dreischustergruppe ober Sexten).

Die Dicke eines Schichtpaketes sagt noch nichts über den Zeitraum der Ablagerungen aus. Ein Meter Gestein kann je nach Bedingungen in tausend Jahren, in einer Million Jahren, oder innerhalb weniger Sekunden (etwa bei Vulkanereignissen oder Rutschungen unterm Meer) gebildet worden sein.
Ihre sandigen Dolomite und Tone sind im Landschaftsbild schon allein durch ihre Färbung (grau, gelb, grünlich, dunkel,

Nur genügsame Polsterpflanzen
und Spaliersträucher vermögen auf den kargen Hochflächen
ihr Dasein zu fristen

rot) auffallend, Erdeinschwemmungen lassen auf nahe Inseln schließen. Wegen der Verwitterungsanfälligkeit bilden sie im Dolomitenaufbau häufig eine deutliche Stufung bzw. ein Felsband (sehr gut am gegenüberliegenden Sellastock zu beobachten).
Ihre wasserstauende Eigenschaft schützt den darunterliegenden Dolomit vor Auflösung und bildet auch Quellhorizonte aus (etwa in den Quell-Wasserfällen im Talschluß des Langentales).

Haupt- oder Dachsteindolomit

Der daraufhin in einem ausgedehnten Flachmeer abgelagerte helle Haupt- bzw. Dachsteindolomit ist dank seiner durchgehenden Bankung vom Schlerndolomit unschwer zu unterscheiden. Im Puez-Gebiet ist der Hauptdolomit an die 200 Meter mächtig, erreicht jedoch weiter im Südosten mitunter über 1000 Meter.

Der Hauptdolomit bedeckt die weiten Hochflächen von Crespëina, Gardenacia und Puez. Seine Verkarstungsneigung hat zu zahlreichen Klüften, Karren und Rinnen geführt, durch die das Wasser sofort in den Untergrund versickert. Nur genügsame Polsterpflanzen und Spaliersträucher vermögen auf diesen kargen windgepeitschten Hochflächen ihr Dasein zu fristen. Wie grüne Oasen mit bunter Alpenflora nehmen sich hingegen

Geologische Zeiteinteilung
und wichtigste Ereignisse in den Zentral-
und Südalpen

(nach A. Staindl)

Zeitalter (Beginn vor mlo J.)	Gesteinsbildungen	Entwicklung der Tierwelt
Quartär (1,5)	Eiszeitmoränen	erste Hominiden
Tertiär (65)	(Alpenfaltung) Rieserfernertonalit/Nummulitenkalke	Schnecken rasche Entwicklung der Säugetiere
Kreide (130)	Scaglia / Kalkmergel / Biancone	Aussterben der Saurier. Urvögel / Säugetiere (Insektenfresser) Knochenfische
Jura (190)	Maiolica Ammonitico rosso Unterjurakalke	Archäopterix Flugsaurier / Ichtyosaurier Dinosaurier Krokodile / Schildkröten Belemniten
Trias (225)	Mergelkalke Dachstein- (Haupt) Dolomit Raibler Schichten Schlerndolomit Wengener Schichten Buchensteiner Schichten Mendel-Dolomit Werfener Schichten (Campiller / Seiser Schichten)	Säugetiervorläufer Muscheln verdrängen die Brachiopoden Korallen Entwicklung der Reptilien (Saurier) Ammoniten
Perm (280)	Bellerophonschichten Grödner Sandstein, Brixner Granit / Bozner Porphyr	Aussterben der Trilobiten und Brachiopoden echte Haie
Karbon (345)	Steinkohle (am Steinacher Joch)	erste Reptilien / Knorpelfische Amphibien geflügelte Insekten
Devon (395)	Kalke des Karnischen Kammes	Amphibien / Muscheln / Insekten
Silur (440)	Kohlenstoffphyllit	Korallen / Panzerfische Trilobiten
Ordovizium (500)	Graphit- und Quarzitschiefer im Brixner Quarzphyllit	Trilobiten / Brachiopoden erste Fische
Kambrium (570)	Brixner Quarzphyllit	Trilobiten / Wirbellose
Präkambrium (3000)	Glimmerschiefer	Radiolarien / Coelenteraten

Vor rund sechzig Millionen Jahren wurde der Meeresboden im Zuge der Alpenauffaltung zu mächtigen Gebirgen emporgehoben

geschützte dolinenförmige Mulden aus, in denen fruchtbarer Lehm zusammengeschwemmt wurde.
Geradezu paradiesisch mutet uns in dieser Felseneinöde der blau-grün schimmernde Crespëina See (2374 m) an, der sich wohl auf wasserstauenden Raibler Schichten gebildet hat. Kein Wunder, daß um ihn Sagen von einst blühenden Wiesen auf den heute öden Hochflächen kreisen.

Wenn wir einmal den Anstieg hinter uns haben, sind diese weiten Hochflächen ein mühelos begehbares Wandergebiet. Sogar am Steig treffen wir im Dolomit die Abdrücke der großen Megalodon-Muschel, von den Hirten wegen ihrer Form »Kuhtritte« genannt.

Jura und Kreidezeit

Mit dem Hauptdolomit ist nunmehr die erdgeschichtliche Trias-Zeit vor 190 Millionen Jahren zu Ende. Während die im Fanesgebiet mächtigen Lias-Kalke hier fehlen, sind inselartige Reste von jungen Jura- und Kreideablagerungen anzutreffen, die im Landschaftsbild recht auffällig sind: Puez-Spitze (2725 m), Muntejela, Col dala Soné, der Kamm um den Gardenacia-Paß, Col dla Pieres und Nives-Piz Duleda.
Die fossilreichen Juraschichten bestehen aus grünlich-grauem Dolomit und dem Oolith, gelblichen bis roten Seelilienkalken, roten und grauen Kieselkalken. Die Gebietsnamen Puez und Badia sind auch für die wissenschaftlichen Namen von Fossilien, die erstmals hier beschrieben wurden, Pate gestanden, wie etwa bei Lytoceras puezanum und Ancyloceras badioticum.

Bei den Kreideablagerungen (ab etwa 65 Millionen Jahren) handelt es sich um feinschichtige rötliche bis grünlich-graue Mergel, die reichlich Ammoniten führen. Ihre leichte Verwitterbarkeit bewirkt eine starke Schuttbildung. Die isoliert auf der ausgebleichten Hochfläche aufragenden vulkanähnlichen Muntejela und Col dala Soné geben dem Puez-Gardenacia Gebiet nun vollends das Bild einer verlassenen Mondlandschaft.
Die Erhaltung der Jura- und Kreidereste verdanken wir dem schützenden Dach aus Dachsteindolomit, der durch Gipfelüberschiebungs-Phänomene bei der Gebirgsbildung auf die jüngeren Schichten geschoben wurde. Am Gipfel von Puez, Muntejela und Col dala Soné lassen sich die gebleichten Reste der Dolomitdecke deutlich beobachten.

Land in Sicht

Mit der Kreidezeit endet in unserem Gebiet endgültig die Herrschaft des Meeres. Vor rund sechzig Millionen Jahren

wurde der Meeresboden im Zuge der Alpenauffaltung hoch zu mächtigen Gebirgen emporgehoben. Was sich in gut 150 Millionen Jahren am Meeresboden abgelagert hatte, wurde seitdem durch die Erosion von Wasser, Eis, Wind, Hitze teilweise wieder abgetragen und sodann talwärts geschwemmt. Es verfüllte tektonisch gebildete Erdspalten und seichte Meeresbecken (etwa die Poebene) und hat auf diese Weise wieder zur Landbildung beigetragen - ein Kreislauf des ewigen Stirb und Werde.
Wer im Geschichtsbuch der Erde zu lesen versteht, erkennt, daß die beurkundete Menschheitsgeschichte darin gerade die letzten Silben ausmacht - gleich dem Amen im Gebet.
Wir sollten nicht nur aus der Geschichte des Menschen lernen, sondern auch aus der Naturgeschichte.

Gewachsene Naturlandschaften, Pflanzen- und Tierarten, die die frühere Armut und Hungersnot unseres Volkes überdauert haben, fallen heute dem Reichtum unserer Tage zum Opfer. In den letzten Jahrzehnten hat der Mensch mehr Lebewesen von der Erde gefegt, als während seiner eine Million Jahre dauernden Artgeschichte.

Hoffen wir, daß unsere Betriebsamkeit und folgenschwere Ausbeutung der Natur nicht tatsächlich dereinst auch das Amen des Lebens auf der Erde herbeiführen oder zumindest Teile des Alpenraums unbewohnbar machen.

Leben mit der Natur oder gegen die Natur

Die alte ladinische Sage um das Val dla Salieres (Wasserrinnental), das von Süden weit gegen Sas Rigais und Furcheta vorstößt, führt uns deutlich vor Augen, wie (über) lebensnotwendig es ist, im Einklang mit der Natur zu leben und zu wirtschaften. Alte Leute erinnerten sich noch, weit oben am Fuße der Felsen hölzerne Wasserrinnen gesehen zu haben, mit denen es folgende Bewandtnis hatte:

Einst kam ein Fremder mit seiner Herde nach Gröden und suchte dort nach neuen Weideplätzen. Da er aber kein Grödner war, wurde er überall verjagt; schließlich gab man ihm den boshaften Rat, weit oben am Fuße der Geisler gebe es noch herrliche Almen, die niemandem gehörten. Erfreut trieb er seine Herde bergan, fand aber nur öde Steinkare. Verzweifelt suchte er einen Übergang durch die Felsriesen, um seine Herde vor dem Verhungern und Verdursten zu retten.

Da begegnete ihm in einer engen Felsspalte eine junge Gana.
Ganas und Salvans sind jene ladinischen Sagenfiguren, die - dem Menschen im allgemeinen recht gut gesinnt - besondere Naturkräfte haben, ja diese oft personifizieren. Einst wurden damit wohl die von den ersten Siedlern in die Berge verdrängten Ureinwohner bezeichnet, die von den Bergen und von ihren Gesetzmäßigkeiten

In den letzten Jahrzehnten
hat der Mensch mehr Lebewesen von der Erde gefegt,
als während seiner ganzen Artgeschichte

noch mehr wußten als die neue Generation der rodenden Bauern. Die Gana nun erbarmte sich der dürstenden Herde und wies ihm den Weg zu einem verriegelten Felsentor.

Er öffnete es. Ein klarer Wasserbach brauste hervor - und ergoß sich durch die Schluchten hinab zur durstenden Herde. Am anderen Tag sprossen bereits grüne Kräuter und binnen einer Woche verwandelten sich die trockenen Schuttkare in eine blühende Alm.

Der Mann baute sich eine Almhütte und die Gana kam täglich, putzte und machte Butter und Käse.

Im Herbst zog der Mann mit seiner prächtig gediehenen Herde ins Tal. Inzwischen

Der Fluch der Gana: Wo einst die Herden prächtig gediehen, ergießen sich aus dem Val Ega und Val dla Salieres heute unaufhaltsam Schuttströme auf die einstigen Weiden von Cisles.

wohlhabend geworden, heiratete er dort die Tochter eines Bauern.

Auch im nächsten Sommer fanden sie die Alm gepflegt und gerichtet. Als die Frau jedoch eines Abends die junge Gana bei den Kühen im Stall antraf, wurde sie mißtrauisch und verjagte sie mit Schimpf und Schande.

Ohne ein Wort zu erwidern floh die Gana. Bei den Felsen angekommen, drehte sie sich noch einmal um und verwünschte die Alm.

Der Mann merkte alsbald, daß der Bach weniger Wasser führte. Besorgt ging er hinauf in die Felsen, um nachzusehen, doch er konnte die Felsenquelle nicht mehr finden.

Wenn die Wälder sterben
und die Täler verschüttet werden, treten die dunklen Prophezeihungen der Sage ein

Schaut da ein faunischer Salvan
auf das Treiben der Menschen herab, oder gar der mythische Räterkönig Laurin?
Felsinformation auf Puez.

So beschloß er, das Bächlein, das dort oben im Steinkar zu versickern begann, mittels einer aufwendigen Wasserleitung aus ausgehöhlten Baumstämmen bis zur Alm zu leiten.

Jahrelang ging alles gut; die bewässerte Alm grünte und das Vieh gedieh. Dann jedoch zeigte es sich, daß das Wasser vollends versiegte. Die Alm verödete und heute sind hier am Fuße der Geisler nur mehr ausgetrocknete Steinkare anzutreffen. Die Steinhalde wird sich stetig ausbreiten, auch die fruchtbaren Cisles und Mastlé Almen überlahnen und schließlich bis weit hinunter ins Tal alles Leben ersticken.

Mit Hilfe der Kräfte der Natur erblühte das Leben auf der Alm, doch durch den Bruch mit ihnen begann die Verödung. Erfindungsgeist und technische Vorrichtungen können die Quellen eben nicht ersetzen.

Die uralte Sage erscheint gerade heute

von dramatischer Aktualität. Aufwendige technische Vorrichtungen wie Wasserleitungen, Wasseraufbereitungsanlagen, Kanalisierungen, Kläranlagen, Müllverbrennung, Katalysator, Filter, Schutzverbauungen und anderes mehr werden die verheerenden Folgen unseres Wirtschaftens gegen die Naturgesetze zwar verzögern, aber wie lange? Wenn die Wälder sterben und Täler verschüttet werden, treten die dunklen Prophezeihungen der Sage ein.

Auf Mastlé hoch ober St. Christina hat diese »Endzeit« bereits begonnen.

Erdklüfte tun sich auf und Almwiesen bewegen sich, wenn auch langsam, talwärts.
Die wenigen von der mittelalterlichen Almrodung und von der neuzeitlichen Skierschließung übriggelassenen Zirben vermögen die wasserstauenden Wengener und Kassianer Schichten nicht zu befestigen.
»Irgendwann wird meine Schupfe unten an der Bushaltestelle wohl zum Stehen kommen« meinte sarkastisch ein Almbauer. Wenn es einmal soweit ist, würde allerdings auch kein Bus mehr die nun verschüttete Grödner Talstraße passieren können.
Der Berg ruft nicht mehr - er kommt zu uns! Durch aufwendige Drainagen, Wasserableitungen und Schutzverbauungen versucht der Landesbetrieb für Bodenschutz die Erdmassen zu stoppen. Eine wahre Sysiphusarbeit.

Kolosse
auf buchstäblich tönernen Füßen:

Die auf schräg gestellten
Werfener Schichten
ruhenden Geisler brechen in steilen
Wänden
ins Villnößtal ab.

Informationen zum Naturpark Puez-Geisler (Nachtrag)

Gesamtfläche des Parks: 9.210 ha (gegründet 1978)

Die Gemeinden des Naturparks Puez-Geisler

Villnöß (Verkehrsamt: Telefon 0472/40180)
2.301 Einwohner. Fläche 8.106 ha. Anteil am Naturpark 2.250 ha

St. Christina/Santa Crestina (Verkehrsamt: Telefon 0471/793046)
1.615 Einwohner. Fläche 3.183 ha. Anteil am Park 380 ha

Wolkenstein/Sëlva (Verkehrsamt: Telefon 0471/795122)
2.385 Einwohner. Fläche 5.327 ha. Anteil am Park 2.430 ha

Corvara (Verkehrsamt: Telefon 0471/836176)
1.246 Einwohner. Fläche 4.213 ha. Anteil am Park 650 ha

Abtei/Badia (Verkehrsamt: Telefon 0471/847037)
2.753 Einwohner. Fläche 8.294 ha. Anteil am Naturpark 1.000 ha

St. Martin in Th./San Martin de Tor (Verkehrsamt: Telefon 0474/523175)
1.530 Einwohner. Fläche 7.634 ha. Anteil am Park 2.500 ha

Literaturhinweise zum Naturpark Puez-Geisler

Bortolotti, Fiorenza:
Die Viles des Gadertales, Assessorat für Umweltschutz, 1990

Gilbert, J. - Churchill, G. C.:
The Dolomite Mountains, London, 1864

Heissl, Werner:
Südtiroler Dolomiten (Geologischer Führer 1971), Berlin-Stuttgart, 1982

Langes, Gunther:
Ladinien (Landeskunde 6), Bozen, 1979

Mahlknecht, Bruno:
Gröden (Gebietsführer 33), Bozen, 1981

Ortner, Peter:
Naturpark Puez-Geisler, Assessorat für Umweltschutz, 1991

Pescoller, Hans:
St. Martin in Thurn - Wengen (Gebietsführer 24), Bozen, 1980

Rampold, Josef:
Eisacktal (Landeskunde 5), Bozen, 1981

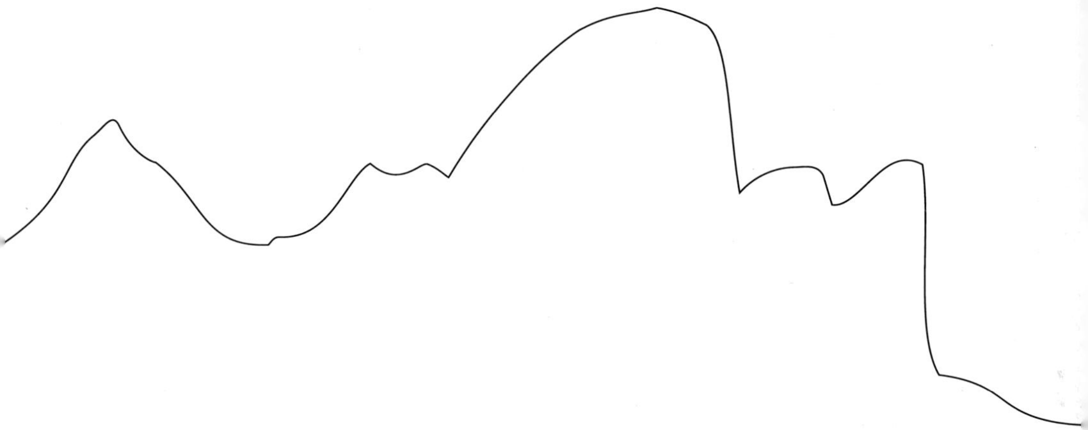

Naturpark Fanes-Sennes-Prags

Naturpark

Fanes-Sennes-Prags

Im Reich der Tiere

Zirben an der Waldgrenze,
umgestürzte Baumriesen, Zwergsträucher im Unterwuchs: ein ideales Refugium
für Wildtiere. Val de Parom auf Klein-Fanes.

Öde Karsthochflächen,
in Dolinen schimmernde Bergseen, grüne Blumenparadiese und
ringsum die bleichen,
in allen Formen aufgetürmten Gipfel

Bleiche, unüberwindlich scheinende Felsmauern über dichten Fichten-Lärchen-Wäldern riegeln den Naturpark gegen die Täler Abtei im Westen, Prags im Norden, Höhlenstein im Osten und Travenanzes im Süden ab. Hinter diesen Randgebirgen erstrecken sich wie ein Zauberreich die weiten Hochalmen von Fanes, Sennes, Fosses und Plätzwiese - kein Wunder, daß ein ladinischer Sagenzyklus von längstens untergegangenen Reichen und versteinerten Paradiesen zu berichten weiß.
Die beiden Äste des Pragser Tales, St. Kassian in Abtei und das Rautal hinter St. Vigil in Enneberg führen zwischen hohen Felsengen in dieses Naturreich, das als Wander- und Skitourengebiet ein nachhaltiges Erlebnis vermittelt:
Öde Karsthochflächen, in Dolinen schimmernde Bergseen, Blumenparadiese und bleiche, in allen Formen aufgetürmte Gipfel, oft in abenteuerlichen Schichtungen, Faltungen, Plattungen - ihnen zu Füßen haushohe Trümmer zerborstener Berge und endlose Schutthalden.

Das Gadertal

Im Südwesten des Parkes, am Fuße von Sas d'la Crusc, von La Varela (3034 m),

Kleinausgabe der ladinischen Viles auf Quote 2000:
Almdorf auf Sennes.

Himmelhoch türmt sich der Seekofel über dem Pragser Wildsee.

Les Conturines (3011 m) und Lagazuoi (2576 m) liegen die Ortschaften der Gemeinde Abtei / Badia: Pedraces, St. Leonhard / San Linert, Stern / La Ila und St. Kassian / San Ciascian, von wo wir über die Pässe Valparola (2168 m) und Falzarego (2105 m) nach Cortina und Buchenstein / Fodom gelangen. Die genannten Orte sind skitouristisch stark erschlossen und haben sich deshalb zu Hoteldörfern entwickelt.
Von St. Leonhard führt ein Sessellift über Bergwiesen und Wälder hinweg fast bis an den Fuß des Heiligkreuzkofels (L'Ciaval, 2908 m). Unter den imposanten Wandfluchten steht die bescheidene Wallfahrtskirche zum Heiligkreuz - als ein Sinnbild der Kleinheit des Menschenwerks gegenüber den Mächten und den Gefahren der Natur.

Der Aufstieg von Heiligkreuz ins Reich der Fanes durch die Wände des Kreuzkofel ist fast ebenso beschwerlich wie der Weg des Menschen in den Himmel.

In St. Kassian (1537 m) gibt es, wie in Pedraces, eine spätbarocke Kirche. Nach dem Dorf werden die Hotels spärlicher und ab Armentarola öffnet sich zwischen Les Conturines und der Faneskette eine weite Talfurche, durch die wir über den Tadega-Sattel (2153 m) ins Herz von Groß-Fanes gelangen.

Im Gadertal hat Wengen den bäuerlichen Charakter am ursprünglichsten erhalten

Wengen / La Val hat seinen bäuerlichen Charakter am ursprünglichsten erhalten - ist es doch die einzige ladinische Gemeinde ohne eigenes Skigebiet. Am ausgedehnten Sonnenhang verstreut stehen die typischen ladinischen Weiler mit ihren urtümlichen Holzbauten. In den Viles Runch und Rü stehen auch gotische Steinbauten - ehemalige Gerichtsgebäude und feudale Maierhöfe. Erst gegen Ende des 19. Jahrhunderts setzt sich der Steinbau auch bei den Bauernhäusern durch.

Auf einer Rundwanderung können wir von Wengen aus die Viles besuchen und gewinnen dabei einen Einblick in diese durch Jahrhunderte ausgeformte bodenständige ladinische Siedlungs- und Kulturlandschaft.

Das Sanftrelief, das um Wengen, St. Leonhard und St. Kassian bis zum Fuße der Dolomitwände bis auf etwa 2000 Meter reicht, ist auf die verwitterungsanfälligen Werfener, Buchsteiner, Wengener und auf die Kassianer Schichten zurückzuführen, deren Mischung aus Kalk, Mergel und vulkanischen Tuffen zumeist fruchtbare Wald- und Wiesenböden bildet.
Berühmt ist die Flora der Armentarawiesen. Unter Paleontologen nicht minder angesehen ist die fossile Fauna der Kassianer und Wengener Schichten, die hier ihren »locus typicus« haben. Hunderte Tierarten, aber auch Pflanzenreste, die unter vulkanischer Asche begraben lagen, wurden hier nachgewiesen.
Die prächtigste Barockkirche Ladiniens

(von 1781) steht in St. Vigil in Enneberg / Al Plan de Mareo. Der Ort ist heute durch die Seilbahn- und Pistenverbindung zum Kronplatz zu einem Touristenzentrum ersten Ranges herangewachsen. Die Zeit stehengeblieben scheint hingegen nicht nur in den über den Berghang verstreuten Viles, sondern auch im alten Hauptort Enneberg-Pfarre / La Pli, dessen behäbige Steinbauten die einstige gewichtige öffentliche Funktion demonstrieren. Durch St. Vigil führt auch der wichtigste Zugang ins Herzstück des Naturparks, das zwischen hohen Felswänden nach Pederü führende Rautal / Val dai Tàmersc.

Wuchtig und wild steigen die Pragser Dolomiten von der Ofenmauer zur Hohen Gaisl hinan.

Kluftkarren im Wassergarten unterhalb des Grünsees.

Wo einst die Pusterer Bauernbadeln Heilung an Leib und Seele versprachen

Das Ende eines Bergbaches:

Am Piciodélsee gurgelt
das Wasser durch ein trichterförmiges
Schluckloch
in den Untergrund.

Im Pustertal

Über den Furkelpaß / Ücia de Furcia gelangen wir ins Pustertal. Er trennt nicht nur den hellen Dolomit vom dunklen Brixner Quarzphyllit des Kronplatzes, sondern auch zwei Welten: im Süden das unberührte Naturparkgebiet, im Norden den ringsum von Liftseilen geknebelten Kronplatz.

Die Dolomitserie baut hier auf einem bewaldeten Sockel aus Brixner Quarzphyllit auf, der südlich der Rienz zwischen Niederdorf und Toblach auskeilt. Am bewaldeten Sanftrelief beteiligt sind Quarzphyllitkonglomerate(Verrucano), der Grödner Sandstein, die Bellerophon und die Werfener Schichten, ehe mit Muschelkalk, Sarl- und Schlerndolomit die Gipfel der Olanger und Pragser Dolomiten aus dem Waldmeer emporsteigen.

Auf dem weiten Schwemmfächer, auf dem eng beieinander die drei Olanger Dörfer stehen, wurde in den Sechziger und Siebziger Jahren die erste große richtungsweisende Flurbereinigung des Landes durchgezogen. Durch die radikale Entfernung aller Feldhecken, Flurgehölze und Steinwälle wies sie ökologisch leider in die falsche Richtung.

Die aus den Bellerophon- bzw. Quarzphyllitschichten entspringenden Schwefel- und Eisenquellen von Bad Bergfall waren bereits in uralten Zeiten geschätzt,

Symbol der Hoffnung:
Blinkende Seen und muntere Bergbäche haben diese Wasser schon durchströmt; zweimal wurden sie vom Untergrund verschluckt, bis sie schließlich beim Kreidesee um so mächtiger hervorquellen.

wie aufgefundene Votivgaben (Bronzenadeln und Hunderte römischer Ringe und Münzen) beweisen. Auf einem Gemälde in der Badkapelle sind die medizinischen Indikationen angeführt:
»Hüfftwehe, Ischiatica, Gliedersucht, versaltznes Geblueth, Gücht, Podagra, weibliche Zuständ ... «

Am Schatthang über Welsberg versprach hingegen die aus dem Quarzphyllit entspringende Badquelle Waldbrunn Heilung. Die historische Bedeutung des Ortes wird durch die Burg Welsperg und stattliche Bürgerhäuser unterstrichen.

Aus den Schichten des Bellerophon hingegen entspringt die sulfatische Bitterquelle von Bad Altprags, das nach einem 1583 in Frankfurt gedruckten Traktat bei »Gliedersuchten, Zypperlein, beschwärlicher Fettleibigkeit, stinkendem Schweiß, fauligen Wunden, Krebs, Geschwür und Mundfeule heilsame Hülfe leistet«. Statt

Manche Entscheidungsträger begannen bereits zu wanken, bis die Plätzwiese dann doch noch in letzter Minute gerettet werden konnte

den Segnungen der Natur vertraut man sich heute lieber den Produkten der Chemie an, so daß die einst im ganzen Land verstreuten Bauernbadeln buchstäblich »baden gingen«; ebenso wie die Luxushotels, in denen zur Jahrhundertwende die Creme des europäischen Geld- und Hochadels kurte.

Stinkende Autokolonnen wälzen sich im Sommer unablässig ins sonst bäuerlich ruhige Pragsertal. Sie haben nur ein Ziel: den Pragser Wildsee, der in einem wildromantischen Felsenkessel eingezwängt als beeindruckenster See der Dolomiten gilt - eine landschaftliche Sensation sozusagen. Deshalb auch ein Muß für jeden Dolomitenbesucher, kein Wunder, daß die Parkplätze nie reichen wollen. Auf dem Weg durch das schöne Grünwaldtal nach Sennes lichten sich die Reihen glücklicherweise beträchtlich und es stört kein Rummel mehr die herbe Stille der Natur.

Eine wichtige Zufahrt in den Naturpark führt durch das Altpragsertal. Vom Parkplatz Brückele wurde ein Busdienst zur Plätzwiese (2000 m) hinauf eingerichtet. Auf fruchtbare, wasserstauende Raibler Schichten und vulkanisch geprägte Wengener und Kassianer Schichten ist hier zwischen den bleichen Dolomit-Klippen von Dürrenstein (2839 m) und Hoher Gaisl (3139 m) ein Blumenparadies eingebettet, das zu Recht mit der Seiser Alm verglichen wird.
Wenig hätte gefehlt und die Plätzwiese hätte auch in puncto Tourismusrummel mit der Seiser Alm gleichgezogen. Liftkarussell, Tennisplätze, eine Touristenbauzone, Großparkplätze waren bereits geplant und ein Ausbau der Militärstraße nach Schluderbach hätte sodann vollends zu einer Rummelplatzwiese geführt. Die österreichische Sperrfestung am Südrand erinnert daran, daß hier im Ersten Weltkrieg die militärische Invasion aufgehalten wurde. In unseren Tagen galt es nun, an der Naturschutzfront die Invasion der Erschließungsfetischisten aufzuhalten und dieses Dolomitenjuwel vor der Vermarktung zu verteidigen.

Vier Jahre lang hallte der Kanonendonner in den Medien, in Bürgerversammlungen und Gemeinderatssitzungen.
Manche Entscheidungsträger begannen bereits zu wanken, bis die Plätzwiese dann doch noch durch eine zeitgemäße »Festungssperre« in Form des Naturparkdekretes in letzter Minute gerettet werden konnte.
Ein regelrechtes Tor zu den Dolomiten ist das bei Toblach mündende Höhlensteintal. Nur einen schmalen Durchlaß gewähren die eng aneinander gerückten, bis zu 1000 Meter hohen Dolomitwände für die junge Rienz und die Staatsstraße.

Der Toblacher See, ebenso wie der Pragser Wildsee durch gewaltige Bergstürze aufgestaut, liegt im Schatten des Sarlkofels (2378 m), der in seiner geologischen Nomenklatur für den gebankten Sarldolomit (auch Mendeldolomit genannt) Pate stand.

Junge Hochflächen

Die Hochflächen von Fanes bzw. Sennes-Fosses ähneln einer gewaltigen Schüssel, an deren aufgebogenem Rand der Felsenzirkus der nach außen steil abfallenden Randgebirge steht.

Die Gesteine dieser Hochflächen sind relativ jung und setzen - abgesehen von Raibler Schichten am Piciodél See - mit dem Dachsteindolomit ein, der unter anderem die Gebirgsränder des Rautales, aber auch die Conturines im Süden des Parkes aufbaut.
Die Jura- und Kreidegesteine, die wir auf Puez nur in kleinen Inseln vorfanden, dominieren hier das Landschaftsbild. In erster Linie die bleichen, deutlich gebankten Liaskalke, die auch die Gipfel von Hoher Gaisl, Seekofel, Kreuzkofelgruppe und La Varela aufbauen und bis zu 500 Meter Mächtigkeit erlangen.
Durch tektonische Verschiebungen sind die Lias-Schichten einmal fast senkrecht zu glatten Plattenbergen emporgestellt, ein andermal lagern sie wie liegende Treppenstufen eines Amphitheaters. Bei steil einfallenden Schichtungen sind oft ganze Gipfelpartien zu Tal gefahren, wo sie wild durcheinandergewürfelte steinerne Städte aufbauen.

Um den Limo See, vereinzelt auch auf Klein- und Groß-Fanes stehen rötliche Ammonitenkalke mit großen Versteinerungen der spiralförmigen Ammoniten an. Graue und rötliche, stark gefaltete Kreidemergel (Neokom) werden vom Weg unterhalb der Faneshütten angeschnitten.
Die jüngste Meeresablagerung der Dolomiten finden wir am Col Becchei / Parei (2793 m) oberhalb des Limo Sees. Im Tertiär / Oligozän, als die Alpenfaltung schon voll im Gange war, ließ ein kurzer, letzter Meeresvorstoß hier Konglomerate und Mergel mit den Abdrücken von Muscheln zurück.

Karstphänomene

Wie kein anderes Gebiet der Dolomiten ist die Geomorphologie auf Fanes, Sennes und Fosses durch Karsterscheinungen geprägt. Die im Wasser gelöste Kohlensäure hat vor allem die Jurakalke (Lias), seltener den Dachsteindolomit angegriffen und aufgelöst. Fast alle klassischen Elemente des Karstes können hier beobachtet werden:
Rinnen- und Kluftkarren, Spalten und Schächte, Dolinenbecken, in denen sich oft perennierende oder (häufiger) periodische Seen bilden;
trichterförmige Schlucklöcher, in denen Bäche in den Untergrund verschwinden, um weiter talwärts auf wasserstauenden Schichten wieder in starken Karstquellen hervorzubrechen; blind endende Trokkentäler als Zeugen einstiger oberflächlicher Entwässerungssysteme.

Umso paradiesischer
erscheinen uns die grünen Mulden, in denen kräftige Quellen sprudeln und Bergseen schimmern

Die Grenze des Gartens Eden: Wer würde hinter diesen im Pragsertal aufragenden Wüstenklippen die grüne Sennesalm vermuten?

Die Karstbildung geht häufig auf voreiszeitliche Wärmeperioden zurück, hält jedoch - wie Rinnenkarren auf Moränenschutt zeigen - heute noch an.

Unterirdische Entwässerung und Karsterosion prägen weithin das trocken-öde Bild der windgepeitschten Hochflächen. Umso paradiesischer erscheinen uns die grünen Mulden, in denen kräftige Quellen hervorsprudeln und Bergseen schimmern. Etwa im Wassergarten unterhalb des Grünsees / Lé Vërt, wo es aus Hunderten von Klüften und Rinnen plätschert und gurgelt und an den niedrigen Kaskaden Quellmoose grünen. Oder wenn wir nach langem Marsch durch die Felseneinöde zur grünen Oase der Fosses-Seen gelangen.
Bei niedrigem Wasserstand können wir am Nord-Ost-Ufer des abflußlosen Piciodél Sees oftmals deutlich das große trichterförmige Schluckloch sehen, durch das der Bach wieder in den Untergrund entschwindet, um erst nach zwei Kilometern bei Pederü wieder machtvoll hervorzuquellen.
Doch schon im Rautal versiegt das Wasser von neuem unter dem Gesteinsschutt und erst beim Kreidesee quillt es aus vierzig Quellen hervor - ein einzigartig lebendiges Naturschauspiel.
Im Lé Piciodél, an dessen Grund in jeder Hochwasserphase eine dünne Lehmschicht abgelagert wird, sind wir Zeugen jenes Prozesses, der vor fast 200 Millionen Jahren die darüber anstehenden mergeligen Raibler Schichten gebildet hat. Wer

Viele Gebirgstiere sind Spezialisten, deren Leben in faszinierender Art den kargen und extremen Umweltbedingungen angepaßt ist

weiß, ob nicht vielleicht in einigen Millionen Jahren ein Naturparkführer von speziellen Piciodél-Schichten zu berichten weiß, in denen fossile Fußabdrücke des homo sapiens - mit und ohne Profilsohle - beobachtet werden können, aber auch die Reste von Getränkepackungen und von Konservendosen?

Tiere im Naturpark

Trotz der zweifellos auch hier vorhandenen Beunruhigung durch den Tourismus weist der Naturpark Fanes-Sennes-Prags noch weite, fast unberührte Lebensräume auf, deren Fauna als repräsentativ für die Dolomiten bezeichnet werden kann.

Ausschlaggebend dafür ist die Vielfalt an Lebensräumen in den ruhigen, abgelegenen Tälern und schwer zugänglichen Berggebieten: Abwechslungsreiche Nadelmischwälder, ausgedehnte Hochflächen und extensive Almen, unwegsame Kare, steile Felsen, saubere Bäche und Seen. Die Vegetationsstufen reichen vom talnahen montanen Bergwald bis in die Felsregion über 3000 Meter.
Einen alpinen Naturpark darf man allerdings nicht mit Zoos oder ostafrikanischen Tierreservaten vergleichen, wo die

Tiere einem geradezu ins Objektiv laufen. Die Alpentiere haben Scheu vor dem Menschen entwickelt, der sie seit Jahrtausenden jagt und halten sich mit Vorliebe in ihren noch ungestörten Biotopen auf. Die Vielfalt an ökologischen Nischen hat dazu geführt, daß in den Alpen auch im Zustand früherer Zeit keine Massenpopulationen einzelner Tierarten aufgetreten sind.

Man darf nicht vergessen, daß infolge der kurzen Vegetationsperiode im Hochgebirge das biologische Produktionspotential geringer ist, der Tisch also weniger reichlich gedeckt ist als in tieferen Lagen. Viele Gebirgstiere sind deshalb oft ausgesprochene Spezialisten, deren Lebensweise in faszinierender Art den kargen und extremen Umweltbedingungen angepaßt ist.
Manche Tierarten, die wir heute als typische Bergbewohner ansehen wie Hirsch, Steinadler oder Uhu, hatten noch im Mittelalter ihren Lebensraum meist in den Tälern und Ebenen des Alpenvorlandes und wurden erst durch die zunehmende Vernichtung ihres Lebensraumes ins Gebirge abgedrängt.
Die Alpen als Rückzugsgebiet der europäischen Fauna.

Die extensiv betriebene Alm- und Holznutzung ließ die meisten Lebensräume intakt, schuf vereinzelt sogar neue ökologische Nischen.
Erst seit auch den Menschen Täler und Städte unwirtlich werden und sie nun

Nicht allein
der beeindruckende »Schauwert«
eines Tieres

(links Steinbockgruppe)

macht das Naturparkerlebnis aus,
sondern oft gerade
das »kleine Glück am Rande«.

massenhaft zur Erholung in die Berge drängen, wird es auch hier für die Tiere eng, denn zu den zwölf Millionen Alpenbewohnern kommen jährlich noch an die hundert Millionen Touristen.

Zu erfolgreichen Tierbeobachtungen gehören ein ruhiges Verhalten, Zeit zum Schauen, ein gutes Fernglas, Wissen um die jahres- und tageszeitlichen Gewohnheiten des Wildes. Viele der für den Besucher interessanten Tiere sind vor allem am frühen Morgen und in der Abenddämmerung aktiv und ziehen sich untertags in den Wald oder in abgelegene Felskare zurück. Da der Naturpark in erster Linie die Natur schützen soll, ist der Besucher hier sozusagen Gast der Tiere. Ebensowenig wie wir die Wohnung eines Gastgebers bis ins hinterste Schlafzimmer durchstöbern, werden wir querfeldein einen Naturpark nach Tiersensationen durchpirschen und Unruhe und Panik verursachen.

Nicht der Schauwert eines Tieres macht das Naturparkerlebnis aus, sondern oft das kleine Glück am Rande.
Beobachten wir die Vielzahl von Schmetterlingen, Fliegen, Käfern, die sich auf den Blüten einer Waldlichtung tummeln: Sie nähren sich hier von Nektar und Pollen, finden hier ihren Partner, legen die Eier ab. Ihre Larven leben in Stengeln und in morschem Holz, fressen an den Blättern, verpuppen sich darunter im Boden. Auf den Blüten warten aber auch Spinnen, Raubwanzen und Wespen auf

König über ein weites Reich:
der Adler,
in der Fanessage Symbol des grenzenlosen
Machtanspruchs des Menschen.

Insektenbeute. Im Tiefflug haschen die Singvögel nach Atzung für ihre Jungen, während Spechte die Rinde nach Larven abklopfen oder Ameisen sie mühsam in ihren Bau zerren.
Der Natur-Park wird zur Sehschule und zum Sinnesgarten.
Er läßt uns von neuem unsere von banaler Sensationshascherei schon verkümmerte Erlebnisfähigkeit entdecken.

Die Bewohner des Bergwaldes

An die spätestens im 19. Jahrhundert ausgerotteten »Raubtiere« wie Wölfe, Bären, Luchse erinnern nur mehr vereinzelte Flurnamen, wie etwa das Bärenbachl und Bärenseabl in Prags. Hier wurde 1896 auch der letzte Wolf getötet.
Die zunehmende Gewässerverschmutzung hat auch dem Fischotter den Garaus gemacht. In der intensiv genutzten Talsohle - oft durch Flurbereinigungen von Hecken, Trockenmauern und Böschungen gesäubert - wird jedoch selbst dem Feldhasen und anderem Niederwild der traditionellen Agrarlandschaft das Leben schwer gemacht.

Die ausgedehnten Nadelmischwälder zu Füßen der Dolomitstöcke sind mit ihren eingestreuten Lichtungen und Lärchenwiesen ideale Lebensräume für das Reh, dem wir häufig am Waldrand begegnen. Dank der Ausrottung seiner natürlichen

Im Herbst tönt das machtvolle Röhren der Hirsche durch die Wälder und die Geweihe krachen bei Rivalenkämpfen gegeneinander.

Feinde hat es in den Wäldern nunmehr eine Populationsdichte erreicht, die selbst im Naturzustand auch nicht annähernd so hoch war.

Das für den Rehbock typische Geweih wird zu Winterbeginn abgeworfen. Zwischen der Brunft und Paarung im Hochsommer und dem Setzen der Jungen vergehen neun bis zehn Monate. Bei zahlreichen Gebirgstieren besteht nämlich eine verlängerte Tragzeit: Während der unwirtlichen Jahreszeit kommt das Wachstum des Jungen zum Stillstand, um erst im späten Winter unter besseren Nahrungsbedingungen wieder voll einzusetzen.

Seit einigen Jahrzehnten ist der hier schon zu Beginn des 19. Jahrhunderts ausgerottete Rothirsch zurückgekehrt. Wir treffen ihn vor allem in den Wäldern des Pragser Tales. Im Sommer äst er auch oberhalb der Waldgrenze.
Hirsche sind vorwiegend dämmerungsaktiv und finden sich zumeist in nach Geschlechtern getrennten Rudeln.
Nur während der herbstlichen Brunftzeit finden Hirsche und »Tiere« Gefallen aneinander. Dann tönt das machtvolle Röhren durch die Wälder und die Geweihe krachen bei Rivalenkämpfen aneinander. Im Mai / Juni werden die Kälber geboren. Schon mit Winterende wird das Geweih abgeworfen und alsbald sprießt noch mächtiger ein neues. Je mehr Enden das Geweih hat, umso größer ist das Interesse der Hirschkühe und Waidmänner.

Zu hohe Hirsch- und Rehbestände führen durch den Verbiß von Jungbäumen und Schälschäden beim Abfegen des Geweihbastes zu einer bedenklichen Gefährdung der Waldverjüngung. In diesen Fällen muß der Jäger die Rolle der ausgerotteten Raubtiere übernehmen und für die Populationsregelung sorgen.

Von der Nähe der Siedlung bis zur Waldgrenze hinauf verstreut haben Fuchs und Dachs ihre unterirdischen Baue. Sie bevorzugen zwar fleischliche Kost (Würmer und Schnecken, Käfer, Kleinsäuger, Vogelbruten), nehmen jedoch auch mit allerhand Beeren, Früchten und Pilzen vorlieb. Als zumeist nachtaktive Tiere bekommt man sie nur selten zu Gesicht. Ebenfalls in der Dämmerung durchstreifen Edel- und Steinmarder Wälder und Fluren nach Beute.

Garten- und Baumschläfer kriechen erst abends aus ihren Baumhöhlen, um auf die Suche nach Insekten zu gehen. Häufiger beobachten wir das kugelrunde Nest der Haselmaus oder die Kletterkünste des Eichhörnchens, das vor allem im Herbst unablässig damit beschäftigt ist, seinen Wintervorrat an Nüssen und Samen anzulegen.

Ein typischer Waldbewohner ist auch das Haselhuhn (in tiefer gelegenen Mischwäldern) und das Auerhuhn.
Beide Rauhfußhühner benötigen einsame unterholzreiche Wälder und reagieren auf jede Störung ihres Lebensraumes

sogleich mit drastischem Rückgang: Beunruhigung durch Wanderer und Pilzesammler, Pistenschneisen, intensivierte Waldpflege durch Forstwegebau. Überlebenswichtig für die Hühnervögel ist die herbstliche Beerenäsung.
Sowohl in den Gadertaler als auch in den Pustertaler Naturparkwäldern findet der Auerhahn noch verstreut seine Balzplätze, um die er zur Zeit der Schneeschmelze mit großem Zeremoniell seinen Harem versammelt. Glücklicherweise ist nun die Balzjagd auf dieses europaweit gefährdete Urzeitrelikt nach heftigen Auseinandersetzungen zwischen Naturschützern und Jägern eingestellt worden.

In abgelegenen Tälern vernimmt man des Nachts noch den schaurigen Ruf des adlergroßen Uhus(Hobergoas genannt), der auf Kleinsäuger Jagd macht.
Ein Brutpaar benötigt in der Regel ein Jagdrevier von über 5000 Hektar. In der Kulturlandschaft werden ihm leider die Stromdrähte, für die er - im Unterschied zur Fledermaus - kein Ortungssystem hat, zum Verhängnis.

Der im Vergleich dazu geradezu winzige Sperlingskauz kann hingegen schon bei Tag auf Baumwipfeln nach Beute spähend beobachtet werden. In aufgelockerten Waldbeständen jagen auch Habicht und Sperber.

Je naturnaher der Wald, desto größer ist die Zahl der Spechte, Meisen, Kleiber, die im morschen Holz nach Insektennahrung suchen und darin auch ihre Bruthöhlen finden. In den feuchten Waldlichtungen lebt die Waldschnepfe.

»Den Vögeln auf den Schnabel geschaut.«

Bei vielen Waldvögeln können wir allein schon am Schnabel die Art des Nahrungserwerbs erkennen: die starken, spitzen Stemmeisen der Spechte; der lange, dünne, leichtgebogene Schnabel, mit dem der Waldbaumläufer die Kerfen aus den engsten Rindenspalten holt; die gekreuzten Schnabelspitzen des Fichtenkreuzschnabels, ideal zum Öffnen der Zapfenfrüchte. Er verlegt sogar seine Brut in die Zeit der Samenreife, die mitunter auch in den Winter fällt.

An der Waldgrenze

Um die 2000 Meter Meereshöhe lichtet sich der Wald zusehends. Kälteresistente, flechtenbehangene Lärchen und Zirben prägen die obere Waldgrenze. Sie ist von dichtem Unterwuchs durchsetzt, der gegenüber den Bäumen bald die Oberhand gewinnt: Wir sind in der Kampfwaldzone. Wo der Mensch die ursprüngliche Vegetation nicht mit Axt und Feuer verdrängt hat, um Weideland zu gewinnen, überwuchert der alpine Zwergstrauchgürtel den Boden.
Erst dann setzen die alpinen »Urwiesen« und Grasheiden ein.

Im Frühjahr kämpfen die Hähne um die Behauptung des Balzplatzes

Die Übergangszone zwischen Wald und freien Almmatten bietet einer Vielzahl von Tieren ideale ökologische Nischen: Deckung und Schutz vor Wind, warme Sonnenplätze und Schatten, vielfältige Kräuter-, Knospen- und Beerennahrung, offene und geschlossene Lebensräume.

Das in Tirol »Spielhahn« genannte Birkwild ist der typische Bewohner der lichten Kampfwaldzone mit eingestreuten Beerenheiden und Mooren. Der »kleine Hahn« ist an den leierförmigen Schwanzfedern vom großen Auerhahn leicht zu unterscheiden.

Im Frühjahr (April / Mai) kämpfen die Hähne auf grasigen Lichtungen um die Behauptung des Balzplatzes und um die Rangordnung. Ausschließlich der Sieger hat bei den wählerischen Hennen eine Chance. Die verdrängten Konkurrenten müssen unverrichteter Dinge abziehen. In ihrem gefleckten Tarnkleid ist die brütende Henne vor den Nachstellungen von Fuchs und Adler sicher; nicht jedoch vor weglos herumstreunenden Wanderern. Wiederholtes Aufscheuchen führt zum Aufgeben des Geleges.

Die Kampfwaldzone und die Grasheiden bis hinauf zum Gletscherrand sind der Lebensraum des Schneehasen, der sich am Ende der Eiszeit aus den tundrabewachsenen Ebenen sowohl nach Skandinavien, aber auch in die Alpen zurückgezogen hat.
Den zahlreichen Feinden am Boden und

Totholz
liefert die Lebensenergie für eine ganze Nahrungskette:

auch für den Dreizehenspecht.

Winterfährte auf der Plätzwiese:

Dank seiner
speziell ausgebildeten Läufe vermag sich
der Schneehase
unbehindert fortzubewegen.

in der Luft begegnet er durch optimale Tarnung: im Sommer entsprechend seiner Umwelt gescheckt, im Winter schneeweiß. Seine langen, weit spreizbaren, mit steifen Haaren versehenen Zehen ermöglichen ihm auch im Schnee eine optimale Fortbewegung. Auf der Suche nach Eßbarem scharrt er unter der Schneedecke Gräser und Wurzeln frei.

Mit zunehmender Höhe nimmt die Zahl der Amphibien und Reptilien rapide ab. Bei kühlen Temperaturen verfallen sie in Kältestarre und insbesonders für die volle Entwicklung ihrer Larven bzw. Eier reicht der kurze Bergsommer meist nicht aus. Die wenigen Lurche und Kriechtiere, die sich in diesen unwirtlichen Lebensräumen halten können, entwickelten deshalb ihre eigene Fortpflanzungsmethode. Sie gebären lebend, genauer ausgedrückt ovovivipar. Anstatt daß die Larven und Eier im Wasser bzw. im Sand zur Entwicklung kommen, werden sie bis zur vollen Entwicklung im Mutterleib ausgetragen. Sobald die Eischalen platzen, ziehen die Jungen selbständig von dannen. Brutpflege finden wir bei diesen Tierarten nicht, deren Form der Vermehrung ein entwicklungsgeschichtliches Zwischenglied zu den Säugetieren darstellt.

Dank dieser Anpassung haben etwa die Bergeidechse und die Kreuzotter ihren Lebensraum bis auf fast 3000 Meter ausgedehnt. Die giftige Kreuzotter, die wir abseits der begangenen Steige im Almrosen- und Latschengestrüpp, auch in

Wo der winzige Alpensalamander sogar den riesigen Elefanten übertrifft ...

Lichtungen und auf Steinhaufen überall in den Dolomiten antreffen können, zeigt eine bemerkenswerte Farbenvielfalt von ziegelrot über braun und grau bis tiefschwarz. Letzere Art - Höllenotter genannt - ist auf höhere Gebirgsregionen beschränkt.

Bei den alpinen Fledermausarten vergeht nach der Paarung im Spätherbst ein halbes Jahr, bis die Eizelle nach Beendigung des Winterschlafes befruchtet wird.

Der schwarz-glänzende, vorwiegend in der Nacht aktive Alpensalamander, den wir bei Regenwetter auf den Almwegen auch bei Tag antreffen, hat es als einziger heimischer Lurch geschafft, seinen Fortpflanzungszyklus ganz vom Larvenstadium im Wasser abzukoppeln. Je nach Höhenlage und Witterungsverlauf benötigt seine Ei- und Larvenentwicklung zwei bis vier Jahre, bis endlich die fertigen Jungsalamander schlüpfen. Es ist dies die längste Tragzeit eines Wirbeltieres. Der winzige Alpensalamander übertrifft dabei sogar den riesigen Elefanten.

Wo stolze Felsentürme ...

Fanes, Sennes und die Pragser Dolomiten sind hervorragende Gamsbiotope. Dieser wetterfeste Kletterer ist in vielen Volksliedern und Erzählungen geradezu zum Symboltier der Felsgebirge geworden; zahlreiche Flur- und Bergnamen beziehen sich auf die Gemse. Für die heranwachsenden Burschen waren Wagemut und Ausdauer der Gemsenjäger mit einer heroischen Aura umhüllt; mit Anekdoten von Gamsbärten und Gemseneiern hat man die ersten aus den Städten kommenden Bergtouristen nur allzu gerne zum Narren gehalten.
Beide Geschlechter tragen zeitlebens gebogene Hörner, vom Jäger als Krucken oder Krickel bezeichnet.
Während der Brunftzeit zu Winterbeginn markieren die Böcke Legföhren und vorstehende Steine ihres Territoriums mit dem schwarzen, charakteristisch riechenden Sekret der Brunftfeigen-Drüsen, die

Die ewige Lebensspirale: Nach 150 Millionen Jahren aus den Tiefen der Meere und dem Inneren der Erde von der Erosion wieder ans Tageslicht gebracht: fossiler Ammonit auf Fanes.

Die lebendgebärende Höllenotter ist aufs Hochgebirge spezialisiert.

an der Basis der Krucken liegen. In der übrigen Zeit leben die Böcke allein. Die Gamsrudel, die wir im Sommer auf grasigen Karen beobachten, setzen sich aus Geißen und Jungtieren zusammen. Das im Sommer kurze bräunliche Fellkleid wir im Winter durch ein langes, schwärzliches ersetzt.
Die im 19. Jahrhundert vielerorts fast ausgerottete Gemse weist dank gezielter Hege seit einigen Jahrzehnten in allen geeigneten Biotopen erneut starke Bestände auf. Doch wegen des zunehmenden Touristendruckes in der baumfreien Alm- und Bergregion hat sie sich vielerorts in den Bereich der oberen Waldgrenze zurückgezogen. Übrigens - sollten Sie bartlose Gamsböcke sehen, müssen Sie nicht gleich annehmen, den üblicherweise mit Scheren bewaffneten Gamsbartwilderern auf der Spur zu sein: Der Gamsbart, mit dem »gstandne Mannsbilder« ihren Sonntagshut schmücken, wird nämlich aus den dunklen Rückenhaaren der Gemse zusammengerupft.
Der Steinbock hingegen trägt tatsächlich einen Bart. Aberglauben und angedichtete magische Eigenschaften haben dazu geführt, daß der Alpensteinbock in Tirol schon im Laufe des 17. Jahrhunderts ausgerottet wurde.

Im 18. Jahrhundert hat im gesamten Alpenraum nur noch eine kleine Population

Im Hochgebirge konnten manche Ausrottungsvergehen unserer Vorfahren wiedergutgemacht werden

im heutigen Nationalpark Gran Paradiso überlebt. Von diesem Bestand ausgehend wurden zahlreiche Wiedereinbürgerungen erfolgreich vorgenommen, so daß dieser »König der Gebirge« im gesamten Alpenraum erneut zu Abertausenden die steilen Grashänge, Grate und Felskare bewohnt.
Da dieser behende Felskletterer vor den Menschen im allgemeinen wenig Scheu zeigt, können wir - besonders im Gebiet Seekofel-Hohe Gaisl - sein mächtiges, geripptes Gehörn oft aus nächster Nähe bewundern. Die Geißen tragen ziegenähnliche Hörner.
Da der »Lebensraum Hochgebirge« - abgesehen von den Ski- und Touristengebieten - großräumig weitgehend intakt blieb, konnten hier manche Ausrottungsvergehen unserer Vorfahren wiedergutgemacht werden. Wo aber der gesamte Lebensraum vernichtet wurde - denken wir an die fast zur Gänze meliorierten Sümpfe und Auen, an die gerodeteten Wälder, die vergifteten Intensivkulturen, die verseuchten Gewässer oder an verbaute und von Infrastrukturen zerschnittene Landschaften - ist allerdings nichts mehr gut zu machen.

Das Murmeltier - Symbol der Fanes

Symboltier des Naturparks ist zweifellos das Murmeltier.
Mit Ausnahme von der unmittelbaren

Die fürsorglichen Murmeltiere symbolisieren im Sagenzyklus der Fanes das segensreiche Bündnis der Menschen mit der Erde.

Das Herz schlägt drei- bis viermal pro Minute, alle paar Minuten erfolgt ein seichter Atemzug

Umgebung der Touristenherbergen und der Almhütten ist es überall auf den steinigen Grasheiden von Fanes, Sennes, Fosses und Plätzwiese verbreitet, so daß wir oft sogar vom Steig aus ihrem Treiben zusehen können.

Wir müssen uns freilich ruhig verhalten, da immer ein Tier auf einem Stein »Männchen machend« nach Gefahren Ausschau hält. Sodann hallt der schrille Pfiff des Wächters zwischen die Kare und Hals über Kopf flüchtet alles in die sicheren Bauten. Die Vorsicht gilt freilich in erster Linie dem Adler, der aus heiterem Himmel im Sturzflug diese Leckerbissen ergreift und zu seinem Horst trägt. Das Alarmsignal ist differenziert: Ein langgezogener Pfiff warnt vor Angriffen aus der Luft, mehrere aufeinanderfolgende kurze Pfiffe vor Bodenfeinden.

Da Pfeiflaute in der Felsregion besonders weit tragen und zudem an den Wänden widerhallen, wurden sie nicht zufällig mit Vorliebe von den Felsbewohnern entwickelt: Murmeltier, Gemse, Steinbock, aber auch der Steinadler verständigen sich auf diese Weise.

Früher stellte auch der Mensch den Murmeltieren mit Stutzen und Fallen nach. In Notzeiten, wo es galt, jedes Grasbüschel zu nutzen, mögen die Murmeltiere auch als Weidekonkurrenz angesehen worden sein. Außerdem brachte der Balg Geld, und dem Murmelfett wurden geradezu wundersame Heilwirkungen bei Mensch und Vieh zugeschrieben. Ein ausgewachsenes Tier kann im Herbst über fünf Kilogramm auf die Waage bringen. Die Fettreserven müssen für sieben bis acht Monate Winterschlaf reichen. Die Körpertemperatur sinkt dabei auf vier Grad, das Herz schlägt drei- bis viermal pro Minute, alle paar Minuten erfolgt ein seichter Atemzug.
Der Jäger nennt das Männchen Bär, das Weibchen Katze, das Junge Affe. Glücklicherweise lehnen heute viele Jäger das simple Abknallen der harmlosen Nager ab, das keiner waidmännischen Fertigkeiten bedarf.

Vierzig Tage harren die nackt und blind geborenen Jungen im weitverzweigten

Bau aus, ehe sie das Licht der Welt erblicken und - wachsam behütet - vor dem Bau herumtollen. Innerhalb von vier Monaten müssen sie auf das Fünfzigfache ihres Geburtsgewichtes kommen, um für den langen Winter ausreichend Reserven zu haben (auf den Menschen bezogen wären dies gut 150 kg).

Diese gegenseitige Fürsorge und Wachsamkeit, die einer Großfamilie ähnelnde Sozialstruktur und das vom Geheimnis umwobene unterirdische Leben dieser zwergenhaften Erdmännchen haben die Menschen schon früh fasziniert, weshalb den Murmeltieren im ladinischen Sagenzyklus vom Aufstieg und Untergang des Reiches der Fanes eine Schlüsselrolle zukommt.

Das Reich der Fanes

Begründet von einer Prinzessin, Tochter einer Aguana (Waldfrau), die sich in ein Murmeltier verwandeln konnte und deren Sprache verstand, blühte und wuchs das Reich der Fanes über Generationen dank des Bundes mit den Murmeltieren. Bis einst eine Fanesprinzessin einen fremden König heiratete. Mittels der Hilfe der treffsicheren, silbernen Zauberpfeile seiner unverwundbaren Tochter Dolasilla eroberte dieser Reich um Reich, ging dann aber ein Bündnis mit dem Adler ein und entfernte das Murmeltier aus dem Faneswappen. Seine Habgier kannte keine Grenze: Er wollte auch ins unterirdische Goldland Aurona im Padongebirge eindringen.
Da ihm das Volk der Cayutes tausend Bergarbeiter versprach, um Stollen in die Aurona zu graben, ließ der habgierige König die Seinen im Stich.
Doch mit Hilfe des als Pferdegerippe herumstreunenden Zauberers Spina de Mul, gelang es den Cayutes, Dolasilla zu töten und die Fanes zu besiegen.
Nun aber entsann sich die erblindete Faneskönigin des vergessenen uralten Bündnisses mit den Murmeltieren. Im tiefsten Gewölbe der belagerten Burg rief sie nach Luyanta, der Zwillingsschwester

Der Sagenzyklus der Fanes
widerspiegelt
die kollektive Erinnerung eines ganzen Volkes

Dolasillas, die als Bündnisunterpfand bei den Murmeltieren geblieben war. Diese erschien und wies den letzten Überlebenden der Fanes den Weg ins unterirdische Reich der Murmeltiere.
Dem habgierigen König aber brachte der Verrat an seinem Volk kein Glück. Vergeblich wartet er noch heute am Lagazuoi in Gestalt eines gezackten Felsturms auf die Bergknappen, die ihm die Aurona aufschließen sollten.
Der Falzaregopaß darunter hat vom »falschen König« (fautso rego) seinen Namen erhalten.
Wenn am Pragser Wildsee der Touristenrummel abgeebbt ist und der See im Vollmondlicht silbern schimmert, öffnet

Von blühenden Reichen, Kämpfen auf Leben und Tod
und blindwütiger Zerstörung
erzählen die Fanessagen. Das grüne Paradies am Fossessee; der Überlebenskampf
der Latsche am Banch dal Se; die öden Karstflanken des Seekofels.

sich am Fuße des Seekofels, den die Ladiner »Sas dla Porta« benennen, ein Felsentor. Von Luyanta gerudert, gleitet das silberne Boot der blinden Königin der Fanes in den See hinaus und sie horchen in die Nacht: Denn wenn aus den silbernen Trompeten die Königsfanfare ertönt, wird die »Verheißene Zeit« anbrechen und das Reich der Fanes wird wieder auferstehen in der alten Größe und einstigen Herrlichkeit.

Der Sagenzyklus, der ein ganzes Buch füllt, widerspiegelt die kollektive Erinnerung eines ganzen Volkes: Bereits seit Jahrtausenden erzählt, hat jede Generation die eigene Geschichte dazugewoben.

Die Geheimnisse dieser Landschaft, in der Natur, Mythos und Geschichte untrennbar verwoben sind

Die Kalkstufen des »Parlaments der Murmeltiere« im Herzen von Fanes sind heute verwaist. Wann werden sich die Murmeltiere hier wieder versammeln?

Erinnerungen an die paradiesische Zeit, als der Mensch sich noch als Teil der Erde (Murmeltiersymbol) verstand? Erinnerungen an die segensreiche Zeit eines untergegangenen Matriarchates?
Erinnerungen an das im Patriarchat aufgrund der Dominanz des berechnenden Intellekts (Adler) geweckte Machtstreben und die grenzenlose Habgier? Erinnerungen an prähistorischen Bergbau? Erinnerungen an die Abwehrkämpfe der Bergbewohner gegen Kelten und Illyrer, römische Kohorten, Horden der Völkerwanderung, Slawen und Bajuwaren? Erinnerungen an die Warmzeiten, als die verkarsteten Hochflächen noch blühende Paradiese waren?
Oben, beim Felskopf des 2605 Meter hohen Ciastel de Fanes, fand man Spuren einer Wallburg. Man weiß, daß während der Bronzezeit das Klima wärmer war, die Vegetationsgrenze höher lag.
Oder reicht die unbewußte Erinnerung noch weiter zurück? 1987 fand man auf

2725 Meter Meereshöhe in einer zweihundert Meter langen Höhle unterhalb der Conturinesspitze Hunderte Skelette von Höhlenbären, die in der letzten Eiszeit ausgestorben sind. Darunter auffallend viele Jungtiere, was vermuten läßt, daß die Höhle durch Jahrtausende als Kinderstube diente.
Vor der letzten Eiszeit herrschte in dieser Felseneinöde reges Leben; in einer interglazialen Warmzeit, in der es auch noch auf diesen Höhen üppig grünte.

Den gehfaulen Touristen, die sich in den Taxi-Jeeps durch Fanes und Sennes karren lassen, werden die Geheimnisse dieser Landschaft, in der Natur, Mythos und Geschichte untrennbar verwoben sind, freilich verschlossen bleiben. Der Naturpark hat jeder weiteren Entzauberung und Vermarktung einen Riegel vorgeschoben.
Aber die Kalkstufen des »Parlaments der Murmeltiere«, im überlaufenen Kerngebiet der Fanesalm zwischen den beiden Touristenherbergen gelegen, sind heute verwaist.
An einem stillen Spätherbsttag, kurz vor dem ersten großen Schneefall, werden jedoch die Murmeltiere hier dereinst zur Beratung zusammenkommen. Sie werden den Menschen, die willens sind, Hochmut und Konsumgier abzulegen und in Frieden mit der Schöpfung zu leben, ein neues Bündnis mit der Erde anbieten ...

Und die Verheißene Zeit wird anbrechen.

Versteinert
wie heute das Reich der Fanes blickt
das Murmeltier
von diesem »Naturdenkmal«
in die weite Ferne:

Wann wird
die Verheißene Zeit anbrechen?

Informationen zum Naturpark Fanes-Sennes-Prags (Nachtrag)

Gesamtfläche des Parks: 25.680 ha (gegründet 1980)

Die Gemeinden des Naturparks Fanes-Sennes-Prags

Toblach (Verkehrsamt: Telefon 0474/72132)
3.147 Einwohner. Fläche 12.633 ha. Anteil am Naturpark 2.880 ha

Prags (Verkehrsamt: Telefon 0474/78660)
620 Einwohner. Fläche 8.926 ha. Anteil am Park 6.920 ha

Olang (Verkehrsamt: Telefon 0474/46277)
2.600 Einwohner. Fläche 4.895 ha. Anteil am Park 1.570 ha

Abtei/Badia (Verkehrsamt: Telefon 0471/847037)
2.753 Einwohner. Fläche 8.294 ha. Anteil am Park 1.980 ha

Enneberg/Mareo (Verkehrsamt: Telefon 0474/501037)
2.565 Einwohner. Fläche 16.134 ha. Anteil am Naturpark 10.950 ha

Wengen/La Val (Verkehrsamt: Telefon 0471/843072)
1.214 Einwohner. Fläche 3.903 ha. Anteil am Park 1.380 ha

Literaturhinweise zum Naturpark Fanes-Sennes-Prags

Barducci, Giacomo - Unterholzner, Leo:
Naturpark Fanes-Sennes-Prags, Assessorat für Umweltschutz, 1982

Bortolotti, Fiorenza:
Die Viles des Gadertales, Ass. für Umweltschutz, 1990

Diverse Autoren:
Niederdorf-Prags (Gebietsführer 37), Bozen, 1982

Heissel, Werner:
Südtiroler Dolomiten (Geologischer Führer 1971), Berlin-Stuttgart, 1982

Kübler, Peter:
Fanes (Sagen, I. Weltkrieg), Bozen, 1989

Langes, Gunther:
Ladinien (Landeskunde 6), Bozen, 1979

Pescoller, Hans:
St. Martin in Thurn - Wengen (Gebietsführer 24), Bozen, 1980

Rampold, Josef:
Pustertal (Landeskunde 2), Bozen, 1980

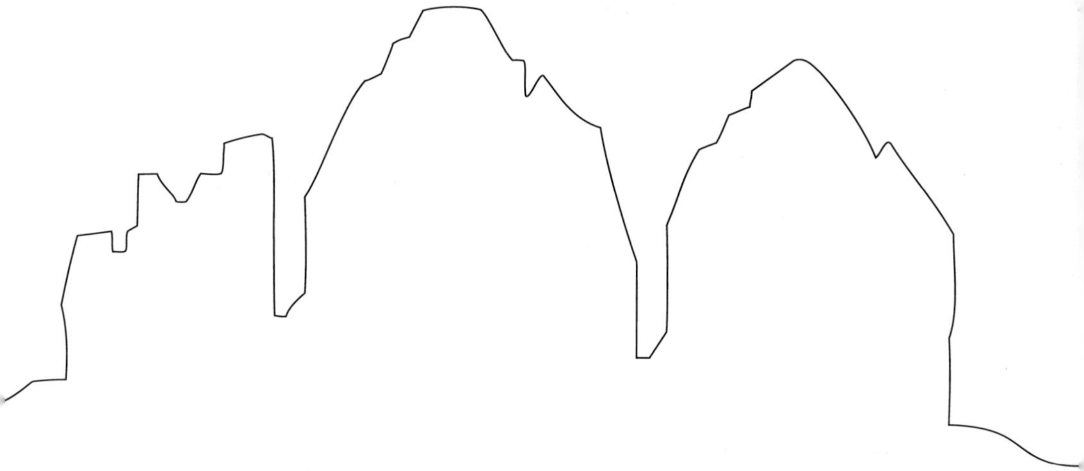

Naturpark Sextener Dolomiten

Naturpark

Sextener Dolomiten

Die Einsamkeit großer Namen

»Bis zu des Haunolds Alpenreich ... «

Bei Innichen steigen die wildzerklüfteten »Bleichen Berge« direkt aus dem dunklen Wäldermeer des Pustertaler Sanftreliefs empor.

Um die Jahrhundertwende wurde das Pustertal zum »österreichischen Engadin«

Die Gruppe der Sextener Dolomiten stellt den Nordost-Eckpfeiler der Dolomiten dar, ja rückt mit der Haunoldgruppe direkt an die Pustertallinie heran. Im Südtiroler Heimatlied »... bis zu des Haunolds Alpenreich, das tausend Blumen deckt«, wird dieser sogar als ein Markstein Südtirols besungen.
Die Gipfel und Wände der Sextener Dolomiten übten schon im vergangenen Jahrhundert eine magische Anziehungskraft auf Bergsteiger aus. Sie sind mit klingenden Namen der Pioniere des Alpinismus untrennbar verbunden und gut durch Steige und Hütten erschlossen. Die enge Scharung der Berge und die kulissenhafte Anordnung ihrer Gipfel vermittelt eindrucksvolle Szenarien. Überall begegnen wir hier den Spuren der österreichisch-italienischen Hochgebirgsfront aus dem Ersten Weltkrieg.
Die Gemeinden Toblach und Innichen im Norden sowie Sexten im Osten stellen die Hauptzugänge zum Naturpark.

Toblach und die Entwicklung des Fremdenverkehrs

In Toblach, am Scheitelpunkt des Pustertales gelegen, zeigt die zur Jahrhundertwende am Ausgang des Höhlensteintales

Die Zinnen im Visier: Blick aus einer Artilleriekaverne.

Steinkar und Karsee:
Der untere Bödensee wird von einer Moräne aufgestaut und abgedämmt.

entstandene Hotelkolonie Neu-Toblach den frühen Aufschwung des Tourismus an. Ebenso wie das Wildbad Innichen genoß das Grand Hotel Toblach damals Weltruf.
Könige, Kronprinzen, Barone und der internationale Geldadel kamen hier in eigenen Salonwagen mit der Bahn an, erholten sich bei Spaziergängen im frischen Reizklima und bestaunten bei Kutschenfahrten ins Höhlenstein-, Innerfeld- und Fischleintal die Bergwildnis. Gustav Mahler komponierte in den Sommern 1908 bis 1910 in Alt-Schluderbach seine neunte und zehnte Symphonie. Es war dies die Epoche des Bahntourismus, der 1871 mit der Eröffnung der Pustertalbahn einsetzte. Das Hochpustertal wurde zum »österreichischen Engadin«.

Das Wildbad Innichen ist heute Ruine, Bad Maistadt oberhalb Niederdorf ist geschlossen, das Grand Hotel Toblach dient als kirchliche Ferienkolonie und das Hotel Schluderbach wurde für Zweitwohnungsapartments ausgeschlachtet.

Der Nobeltourismus kam gerade in unserer Zeit hier zum Erliegen, wo der moderne Massentourismus zu jeder Saison eine Völkerwanderung geradezu biblischen Ausmaßes in Bewegung setzt - freilich meist nicht mehr auf zwei Schienen, sondern auf vier Gummirädern.

Die erste Südtiroler Bürgerinitiative gegen die Transitlawine

In Toblach selbst, das sich am besonnten Ausgang des Silvestertales vor den kalten Ostwinden schützt, besticht die prächtige Barockkirche (1765) mit ihren prunkvollen Fresken und dem Tabernakelaufbau. Ansitze und Bürgerhäuser zeugen von der jahrhundertewährenden Bedeutung im Schnittpunkt des Pustertales mit dem Handelsweg nach Venedig, der »Strada d'Alemagna«.

Kaum ein halbes Jahrhundert (1921 bis 1962) währte dagegen die Rolle Toblachs als Eisenbahnknoten Pustertal - Cortina - Venedig. Dann gehörte das modernste Verkehrsmittel seiner Zeit wieder zum »alten Eisen«.

Um auf der Höhe der Zeit zu bleiben, sollte die Dolomitenbahn nunmehr durch die Alemagna-Autobahn ersetzt werden. Im ersten Augenblick noch von vielen als Fortschritts- und Wohlstandsbringer begrüßt, formierte sich alsbald in Sexten der Widerstand gegen die Kreuzberg-Trasse. Es war dies in Südtirol die erste Bürgerinitiative gegen die Transitlawine. Später sagte auch Toblach zur Alternativtrasse durch das Höhlensteintal »Nein danke!«. Anstatt ein Bindeglied zwischen beiden Naturparks zu sein, würde aus dem Höhlensteintal ein verbetoniertes, verdrecktes und verlärmtes »Höllensteintal«, eine gewaltsame Zerschneidung der Dolomitenlandschaft. Bislang konnte dies verhindert werden. Und so verlaufen heute auf den Spuren der ehemaligen Dolomitenbahn anstatt der vier Asphaltbahnen im Winter vier Langlaufspuren zwischen Toblach und Cortina.

Unter dem Motto »Für eine Zukunft mit Zukunft« wird alljährlich im September bei den internationalen »Toblacher Gesprächen« nach einem gangbaren Weg gesucht, um die schwierige Gratwanderung zwischen Ökonomie und Ökologie zu bestehen.

Innichen und seine Kulturgeschichte

Schon die Silhouette des türmereichen Innichen (1173 m) verheißt Kultur und Geschichte. Im Jahre 769 vom Bajuwarenherzog Tassilo als Benediktinerstift zur Missionierung der von Osten andrängenden Slawen gegründet, hatte es als reichsunmittelbare Hofmark lange Zeit große kulturelle Ausstrahlung.

Zeugen der ehemaligen ethnischen Grenze sind die Harpfen, hohe leiterähnliche Stangengerüste zum Trocknen von Getreide und Hülsenfrüchten, die von Slowenien über Kärnten herkommend im

Himmelszeiger.
Schlanke Bergfichten am Kreuzbergpaß.

Dolomitobelisk am Zinnenplateau

(schon von den Bergpionieren scherzhaft »Frankfurter Würstel« getauft).

Vielleicht kommt einmal die Zeit, wo man auch die mancherorts verunstaltete Gebirgslandschaft rückrestaurieren, renaturieren wird

In den einstigen Luxussuiten
des europäischen Hoch- und Geldadels
sind heute
Wind und Wetter zu Gast:

Wildbad Innichen.

Hochpustertal ausklingen. Eine auffallende Zäsur in der Siedlungslandschaft bildet die »Klamm« an der Nordflanke Innichens:
im Westen dominiert der Oberpusterer Einhof mit der Traufseite zum Tal, im Osten der Paarhof mit dem First zum Tal.

Unser Weg in den Ort führt uns an Bürgerhäusern, der malerischen Heilig-Grab-Kapelle, der barocken St. Michael-Pfarrkirche vorbei zum »Dom«. Im 13. Jahrhundert erbaut, gilt er als das bedeutendste romanische Baudenkmal Tirols. In seiner schlichten Würde und erhabenen Linienführung atmet er noch den Geist des staufischen Weltbürgertums. Noch aus der Bauzeit stammen archaische Skulpturen und Ornamente, die Genesisfresken in der Kuppel und die imposante Kreuzesgruppe. Dem späteren Zeitgeist wurde der Bau zu altmodisch: es wurde barockisiert, umgebaut, im 19. Jahrhundert gar die ehrwürdige Krypta eingeebnet.

1969, zur Zwölfhundertjahrfeier, wurde die Zeit wieder um sieben Jahrhunderte zurückgespult: In mutiger Rückrestaurierung wurden die späteren Zutaten entfernt und der Bau in der ursprünglichen Form wiederhergestellt.
Vielleicht kommt einmal die Zeit, wo man die mancherorts verunstaltete Gebirgslandschaft rückrestaurieren, renaturieren wird, befreien wird von überflüssigen und zerstörerischen Straßen, von Liften, Verbauungen, Drainagen, Kraftwerken,

Liebliche Landschaft in Stein gerahmt:
Paternkofel, Gamsspitzen und Bödenknoten begrenzen die Idylle der Bödenalm.
Die Zeit heilt Wunden: Zweieinhalb Jahre lang
zerfetzten Granaten den Boden dieser Kampfarena im Völkerringen.

um so den gestörten ökologischen Kreislauf wieder in Gang zu setzen und die ursprüngliche Erhabenheit von neuem herzustellen.

Sexten und die Alpinismus-Pioniere

Sexten und seine Berge sind untrennbar mit der Entwicklung des Alpinismus verbunden. Zu Anfang waren es sportliche Engländer, die in der zweiten Hälfte des 19. Jahrhunderts die Dolomiten als ein alpinistisches Niemandsland entdeckten. Für die Dolomitenbewohner selbst, die im kargen Gebirgsland Tag für Tag mühselig um das Überleben kämpfen mußten, waren es extravagante Narreteien. Als Hirten stiegen sie gerade so weit hinauf, wie Gras wuchs; als verwegene Gemsenjäger so weit wie die Beute kletterte. Im übrigen waren für sie die Gebirge

3000 Meter hoch in den Himmel ragt der gewaltigste Zeitmesser auf Erden

unheimlich und voller Gefahren. Unheilvolle Gewitter brauten sich dort oben zusammen. Lawinen, zudem Steinschlag donnerten zu Tal. In Mythen, Sagen und Bräuchen - als Nachhall der ausgerotteten ursprünglichen Naturreligionen - galten die Berge als Sitz von Dämonen und Gottheiten, Riesen und Zwergen; etwa in der Sage vom Riesen Haunold.

An markanten Punkten, an denen Bergspitzen die Wintersonnenwende anzeigten, standen Kultstätten, von den christlichen Missionären später durch Kreuze und Kapellen ersetzt. Heidegg, an der linken Hangschulter des Fischleintales, durch Namen und Funde als prähistorisch belegt, ist der Bezugspunkt der legendären »Sextener Sonnenuhr«, die mit den Gipfeln von Neuner, Zehner, Elfer, Zwölfer und Einser 3000 Meter hoch in den Himmel ragt - mit diesen Dimensionen wohl der gewaltigste Zeitmesser auf Erden.

Den englischen Pionieren folgten bald Wiener und reichsdeutsche Bergsteiger. Aus gebirgserfahrenen Jägern wurden die ersten Träger und Führer rekrutiert. Franz Innerkofler, der 1869 mit dem Wiener Paul Grohmann die Große Zinne und die Dreischusterspitze eroberte, begründete die legendäre Sextener Bergführerdynastie der Innerkofler. Aus Sexten waren es Forcher und Schranzhofer, aus Cortina Dimai, Dibona, Comici, die allein oder mit auswärtigen Kletterpionieren wie Zsigmondy, Glanvell, Wundt, Löschner, Langl, Preuss, Dülfer, Ploner und Brandler in den Sextener Gipfeln und Wänden Bergsteigergeschichte machten.

Nach der Gipfeleroberung auf dem einfachsten Anstiegsweg begann die Suche nach immer neuen Routen:
Durch Wände, Kanten, Kamine, Bänder Risse; Gipfelüberschreitungen, Winterbegehungen, die erste Frauenbegehung. Ein alpiner Schwierigkeitsgrad nach dem anderen wurde überwunden. Später kamen die »Klempner«, die mit Hunderten von Nägeln und Strickleitern sich an den Direttissime hochnagelten. Heute erproben sich die »free climber« ohne solche Hilfsmittel geckohaft an den Überhängen. Nicht mehr der Gipfel, sondern »der Weg ist das Ziel«.

Die anfangs noch überaus bescheidenen Hüttenbauten (Dreizinnen-Hütte 1882, Zsigmondy-Hütte 1886) verkürzten den Weg zum Einstieg und zogen - zusammen mit dem Ausbau von Steigen und Markierungen durch die Alpenvereine - mehr und mehr Bergwanderer an. Schon im Jahre 1869 hatte sich im Hochpustertal die erste österreichische Alpenvereinssektion konstituiert.

Der Dolomitenkrieg

Die friedliche Eroberung der Bergwelt fand im Mai 1915 ein jähes Ende. Zweieinhalb Jahre lang tobte hier oben der Hochgebirgskrieg zwischen dem italienischen Heer und den österreichischen Verteidigern; die »Front in Fels und Eis«, die in der Kriegsgeschichte ohne Beispiel war. Um die Einfallspforte des Kreuzbergpasses, um die Sextener Rotwand, das Zinnenplateau, den Monte Piano und um die Faneskette wurde erbittert gerungen. Kanonendonner hallte wider zwischen den Felswänden und mit gegnerischen Stellungen wurden mitunter Gipfel abgesprengt.

Zehntausende Soldaten mußten in dieser Eiswüste zwei Winter lang ausharren, mußten versorgt und untergebracht werden. Der Winter 1916 / 17 brachte Schneehöhen bis zu acht Metern und forderte Tausende Lawinentote.
Gefallene des österreichisch-ungarischen Vielvölkerheeres fanden schließlich im Soldatenfriedhof Naßwand im Höhlensteintal ihre letzte Ruhestätte.
Noch heute sind die Böden des Zinnenplateaus von rostenden Granatsplittern durchsetzt und der Sextenstein - Vorposten der Alpini - wie Emmentaler Käse durchlöchert. Auf den Paternkofel führt ein 700 Meter langer Stollen. Überall im ganzen Frontgebiet begegnen wir Steiganlagen und Mannschaftsunterständen, Stollen, Kavernen und Festungsbauten, Gefechtsständen, Stacheldrahtresten und Schützengräben.
Manche Frontwege, etwa am Paternkofel oder in der Faneskette wurden in den Siebziger Jahren als »Friedenswege - Vie della pace« von neuem instandgesetzt, am Monte Piano sogar in Form eines Freilichtmuseums. Der »Alpiniweg-Strada degli Alpini« am Elferkofel ist heute vielleicht der kühnste Höhenweg der Dolomiten - von »strada« darf man sich nicht irreführen lassen: die ausgesetzte Steiganlage ist nur absolut Schwindelfreien anzuraten.
Als sich die italienischen Truppen im Spätherbst 1917 bis zum Piave zurückzogen, lagen nicht nur die Schutzhütten, auch Sexten lag in Trümmern. Im wiederhergestellten Friedhof erinnert der Totentanz aus der Hand von Rudolf Stolz (dem im Dorf ein eigenes Museum gewidmet ist) an den Wahnwitz dieses makabren Ringens.

An den Grenzen des Tourismus

Wurde Sexten bislang von Sommerfrischlern und Bergsteigern aufgesucht, so setzte in den Fünfziger Jahren mit dem Bau der ersten Lifte die Wintersaison voll ein.

Zwei Jahrzehnte später entwickelte der Wintertourismus doch auch seine sanfte Seite: Langlaufloipen führen heute vom Fischleintal hinaus in das Pustertal und von dort hinein nach Cortina, Prags und Antholz. Während der Saison wohnen nahezu dreimal soviel Gäste im »Sextener Himmel« (so ein salopper Werbespruch) als Einwohner.

Hundert Jahre nachdem man
die Angst vor dem Berg verloren hat, muß man schon Angst
um den Berg, um die Natur haben

Monumentale Krönung eines Dolomitentages: die Drei Zinnen im Abendlicht.

Mit über einer halben Million Übernachtungen zählt Sexten nun zu den führenden Fremdenverkehrsgemeinden. Doch wo liegt die Menschenverträglichkeitsgrenze der Dolomiten?

Obwohl die Dolomiten nur etwa zehn Prozent der Landesfläche Südtirols einnehmen, beherbergen sie die Hälfte der Südtiroler Naturparke. Zwecks Gästewerbung (wie es mancherorts noch geschieht) brauchte man die Dolomitenparks sicher nicht auszuweisen. Hier galt es, die letzten intakten Berggruppen vor Verstraßung, Verdrahtung und Verbauung zu schützen. Hundert Jahre nachdem man die Angst »vor« dem Berg verloren hat, muß man Angst »um« den Berg, um die Natur haben.

Wenn jedoch Abertausende unterwegs sind, bedrängt der »sanfte« Tourismus ebenfalls Natur und Landschaft.

Auf den Wanderwegen am Fuße der Drei Zinnen, wo von Süden her eine Straße Tausende von Halbschuhtouristen auf 2300 Meter Höhe kommen läßt, herrscht während der Hochsaison mitunter ein Gedränge wie in einer städtischen Fußgängerzone. Es wäre falsch, diesen Ansturm durch immer neue Steiganlagen besser verteilen zu wollen.
Da ein Naturpark in erster Linie der Natur gewidmet sein soll, wird man im Gegenteil sogar daran denken müssen, nach der Phase der alpinen Erschließung da und dort gar wieder die rot-weiße

Aus gipshaltigen Bellerophonschichten entspringen die Schwefelquellen von Bad Moos und Innichen

Markierungsfarbe abzukratzen, um für die ursprüngliche Flora und Fauna großräumige Ruhegebiete wiederherzustellen. Eben wie man bei der Restaurierung des Domes von Innichen die späteren Übermalungen abgekratzt hat, um die ursprüngliche schlichte Schönheit wiederherzustellen.

Der geologische Bau

Die beiden Flanken des Sextenertales sind gegensätzlich aufgebaut:
Im Nordosten schiebt sich der westlichste Ausläufer des aus sanft geformten, begrünten Porphyroidschiefern und Tuffen aufgebauten Karnischen Kammes mit dem Helm (2434m) bis vor Innichen; auf der anderen Talseite erheben sich über dem Proszenium der Wälder die nordöstlichen Eckpfeiler der Dolomiten.
Vom Talbeginn bis zum Kreuzbergpaß (1696 m) begleitet uns hier die bereits bekannte vollständige Schichtserie der Dolomiten. Vorerst rechtsseitig des Baches Basiskonglomerate, die als »Sextner Mühlsteinerz« abgebaut und zu vortrefflichen Mühlsteinen verarbeitet wurden. Grödner Sandstein, Bellerophon und die Werfener Schichten bauen bis gegen 2000 Meter die sanften, durchwegs bewalde-

ten Talflanken auf. Nur in Erosionszonen, etwa im Gsellgraben, ist die Schichtfolge deutlich wahrzunehmen. Aus den gipshaltigen Bellerophonschichten entspringen auch die Schwefelquellen von Bad Moos und Wildbad Innichen.

Über dem geschichteten Mendeldolomit türmen sich dann die mächtigen, wild zerklüfteten Schlerndolomitwände empor, die vor allem der Haunold-, Birkenkofelgruppe und der Dreischustergruppe ihr bizarres Gepräge verleihen. Im Südteil der Sextener Dolomiten bildet der Schlerndolomit hingegen nur den würdigen Sockel für die eigentlichen Monumente dieser Berggruppe: Elfer (3092m), Hochbrunner Schneid (3046m), Zwölfer (3094 m), Paternkofel (2744 m) und die einzigartigen Drei Zinnen (2999m) sind an ihrer deutlichen Bankung als Dachsteindolomit zu erkennen.
Die weiten Verebnungen, aus denen die Drei Zinnen sich so kontrastreich und elegant emporschwingen, sind hier nicht (wie in den westlichen Dolomiten) aus vulkanischen Sedimenten aufgebaut. Es handelt sich hier um die Obergrenze des Schlerndolomites, der vielfach durch die Raibler Schichten vor Erosion geschützt wird.

Die Raibler Schichten mit ihren grauen Dolomiten und bunten Tonmergeln erreichen hier eine große Mächtigkeit und stehen immer wieder an den Jöchern an, so am Giralba-, Oberbachern- und Büllele Joch und am Innichriedl. Sie neigen stark

Das Sextener Mühlsteinerz:

ein Konglomerat, das
vor 250 Millionen Jahren aus dem Schutt
noch älterer Schiefer
und Quarze entstanden ist.

Die Prinzenkrone:

Die Türme
aus gebanktem Hauptdolomit
des Schwabenalpenkopfes
bekrönen die sandigen Raibler Schichten.

Statt in Minuten
mißt
die Dolomitensanduhr in Jahrmillionen

zum Bodenfließen und sind im Gebirgsaufbau oftmals als Felsbank wahrzunehmen, etwa am Elfer entlang des Alpinisteiges. Auf Graten verwittern sie grießig (Sandebühel), in Mulden bilden sie die wasserstauende Unterlage für paradiesisch grüne Almmatten und schimmernde Seen (Bödenalm, Bödenseen).

Kleine Dachsteindolomitkappen sind am Toblinger Knoten (2617 m) erhalten, auf der Dreischusterspitze (3145 m) und am Birkenkofel (2905 m); größere Decken an den Bullköpfen und am Rautkofel.

Die Dolomitensanduhr.

Auch Berggipfel bestehen nicht ewig - unablässig rieselt Gesteinsschutt aus Wänden und Scharten.

Berge und Täler werden vergeh'n ...

Im September des Jahres 1961 löste sich vom Haunold der Gipfelblock und stürzte samt dem Gipfelkreuz unter gewaltigem Getöse in die Tiefe. Die Bergriesen, für uns der Begriff von Ewigkeit, sind nur eine kurze Momentaufnahme im dynamischen Entwicklungsprozeß der Alpen und der Dolomiten: Vor sechzig Millionen Jahren aus dem Meer emporgehoben, seither durch die Erosion vielerorts um Tausende Meter abgetragen und weit ins Alpenvorland geschwemmt.
Nach weiteren sechzig Millionen Jahren werden vielleicht nur mehr grüne Kuppen an unsere Dolomiten erinnern - wenn der Mensch bis dahin die Grundlagen für das Leben auf der Erde nicht vollends vernichtet haben wird.

So wird es uns nicht wundern, daß auch Talsysteme nicht ewig sind. Während der Eiszeit staute sich im Pustertal das Eis derart, daß der Gletscher durchs Sextental bergauf über den Kreuzbergpaß nach Süden strömte.
Rundbuckelgletscherschliffe am Paß und am Seikofel und Findlingsgesteine aus dem Pustertal beweisen dies eindeutig.

Das deutlich nach Westen hin orientierte Tal läßt außerdem erahnen, daß der Sextner Bach noch nach der Eiszeit in die Rienz und somit ins Mittelmeer entwässerte. Erst seitdem durch die gewaltigen Murbrüche am Pfannhorn der Toblacher Schwemmkegel hier das Tal abriegelte, biegt der Sextner Bach bei Innichen scharf nach Osten ab und erreicht so über die Drau und Donau das Schwarze Meer.

Schutt rieselt unablässig von Gipfeln, Graten und Wänden. An deren Füßen stauen sich mächtige Halden auf. Stellenweise wurde das Innerfeld-, Fischlein- und Rienztal verschüttet und manchmal verlaufen die Bäche unter dem Geröll. Die Prozesse spiegeln wie eine Sanduhr das Vergehen der Dolomitenlandschaft wieder. Statt in Minuten mißt diese Dolomitensanduhr allerdings in Jahrmillionen. Doch kennt die Natur - im Unterschied zum Menschenwerk - keinen Schutt und keinen Zerfall, keinen Abfall. Alles ist ewiger Umwandlungsprozeß, aus dem höher organisiertes Leben entsteht.
»Berge und Täler werden vergehn - aber die Musici bleiben bestehn«: Der Kanon

Pionierpflanzen müssen tägliche Temperaturschwankungen bis zu sechzig Grad aushalten

aus unserer Schulzeit könnte als ewiger Gesang des Lebens, der Natur gedeutet werden.

Leben auf Felsschutt

Schauen wir auf eine Schutthalde: Oben noch kantig und blendend weiß; weiter unten bilden Algen graue Flecken, überwachsen die Krustenflechten das Gestein, nisten sich Moose in Ritzen ein.
Eine ganze Reihe von Pionierpflanzen haben sich darauf spezialisiert, diese unwirtlichen Standorte zu besiedeln, die ständig in Bewegung sind, immer wieder überschüttet werden, im Sommer beintrocken und glühendheiß werden können. Tägliche Temperaturschwankungen von sechzig Grad Celsius sind nicht selten. Nahezu zwei Drittel des Naturparkgebietes bestehen aus Felsen und Schutt, weshalb hier der Pioniervegetation eine besondere Bedeutung zukommt.
Die schwarzen »Tintenstriche«, die wir etwa an den Zinnennordwänden sehen, sind Kolonien von Blaualgen, die sich an überronnenen Felsen ansiedeln.

In Felsspalten, in Ritzen und auf schmalen Absätzen haben sich einige unserer schönsten Dolomitenblumen verankert,

Edelsteine im Reich aus Stein.
Die Pionierpflanzen der Felsregion: Alpensilberwurz, Edelweiß, Blaues Mänderle, Rätischer Mohn.

etwa das Stengellose und das Dolomiten-Fingerkraut, die zartrosa Zwergalpenrose, die duftende Felsen-Aurikel, das stengellose Leimkraut, das Mänderle, die Dolomiten-Teufelskralle, der Dolomiten-Mannsschild, die Dolomiten-Akelei, die Dolomiten-Glockenblume und die Dolomiten-Schafgarbe. Wie der Zuname »Dolomiten« bereits andeutet, handelt es sich meist um Endemiten der Südost-Alpen, die in steilen, die Gletscherströme überragenden Südwänden die Eiszeit überdauert haben.

Die stattlichsten Edelweißsterne findet man nicht auf Almwiesen, sondern auf windexponierten Schrofen in Begleitung von sturm- und kälteresistenten Nacktriedrasen und von der Felsensegge. Diese müssen hier auch der Schmirgelerosion durch Wind und Schneekristalle standhalten. Wer auf einem Klettersteig dem Blütenwunder der Schopfigen Teufelskralle begegnet ist, der kann sich nur wundern, wie diese Pflanze so große Schönheit aus einer engen Felsspalte ziehen kann.

Ein besonderer Schmuck der öden Kalkschutthalden ist der zartgoldene Rätische Mohn. Bis zu zwei Meter tief sind seine Wurzeln im Geröll verankert. Das rundblättrige Täschelkraut überlebt Geröllrutschungen durch tief in den Spalten liegende Knospen. Der Zwerg-Baldrian

Hundert Jahre kann es dauern, bis die Zwergweide einen Quadratmeter Schuttflur besiedelt und ihr Stamm Fingerdicke erreicht

und die Alpengemskresse, anspruchslose Steinbrech- und Hornkrautarten beleben die Schutthalden in Gesellschaft des Alpen-Leinkrautes. Weit in die Tiefe greifen seine Wurzeln, aber nur wenige Zentimeter hoch ducken sich seine zartvioletten Blüten, während seine Artverwandten drunten in den Talwiesen gut sechzig Zentimeter hoch wachsen.
Die zum Bodenfließen neigenden tonigen Raibler Schichten besiedelt hingegen mit Vorliebe der Berg-Löwenzahn und das zarte Monte-Baldo-Windröschen.

Eine besonders wichtige Funktion erfüllen die Schuttstauer.
Um sie bilden sich erste ruhende Inseln im Geröllstrom. Nach und nach können sich weitere Pioniere ansiedeln und die Steinhalde langsam erobern: Etwa das Blaugras und die Polstersegge, die Jahrzehnte benötigt, um eine tellergroße Vegetationsinsel zu bilden. Wo die Schutthalde noch etwas in Bewegung ist, bilden sich dabei eigenartige girlandenförmige Strukturrasen aus.
Als Schuttkriecher schieben die nur wenige Zentimeter hohen Zwergweiden ihre Ausläufer zwischen das Geröll.
Hundert Jahre kann es dauern, bis auf diese Weise eine dieser Weiden einen Quadratmeter Schutt besiedelt und ihr »Stamm« Fingerdicke erreicht. Hingegen vermögen Spaliersträucher wie Alpensilberwurz und Dolomiten-Fingerkraut ganze Geröllblöcke zu überziehen und auf diese Weise in die Vegetationsdecke einzubinden.

Von den Pionieren zum Wald

Wo sich dank dieser Pionierarbeit genügend Humus gebildet hat, kriechen langsam höhere Sträucher die Schutthalde hinauf.
Am auffallendsten ist die Latsche, in deren Unterwuchs wir die behaarte Alpenrose sowie die typischen Vertreter des alpinen Zwergstrauchgürtels antreffen. Im dynamischen Gleichgewicht mit der wechselnden Erosionsintensität muß diese Strauchvegetation bald den Rückzug antreten, bald klettert sie höher empor.
Wo sich die Schutthalde stabilisiert hat, recken alsbald mutige Lärchen und Zirben ihre Kronen aus den Latschenfeldern hervor. Unsäglich langsam kommen sie voran. Auf Steinblöcken bringen es manche nur zu bonsai-ähnlichen Zwergformen; andere, immer wieder vom Steinschlag gebremst, wachsen in hundert Jahren nur auf Armdicke heran.

Die zunehmende Mächtigkeit der Humusdecke nährt Millionen von Mikroorganismen pro Quadratmeter, Molekül für Molekül wird das Gestein langsam

Der winzige Sperlingskauz durchstreift die Bergwälder mitunter schon bei Tag auf der Suche nach Beute.

Heute haben wir die Macht, mit unseren Baggern ein in Jahrtausenden gereiftes Naturwerk binnen einer Stunde wegzuräumen

zersetzt, bis schließlich der Boden für üppige Urwälder bereitet ist. Jahrtausende vergehen, bis daraus reiche und fruchtbare Böden gewachsen sind, auf denen der Mensch Wiesen und Äcker für sein tägliches Brot anlegen konnte.
Heute haben wir die Macht, mit unseren Baggern dieses in Jahrtausenden gereifte Naturwerk binnen einer Stunde wegzuräumen. Wenn es sich dabei um jahrhundertealte archäologische Siedlungsspuren handelt, würde jeder sofort von Kulturschändung sprechen.
Bleibt zu fragen, welchen Stellenwert für uns jahrtausendealte Naturwerte haben. Wo liegt für unser Kulturverständnis die Grenze zur Naturschändung?

Blumenreiche Lärchenwiesen

Daß eine behutsame, naturverbundene Bewirtschaftung durch den Menschen auch neue Werte schaffen kann, zeigt die Schönheit und Harmonie der bergbäuerlichen Kulturlandschaft. Der Höhepunkt dieser Symbiose zwischen Natur- und Menschenwerk sind die lichtdurchfluteten blumenübersäten Lärchenwiesen, die wir etwa am Eingang des Innerfeld- und Fischleintales antreffen, sowie am Haunoldhang, auf dem Gsell und der Rotwand.
Sie sind gleichermaßen bezaubernd im zarten Grün des Frühjahrsaustriebes, zur bunten Blütezeit wie im flammenden Herbstgold.
In Viehhaltungsgebieten wurde die Lärche früher häufig gefördert, ermöglichte ihr lichtes Kronendach doch neben der Holznutzung auch noch die Weide und Heuernte. Ihr tiefes Wurzelwerk festigt den Boden und ist den flachwurzelnden Wiesenkräutern keine Konkurrenz. Sie holt vielmehr Nährstoffe aus den tieferen Bodenschichten, die auf dem Weg über die leicht verrottbaren Lärchennadeln als natürliche Düngung wieder der Krautdecke zugute kommen.

In Trockenperioden schaffen die Bäume durch Windbremsung ein wuchsfreudigeres geschütztes Mikroklima.
Auf die Soldanellen- und Krokusblüte nach der Schneeschmelze folgen sodann Maiglöckchen, Bergastern, Feuer-, Gras-, Türkenbund- und Paradieslilien, Arnika, Akelei und Gemswurz.
Mehrere Arten von Enzianen, Primeln, Anemonen, von Orchideen und Hahnenfußgewächsen, Glockenblumen, Schmetterlings- und Korbblütlern, Dolden- und Rachenblütlern schmücken im Laufe des Sommers zu Abertausenden die ungedüngten Magerwiesen und werden von ungezählten Insekten umschwirrt. Den Abschluß des Blütenreigens bildet die blaßlila Herbstzeitlose. Um alte Baumstrünke gruppieren sich die Heidel- und Preiselbeere.
Die Vielfalt der Pflanzengesellschaft ist auch dadurch bedingt, daß die gebuckelte Oberfläche kleinräumige ökologische Nischen entstehen läßt:
besonnte und schattige Flanken, trockene steinige Kuppen und feuchte, feinsandige Mulden. Verwitterte Heuschupfen, aus eben diesem Lärchenholz erbaut und mit Lärchenschindeln gedeckt, vervollständigen sodann das Bild der einzigartigen Kulturlandschaft.

Derartige extensive Kulturlandschaften haben in unserer durchrationalisierten Landwirtschaft keinen Platz mehr. Als sogenannte Grenzertragsböden werden sie entweder aufgelassen, aufgeforstet oder durch Schlägerung der Lärchen und Planierung für den rationellen Maschineneinsatz zurecht gerichtet und durch intensive Düngung auf Massenerträge getrimmt.
Die Florenvielfalt ist damit freilich unwiederbringlich dahin.
Wenn die Allgemeinheit auf die Erhaltung einer extensiven Bewirtschaftung Wert legt, muß konsequenterweise Mehrarbeit und minderer Ertrag abgegolten werden - so die logische Forderung der Bauern. Die Südtiroler Landesregierung hat dem Rechnung getragen. So wird heute eine traditionelle Bewirtschaftung

Die in unserer Phantasie
so gnadenlosen und schrecklichen »Raubtiere«
haben noch nie
eine Tierart ausgerottet

der Lärchenwiesen auf naturnahe Weise mit Landschaftspflegeprämien aus dem Naturparkfond bezuschußt.

Die Vögel in der Felsregion

Der sicherlich unbestrittene König des Hochgebirges ist - seit seiner Verdrängung aus den Tälern - der Steinadler, dessen Flügelweite 230 Zentimeter erreicht. Dank der ganzjährigen Schonung und der gestiegen Wilddichte ist er wieder in sämtlichen Südtiroler Naturparks heimisch. Der Bergwanderer wird ihn

Symphonie von Natur und Menschenwerk:
Die Lärchenwiesen am Eingang ins Innerfeldtal. Die Bergeidechse gehört zu den am höchsten steigenden Reptilien.
Eine seltene Geschwaderformation: Bussard, Kolkrabe und Alpendohlen.

nicht selten beobachten, wie er hoch in der Luft majestätisch seine Kreise zieht oder nach Beute spähend die Bergflanken entlanggleitet. Seine Horste baut er mit Vorliebe auf geschützten Felsabsätzen, wo ein bis zwei Jungadler erbrütet werden. Ihnen trägt er Murmeltiere, Hasen, Schneehühner, Füchse zu, sogar junge Rehe und Gemsen. Auch Fallwild gehört zu seiner Nahrung.

Das Jagdrevier eines Adlerpaares beträgt etwa zehntausend Hektar, die Größe ist abhängig von der vorhandenen Wilddichte.

Der Adler ist für eine beuteschonende, natürliche Auslese des Wildbestandes besonders wertvoll. Denn die in unserer

Der Mensch ist fürwahr
eine erdrückende »Krone der Schöpfung«, doch eher
eine Dornenkrone

Ob im bögigen Jochwind segelnd
oder am Rastplatz nach Eßbarem ausschauhaltend: die geselligen Alpendohlen
zeigen wenig Scheu vor den Menschen.

Phantasie so gnadenlosen und schrecklichen Raubtiere und Raubvögel leben nur vom Populationsüberschuß oder von schwachen Exemplaren und haben noch nie eine Tierart ausgerottet.
Die Ausrottungsstrategie ist und bleibt ein wenig schmeichelhaftes Privileg für den »zivilisierten« Menschen.
Unsere Zivilisation wird immer unersättlicher und mörderischer. Man weiß, daß heute Jahr für Jahr weltweit Hunderte, wenn nicht gar Tausende Pflanzen- und Tierarten ausgerottet werden, und so ihr unschätzbares, in Jahrmillionen gereiftes genetisches Potential für immer vernichtet wird.

Der Mensch ist fürwahr eine erdrückende »Krone der Schöpfung«, doch eher eine Dornenkrone.

Kleinere Singvögel, die die Steinkare beleben und ihre Rufe an die Felswände schmettern, sind der Schneefink und die

Alpenbraunelle, der Steinschmätzer und der Rotschwanz. Sie suchen in Schutthalden nach Felsenspringern und Springschwänzen, nach Käfern, Zweiflüglern, Spinnen und Trugskorpionen.
Einem fliegenden Edelstein gleicht der Mauerläufer, wenn er mit seinen ausgebreiteten karminroten Flügeln flatternd die Felsspalten nach Kerfen absucht.

Wo Fallwild anfällt, findet sich alsbald der große blauschwärzliche Kolkrabe ein, den wir oft paarweise mit rauhem »klong, klong« und kraftvollen Flügelschlägen hoch in der Luft die Täler queren sehen. Kolkrabenpaare bleiben zeitlebends in treuer Monogamie verbunden.

Sehr gesellige Gesellen sind die schwarzen, gelbschnabeligen und rotfüßigen Alpendohlen, die sich scharenweise um die Schutzhütten versammeln. Es ist ein Erlebnis, zu sehen, wie sie unter lautem Pfeifen im böigem Gratwind akrobatische Segelkünste vollführen. An ihren Sitzsteinen nähren sich auffällige rote Krustenflechten von den stickstoffhaltigen Kotresten.

Als Allesfresser profitieren der Kolkrabe und die Alpendohle vom zunehmenden Abfall in der Umgebung von Schutzhütten, Hotels und Bergdörfern. Sie stochern in verschmutzten Bächen nach Eßbarem. Man könnte sie gar als »Kulturfolger« bezeichnen, soweit man die Erzeugung von Abfall als eine menschliche »Kulturtat« verstehen will.

»Fünf vor Zwölf«
wurden manche Dolomitenlandschaften
vor der Vermarktung
und Erschließung gerettet.

Der Zwölferkofel ist
nach wie vor nur Bergerfahrenen
zugänglich
(links der kühn angelegte Alpinisteig).

Die Raibler Schichten
beim Sandebühel
markieren die Nahtstelle zwischen Schlern-
und Hauptdolomit.

Informationen zum Naturpark Sextener Dolomiten (Nachtrag)

Gesamtfläche des Parks: 11.635 ha (gegründet 1982)

Die Gemeinden des Naturparks Sextener Dolomiten

Toblach (Verkehrsamt: Telefon 0474/72132)
3.147 Einwohner. Fläche 12.633 ha. Anteil am Naturpark 4.160 ha

Sexten (Verkehrsamt: Telefon 0474/70310)
1.844 Einwohner. Fläche 8.088 ha. Anteil am Park 3.860 ha

Innichen (Verkehrsamt: Telefon 0474/73149)
3.045 Einwohner. Fläche 8.010 ha. Anteil am Park 3.615 ha

Literaturhinweise zum Naturpark Sextener Dolomiten

Heissel, Werner:
Südtiroler Dolomiten (Geologischer Führer 1971), Berlin-Stuttgart, 1982

Holzer, Rudolf:
Sexten (Gebietsführer 31), Bozen, 1981

Kühebacher, Egon:
Hofmark Innichen (Gebietsführer 13), Bozen, 1977

Mairhofer, Hans:
Toblach (Gebietsführer 19), Bozen, 1978

Ortner, Peter:
Naturpark Sextner Dolomiten, Assessorat für Umweltschutz, 1984

Rampold, Josef:
Pustertal (Landeskunde 2), Bozen 1980

Visentini, Luca:
Sextener Dolomiten, Bozen, 1983

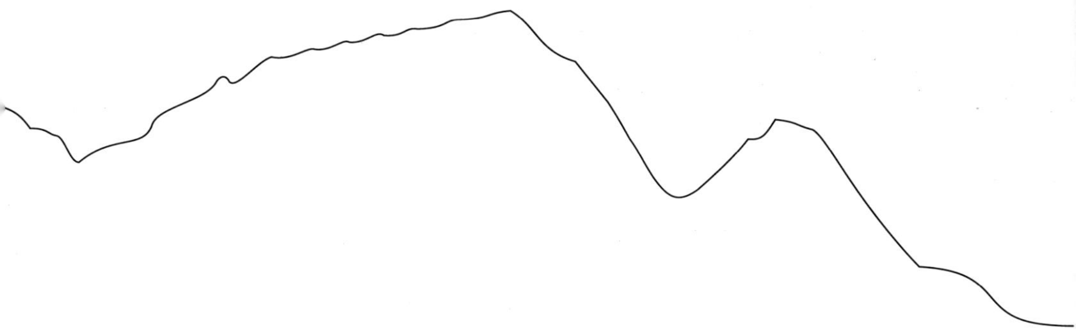

Naturpark Rieserfernergruppe

Naturpark

Rieserfernergruppe

Die Grenzen der Natur

und die Grenzen des Menschen

Die Gletscherarena um Hoch- und Wildgall
bildet - hoch über Rein - das Herzstück des Naturparks. Am dunklen Tristennöckl
im weiten Gletschervorfeld
erreicht die Zirbe ihre äußerste Vegetationsgrenze.

Eine europäische Dimension
erlangt der Naturpark dadurch, daß er an den Österreichischen Nationalpark Hohe Tauern grenzt

Schroffe kühne Gipfel, für ein Urgesteinsgebiet eher ungewohnt, kennzeichnen die Rieserfernergruppe. Sie verläuft zwischen dem Tauferer und Antholzer Tal hin zum österreichischen Defreggental und fällt im Süden mit stillen Almtälern gegen Gais und Percha ab. Landschaftsprägend ist hier der harte granitähnliche Tonalit, daneben finden wir noch Gneise und Glimmerschiefer.

Im Süden blinken die ausgedehnten Firnfelder zwischen Hochgall (3435 m) und Schneebigem Nock (3358 m); im Norden erhebt sich die massige Durreckgruppe (3130 m). Ein »Natur«park im wahrsten Sinne des Wortes: in weite Bereiche verirrt sich nur selten ein Wanderer. Gemse und Reh, Murmeltiere und Steinadler, Auerhuhn, Schnee- und Birkhuhn sind noch weitgehend unter sich.

Eine europäische Dimension erlangt der Naturpark Rieserfernergruppe dadurch, daß er direkt an den österreichischen Nationalpark Hohe Tauern grenzt.

Das Antholzer Tal

Schon am Eingang des Tales präsentiert sich Antholz mit einem Talschlußpanorama, wie wir es von der Pustertaler Straße

Unten wie oben: Das kristallklare Spiegelbild der Rieserfernergruppe im Antholzer See wird von keinen Abwasserschlieren getrübt.

Sommerschnee: Wollgras am Malersee.

aus kein zweites Mal sehen: im Vordergrund die saftig-grüne Talweitung mit sanften Schwemmkegeln und spitztürmigen Kirchdörfern, von dunklen Nadelwäldern flankiert; im Hintergrund die vom Eishauch umwehten Bergriesen um den Wildgall (3272 m).

Eng beieinander liegen am Ausgang des Tales die Dörfer Nieder- und Oberrasen. Zwei mächtige, formschöne Schwemmkegel hatten hier den Antholzer Bach zu einem etwa vier Kilometer langen See angestaut, der dann im Laufe von Jahrtausenden wieder erneut vom Bach aufgefüllt wurde.

Die keltische Wortwurzel von Rasen bedeutet »Sumpf«. Bis vor einigen Jahrzehnten wechselten bis Niedertal hinein Feuchtwiesen und Möser, Moore und Auwälder einander ab, vom Bach mäandrierend durchflossen. Doch wurden sie durch Begradigung und Tieferlegen des Bachlaufs, durch Entwässerungskanäle und Drainagen in fette Intensivwiesen umgewandelt.

In langwierigen Verhandlungen gelang es, wenigstens ein zwanzig Hektar großes Moor- und Augebiet als eines der ersten geschützten Biotope Südtirols den heimischen Pflanzen und Tieren zu erhalten. Erst die Nachwelt wird diese vorausschauende Kulturtat zu schätzen wissen. Es gab einmal eine Zeit, in der man den

Im Moorbiotop von Rasen herrschen aufgrund eines »Kältesees« besondere mikroklimatische Bedingungen

Kirchen ohne Rücksicht auf den alten Bestand einen neuen Kunststil aufzwang und funktionslos gewordene Burgen zur Gewinnung von Dachziegeln, Bauholz und Steinen ausschlachtete und die Ruinen verkommen ließ.
Auch von den beiden Burgen Alt- und Neurasen zeugen nur mehr kümmerliche Mauerreste. Wir beklagen heute diese »Kulturlosigkeit« früherer Generationen dem Menschenwerk gegenüber und konsolidieren und konservieren heute selbst tote Ruinen.
Eine um so vordringlichere Kulturtat ist heute der Schutz und die Erhaltung intakter lebendiger Tier- und Pflanzengemeinschaften. Sonst laufen wir Gefahr, daß uns unsere Nachwelt dereinst Kulturlosigkeit bei der rücksichtslosen Ausbeutung und Umwandlung von Natur und Landschaft vorwirft.

Im Moorbiotop von Rasen herrschen aufgrund eines Kältesees besondere mikroklimatische Bedingungen vor, die das Überleben nordischer und alpiner Florengemeinschaften ermöglichen, wie sie in dieser Tallage im Südalpenbereich einmalig sind. Am gut beschilderten Naturlehrpfad werden wir mit Pflanzen vertraut, die uns erst hoch oben wieder begegnen werden.
Eine weitere Talstufe überwinden wir zwischen Antholz - Niedertal und Mittertal, wo die Spuren eines verlandeten Sees ebenfalls unverkennbar sind. Die dritte und höchste Talstufe wird vom weiten Schwemmkegel gebildet, über den die stattlichen Höfe von Antholz - Obertal verstreut sind, und der den Antholzer See aufgestaut hat.

Der 44 Hektar große Antholzer See, in dem sich Hoch- und Wildgall spiegeln, ist der drittgrößte Natursee Südtirols. 37 Meter tief, ist er, dank seines sauberen Wassers, noch immer als fischreich (Forellen, Saiblinge) bekannt. In einigen tausend Jahren werden die schuttführenden Wildbäche dann auch die Aufschüttung dieses Sees vollendet haben.

Mehreren besonders stattlichen Gehöften, die bis auf die hochmittelalterliche Besiedlungszeit zurückgehen, oblag als den brixnerischen »Küchenmeierhöfen« die Versorgung des fürstbischöflichen Hofes mit Naturalien.
Die vom Eiszeitgletscher übersteilten Talflanken boten hingegen nur selten Platz für einen Bergbauernhof.
Sie blieben sehr wildreich. Im 16. Jahrhundert mußte der Antholzer Jagdpächter dem Bischof auf Schloß Bruneck je ein Exemplar von Auerhahn, Auerhenne, Haselhuhn und Schneehuhn, Spielhahn, Hase und Gemse stellen; Wolfsbraten war

Von allen Seiten schäumen Gletscherbäche zu Tal.

Wolfsbraten war zu Hofe nicht sehr geschätzt, weshalb sich der Bischof mit dem Pelz begnügte

Steingeschichten:

Vor 30 Millionen Jahren wurde der
dunkle Gesteinsbrocken vom
aufsteigenden Tonalitmagma umschlossen,
eine spätere Bruchspalte
mit hellem Feldspat und Quarz
wieder geschlossen;
dann von tektonischen Kräften gehoben,
von der Erosion freigelegt
und aus dem Felsen gesprengt
und schlußendlich
vom Gletscher talwärts geschoben.

hingegen zu Hofe nicht sehr geschätzt, weshalb sich der Bischof in diesem Fall mit dem Pelz begnügte. Der letzte Wolf in Antholz wurde 1812 geschossen.
Die Steilheit der Talflanken ermöglichte keine skitechnische Erschließung, weshalb Antholz heute im Winter noch immer eine Oase der Ruhe ist - und ein Paradies für Langläufer.

Percha

Percha (973 m), dessen Siedlungsgebiet sich auf ein halbes Dutzend über den Berghang verstreuter Weiler erstreckt, bildet mit dem ruhigen Wielental einen Zugang zum Südteil des Parks.

Einzigartig im Pustertal sind die prächtigen Erdpyramiden im Litschbachgraben bei Platten. Im angeschnittenen Moränenhang hat das Niederschlagswasser bizarre Kämme und dort, wo ein Findlingsstein ein schützendes Dach gebildet hat, mächtige Erdpyramiden entstehen lassen. Mit ihren dank seitlicher Decksteine kannellierten Flanken erinnern sie an die mächtigen Pfeiler von gotischen Domen. Erosion kann schön sein.
Es ist ein unablässiges Werden und Vergehen. Wird die Pyramide so schlank, daß der Deckstein endlich seinen Halt verliert, schrumpft sie bis zum nächsten brauchbaren Deckstein herab.
Der Wielenbach, der früher an seinem

Gegensätze: Steile Bergflanken und die Tauferer Talebene.
Zahlreiche Auwaldreste
begleiten die wasserreiche Ahr auf ihren Schwüngen durch den Talboden.

Unterlauf Mühlen, Stampfen, Sägewerke und Schmieden trieb, wird heute für die Stromgewinnung abgeleitet.

Das Tauferer Tal

Vom Eiszeitgletscher trogförmig ausmodelliert und später von der Ahr aufgeschüttet, präsentiert sich das Tauferer Tal uns als eine freundliche grüne Ebene zwischen steilen Bergflanken. Die Ahr zieht ruhig in weiten Schleifen durch die Talebene. Trotz umfangreicher Meliorierungsarbeiten sind an zahlreichen Stellen Auwälder, Moorreste und mäandrierende Seitengräben erhalten geblieben. Sie sind heute als Biotope geschützt und tragen dazu bei, daß das Tauferer Tal heute das schönste und intakteste Flußtal Südtirols ist, wenngleich wegen mangelnder Kläranlagen die noch zu Zeiten

Das Tauferer Tal gilt heute als das schönste und intakteste Flußtal Südtirols

der K.u.K. Monarchie gerühmte Wassergüte längst arg getrübt ist.

Die steilen Seitenbäche haben formschöne Schuttkegel angeschwemmt. Deren Vegetationsdecke läßt auf die verschiedenen Stadien der Bodenreifung schließen: unten Äcker, in der Mitte Wiesen, im oberen, noch in jüngster Vergangenheit übermurten Teil sodann Weiden, Erlen- und Fichtenwälder. Diese Kulturartenverteilung spiegelt auch den selektiven Geschiebetransport des Wassers wieder: das grobe Geröll wird zuerst abgelagert, je feiner die Korngröße des Materials, um so weiter talwärts wird es befördert.

Auf Schwemmkegeln erbaut sind auch die Dörfer Gais und Uttenheim. Bereits vor tausend Jahren urkundlich erwähnt, wird ihre historische Bedeutung auch durch die nahe Kehlburg und das Uttenheimer Schlössl unterstrichen. Die prächtige romanische Kirche von Gais hat leider durch spätere Umbauten gelitten, in Uttenheim hingegen wurde 1774 eine neue Barockkirche erstellt.
Dem Menschenwerk der »Wildbachverbauung« vertrauend, haben sich in Gais Siedlungen und Gewerbegebiete weit in das bewaldete einstige Übermurungsgelände vorgeschoben. Steil sind hingegen die Felder der Bergfraktion Mühlbach (1462 m), die wir über Uttenheim oder Tesselberg erreichen.
Eingekreist von hohen Zweitausendern ist die grüne Weite des Tauferer Bodens. Die 1527 in massigen Granitquadern vollendete Pfarre Taufers zählt zu den besten spätgotischen Kirchenbauten des Pustertales. In Mühlen wurde das Wasser des Mühlwalderbaches seit jeher gewerblich genutzt. Bäuerlich ruhig ist Kematen geblieben. Von hier aus können wir zum prähistorisch besiedelten Hügel von St. Walburgen hinaufwandern.

Am Ausgang der »Klamm«, durch die die Ahr in den Tauferer Boden tost, liegt Sand in Taufers (865 m), der Hauptort der Gemeinde. Einzigartig ist der Blick vom grünen Tauferer Boden - im Vordergrund das Dorf mit dem steilgiebeligen spätgotischen Ansitz Neumelans, überragt von der trutzigen Dynastenburg Taufers. Darüber ragen drohend die Eisriesen der Zillertaler Alpen in den Himmel. Baukultur und ungestüme Urnatur vereint. Das bestens erhaltene Schloß der 1340 ausgestorbenen mächtigen Herren von Taufers zieht jährlich etwa an die 100.000 Besucher an .

Kein Dorf Südtirols hat einen so reichen Bestand an Straßenbäumen wie Sand. Vor gut hundert Jahren - Taufers begann sich damals zu einer beliebten Sommerfrische zu entwickeln - wurden die Ortsstraßen systematisch begrünt.

Spätere Generationen von Gemeindeverwaltern glaubten hingegen im ganzen Land, die Nachwelt vorwiegend mit Asphalt und Beton beglücken zu müssen. Erst seit kurzem versucht man wieder, das vielerorts mit Bagger und Säge ausgemerzte Grün mühsam von neuem in die Siedlungen zurückzuholen.

Fünfhundert Meter oberhalb des Tauferer Bodens liegen auf einer sonnigen Hangterrasse die Einzelhöfe von Ahornach. Weit schweift der Blick talauswärts, bis zum urgewaltigen Meilenstein des Peitlerkofels, dem nordwestlichen Eckpfeiler der Dolomiten.

Eine menschliche Insel inmitten wilder Bergnatur - so präsentiert sich uns Rein (1595 m), das wir durch das vom Wildbach durchtoste enge Hochtal erreichen. Über dem weiten Wiesenplan stehen wir hier mitten in der firnblinkenden Gipfelarena der Rieserfernergruppe.

Eine Insel oder genauer gesagt ein Loch bildet das Siedlungsgebiet von Rein auch auf der Naturparkkarte - das Südtiroler Naturparkkonzept klammert ganzjährig besiedelte Weiler und Hofstellen grundsätzlich aus.
Anderswo werden mitunter auch Siedlungen, Skigebiete und Wasserkraftwerke in Naturparke oder gar Nationalparke miteinbezogen, die dann je nach Anthropisierungsgrad in verschiedene Zonen mit entsprechend abgestimmten Schutzbestimmungen untergliedert werden. Allerdings wird in Südtirol auch in den ausgesparten Siedlungen die Entwicklung durch eigene Gemeindelandschaftspläne in geordnete Bahnen gelenkt. Der zweite Grund für manche Wurmfortsätze oder »unnatürliche« Naturparkgrenzen ist im Umstand zu suchen, daß mit Ausnahme von den Sarntaler Alpen sämtliche Südtiroler Naturparkgebiete an der Landesgrenze liegen, die verständlicherweise nicht nach naturräumlichen Gesichtspunkten gezogen wurde.
Sie durchschneidet oft homogene Landschaften, die auch jenseits der Grenze denselben ökologischen Wert aufweisen. In einigen Fällen bahnt sich jedoch bereits eine grenzüberschreitende Naturschutzarbeit an.

Nationalpark Hohe Tauern

Die natürlichste Fortsetzung des Naturparks Rieserfernergruppe ist der Österreichische Nationalpark Hohe Tauern. An der gesamten Staatsgrenze, vom Stallersattel bis zur Gabelspitze im Nordosten, grenzt er an den Naturpark. Auch geografisch zählen die Rieserferner- und Durreckgruppe zu den Hohen Tauern.

In der Vereinbarung von Heiligenblut am Großglockner einigten sich die Landeshauptleute von Salzburg, Kärnten und Tirol 1971 auf die Errichtung des Nationalparks Hohe Tauern mit einer Gesamtfläche von fast zweitausend Quadratkilometern (etwa einem Viertel der Fläche Südtirols). Auf diesem Wege sollte eine der größten zusammenhängenden alpinen Naturlandschaften, bekannt durch die weiten Gletscher um Großglockner

Ein »harter« Tourismus
zehrt am Kapital der Natur. Ein »sanfter« Tourismus
lebt hingegen von den »Zinsen«

und Großvenediger - vor der Vermarktung geschützt werden.
Bis es soweit war, floß jedoch noch viel Wasser die Gletscherbäche hinunter, da diverse Skitourismusprojekte, aber vor allem das Wasser die Inkraftsetzung des Nationalparks verzögerte, indem es die Ableitungsgelüste der Elektrizitätswirtschaft weckte.

Durch ein Landesgesetz wurde schließlich 1981 der 365 Quadratkilometer große Kärntner Anteil des Nationalparks errichtet, 1984 folgte der Salzburger Anteil (666 Quadratkilometer). Großer Widerstand war in Osttirol zu überwinden. Hier wurde der Nationalpark erst im Jahre 1992 verwirklicht.

Das Nationalparkgebiet gliedert sich in eine Kernzone(mit etwa siebzig Prozent, vorwiegend im Hochgebirgsbereich), in die stärker anthropisierten Außenzonen (entsprechend einem strengeren Landschaftsschutzgebiet) und in die Sonderschutzgebiete (vergleichbar mit unseren Biotopen). Auch wenn einzelne Schwerpunkte anders gesetzt sind, ist im allgemeinen die »Schutzintensität« des Österreichischen Nationalparks durchaus mit den Südtiroler Naturparks vergleichbar. Es ist allerdings anzumerken, daß dem Nationalpark Hohe Tauern bislang die Anerkennung durch die internationale Nationalparkkommission (IUCN) versagt geblieben ist, zumal sogar in der Kernzone Jagd- und Forstwirtschaft generell erlaubt sind.

Drei Herren unter einem »Naturpark-Hut«?
Die Dreiherrenspitze (links) als Grenzberg von Südtirol, Osttirol und Salzburg.

Erzstadel, Faktorhaus und Kornkasten erinnern an den Ahrner Bergbau auf Kupferkies und silberhältigem Bleiglanz

Nachdem durch die Unterbindung harter Erschließungen nun ein erster wichtiger Schritt getan ist, ist zu hoffen, daß die intensive Umweltinformationsarbeit bei der Bevölkerung auch den Konsens für einen effizienteren Schutz wird wachsen lassen.

Grenzüberschreitender Naturschutz

In Südtirol beginnt die Umweltinformationsarbeit nun erste Früchte zu tragen. Während die ersten Naturparkplanungen bei vielen Bevölkerungsschichten auf Mißtrauen, wenn nicht gar auf Ablehnung gestoßen sind, so hat der Ahrntaler Gemeinderat im Juni 1988 von sich aus die Erweiterung des Naturparks Rieserferner über die östliche Ahrner Talflanke beantragt. In der Gemeinde Prettau gab es ähnliche Bestrebungen für den gesamten Talschluß hinter Kasern.

Im August 1993 wurde die Erweiterung des Naturparks von der Landschaftsschutzkommission befürwortet.

Die Beweggründe dafür sind vielleicht nicht nur naturschützerischer Art. Es hat sich nämlich längst herumgesprochen, daß zunehmend breitere Gästeschichten in ihren Ferien übererschlossene Gebiete meiden und statt dessen in ruhiger Natur- und Kulturlandschaft Erholung finden und Kraft für den Alltag schöpfen wollen. Natur- und Nationalparks könnten so eine ökonomische Umwegrentabilität erbringen. Ein untrügbares Indiz für diese Werbewirksamkeit sind die Hinweise in den Prospekten des Fremdenverkehrs. Wenn jedoch ein effizienter Naturschutz dahintersteht und mit dem »Naturparkprädikat« nicht auch noch die Menükarte schmackhaft gemacht werden soll, ist dagegen nichts einzuwenden.

Ein »harter« Tourismus, der mit großen Eingriffen in die Landschaft verbunden ist, zehrt, ebenso wie etwa eine intensive Wasserkraftnutzung - am Kapital der Natur. Ein »sanfter« Tourismus lebt von den »Zinsen« der Naturschätze, ohne diese zu plündern.

In einer Zeit, in der kontinentale Umweltbelastungen wie die Luftverschutzung, das Waldsterben, die Klimagefährdung vor Grenzen nicht Halt machen, ist auch ein grenzüberschreitender Naturschutz ein Gebot der Stunde. Es ist durchaus denkbar, daß Südtirol dann neben dem Nationalpark Stilfser Joch im Westen, dereinst auch am Nationalpark Hohe Tauern im Osten direkten Anteil hat und somit seinen Beitrag zu den beiden größten zentraleuropäischen Schutzgebieten einbringt.

Im Ahrntal

Eine herbe Landschaft öffnet sich uns nach der Tauferer Klamme: Unter uns die schäumende Ahr, beiderseits Wiesen und Wälder, überragt von den firnblinkenden

Dreitausendern und überspannt von der Weite des Himmels - wie es das Ahrner Gemeindewappen stilisiert wiedergibt. Dreißig Kilometer lang ist das »Tol«, wie man es in Taufers und Bruneck nennt; seine Bewohner, die »Tölderer«, gelten als Urbild von Kraft und Zähigkeit.

Die mittelalterliche Besiedlung über die Jöcher her aus dem Pinzgau und Zillertal wirkt auch im Dialekt und Brauchtum noch nach, ebenso in der Baukultur: Die urtümlichen Paarhöfe, die wie »schwebende Erker« an den Steilhängen kleben, tragen häufig das Pinzgauer Glockentürmchen. Während das Futterhaus meist nur aus Lärchenstämmen erstellt ist, sind die unteren weißgekalkten Geschosse des Bauernhauses gemauert.

Enttäuschend im Vergleich dazu sind die zahlreichen Neubauten, die sich längs der Talstraße aneinander reihen: vorwiegend eine einfallslose Dutzendware ohne Proportion, die auch dann nichts gewinnt, wenn sie im pseudotiroler Tourismusstil aufgemöbelt wird.
Andernorts hat man vielleicht auch nicht viel besser gebaut, aber hier vor der Kulisse der in Material und Form gediegen proportionierten Ahrner Höfearchitektur muß der Verfall der Baukultur umso nachdenklicher stimmen.
Da in der traditionellen Siedlungsstruktur die Einzelhöfe vorherrschten, gab es in den kleinen Kirchdörfern meist nur ein Dutzend Häuser für Pfarrer und Schule, Krämer und Handwerker. Das Dorfbild wird deshalb heute durchwegs von Neubauten bestimmt, etwa Luttach an der Einmündung des Weißenbachtales, oder St. Johann, das übrigens eine prächtige Barockkirche (1784) besitzt.
In Steinhaus erinnern mehrere stattliche Baulichkeiten an die durch Jahrhunderte dominierende Rolle des Bergbaus: der Erzstadel, das Faktorhaus, der Kornkasten sowie ein Ansitz. Unter der Holzarchitektur der Bauernhöfe fielen diese Steinbauten derart auf, daß der Ort davon seinen Namen bekommen hat. St. Jakob (wo noch mehrere alte Wassermühlen in Betrieb sind) und St. Peter liegen auf sonnigen Hügeln.

Durch eine zweite »Klamme« erreichen wir Prettau, das seit dem Mittelalter Zentrum des Ahrner Bergbaus von Kupfer- und Schwefelkies und von silberhältigem Bleiglanz war. Die Erzadern finden sich in der Kontaktzone zwischen Schieferhülle und Zentralgneis. Bis 1971 fuhren die Prettauer Knappen unter Tage. Bergbaukrisen brachten allerdings schon im 19. Jahrhundert große Not. Als Zuverdienst wurde damals das Heimgewerbe des Spitzenklöppelns und Maskenschnitzens eingeführt. Heute können wir auf einem Bergbaulehrweg samt Schaustollen den Spuren der Knappen folgen.

Der Großteil der Touristen, die im Hochsommer kolonnenweise Kasern anfahren, kommt allerdings nur auf einen kurzen Blick in den imposanten Talschluß vorbei, wo die Schneeberge schäumende Bäche

Über den Krimmler Tauern
»ging«
der internationale Alpentransit ins Salzburgische

und tosende Wasserfälle zur jungen Ahr herabsenden und herbe Lüfte vom nahen Eis künden.

Diese Autoplage nimmt derart überhand, daß man allen Ernstes überlegte, eine Touristentiefgarage zu bauen, um wenigstens die Almwiesen für die Kühe frei zu bekommen.

Regen Verkehr gab es im hinteren Ahrntal allerdings schon im Mittelalter. Über den Krimmler Tauern, dessen Saumweg großteils noch gepflastert ist, »ging« der internationale Alpentransit ins Salzburgische: etwa Etschländerwein nach Norden und Halleiner Salz nach Süden, aber auch Orientwaren aus Venedig. »Ging« übrigens wortwörtlich: Auf den Pferderücken oder auf den kräftigen Schultern der Tauernträger, die vor dem gefährlichen Übergang in der gotischen Knappenkirche von Heilig Geist um Schutz beteten. Ebenso wie die Ahrner Bauern, die ihre Herden heute noch auf ihre Almen ins Salzburgische treiben - oftmals durch knietiefe Schneefelder.

Die Kirche wurde im Schutz eines gewaltigen Felsblockes erbaut, der als ein natürlicher Lawinenbrecher dient. Auch bei manchen Gebäuden sieht man dreieckförmig gemauerte »Sauköpfe«, welche die abgehenden Schneebretter am Haus vorbeileiten sollen.

In unseren Tagen wollte man auf den Spuren der mittelalterlichen Kraxenträger nun partout die Alemagna-Autobahn München-Venedig durch das Ahrntal betonieren. Eine kleine Ausgabe davon wurde im Tiroler Gedenkjahr 1984 (175 Jahre Freiheitskriege) propagiert: Eine Autostraße von Prettau über das Hundskehljoch (2559 m) ins Zillertal, um den abgebrochenen Kontakt zwischen Nord- und Südtirol wieder zu beleben.

Doch Naturschützer und Alpenvereinsmitglieder aus dem Ahrn- und Zillertal zeigten in einer Protestwanderung auf das Hundskehljoch, daß man auch ohne Auto zueinander finden kann. Sie lancierten als Alternative eine Idee, die dann 1990 in einem Grundsatzbeschluß des Gesamttiroler Landtages ihren Niederschlag fand:
Statt einer zusätzlichen Autostraße durch unberührte Natur die Schaffung eines gemeinsamen Naturschutzparkes über die Grenzen hinweg.

Aus der Schatzkiste der Natur:

Rutil (kristallisiertes Titanoxid) aus dem Ahrntal.

Die Geburtsstunde der Rieserferner

Wenn wir von den Dolomiten auf die Nordseite des Pustertales wechseln, haben wir mehr als nur ein Tal überquert. Wir überqueren hier die Grenze zwischen den Süd- und Zentralalpen, die von der Pustertalstörung gebildet wird, die Teil eines der wichtigsten Bruchsysteme der

Eisbruch am Hochgallferner.

Wo die Gletscherzunge
einen Felsbuckel überfährt, bilden sich
tiefe Längsspalten.
Die Querspalten sind hingegen
Folge der Reibung an der Gletschersohle.

Alpen ist. Nördlich davon wurden die Gesteinsschollen bei der Alpenfaltung um zehntausend Meter emporgehoben und gleichzeitig gut hundert Kilometer nach Osten verschoben.

Im Pustertal überqueren wir gleichzeitig auch eine der Nahtstellen Europas. Im Zuge der Kontinentalverschiebung löste sich vor fast sechzig Millionen Jahren die etwa 800.000 Quadratkilometer große adriatische Platte (heute Italien, Adria, Griechenland und Kleinasien entsprechend) vom afrikanischen Urkontinent. Das Jura - Urmittelmeer (Penninischer Ozean genannt, der sich vor über 150 Millionen Jahren beim Auseinandertreiben der Kontinente gebildet hatte) immer mehr einschnürend, driftete sie gegen den europäischen Urkontinent, prallte schließlich daran und schob sich noch rund 150 Kilometer weit darüber. Die Kontinente bebten, Erdschollen brachen und wurden zusammengestaucht und türmten sich oftmals bis 30.000 Meter hoch übereinander.

Der überrollte europäische Kontinentalrand sank unter einem Druck von 100.000 Tonnen pro Quadratmeter in die Tiefe, schmolz sodann im heißen Erdinneren zu Magma auf und drang schließlich vor dreißig Millionen Jahren an verschiedenen Stellen wie Zahnpasta aus der Tube als Intrusivkörper durch Spalten in die darübergeschobenen afrikanischen Gesteinsdecken (Ostalpin), diese dabei aufwölbend.

Ein hochgelegenes Gletscherkar
entsendet Zwillingsbäche
zur jungen Ahr hinter Kasern herab. Auf den
Schiefer - Moränen
entwickeln
sich alsbald saftige Weiden.

Es war dies die Geburtsstunde der Rieserfernergruppe, die somit gewissermaßen ein Verschmelzungsprodukt von Europa und Afrika darstellen. Die für die Berge der Zentralalpen ausnehmend kühnen und schroffen Gipfelformen der Rieserfernergruppe sind also nicht nur auf die Härte des Tonalit-Gesteins zurückzuführen, sondern auch darauf, daß die Rieserferner mit »nur« dreißig Millionen Jahren auch die jüngste Gebirgsgruppe Südtirols sind.

Der Tonalit (benannt nach dem Tonalepaß, wo er am Bau der Adamellogruppe maßgeblich beteiligt ist) ist ein magmatisches Tiefengestein, ähnlich dem Granit, das in unterirdischen Hohlräumen langsam auskristallisieren konnte. Er ist vor allem aus Plagioklasfeldspat, Quarz und Hornblende zusammengesetzt. Im Zuge der weiteren Alpenbildung und Erosion der Gesteinsdecken gelangte der Tonalit an die Oberfläche.
Unter Aussparung einer weiten Bucht zwischen dem Gelltal, dem Schneebigen Nock und Tristennöckl, baut der Tonalit den Rieserferner-Hauptkamm zwischen Taufers (Wasserfallspitze) und dem Defreggental im Osten auf. Südlich davon streicht noch von Zinsnock und Sattelleite ein kleinerer Intrusivkörper gegen Antholz-Mittertal aus.

Rings um den Tonalitkörper und ihn teilweise noch bedeckend, erstreckt sich die sogenannte »Zone der Alten Gneise«. Gneise sind Umwandlungssgesteine, die

Die Erosion sorgt dafür, daß die Alpen trotz fortdauernder Aufwölbung nicht in den Himmel wachsen

bei der Gebirgsbildung in große Tiefen sanken und unter dem Einfluß von Druck und Hitze umkristallisierten. War das Ausgangsgestein vulkanischer Natur, so sprechen wir von Orthogneisen, etwa bei den Granitgneisen im Südteil des Naturparks. Bei den Paragneisen handelt es sich um umgewandelte ursprüngliche Sedimentgesteine.

Blick durchs »Tauernfenster« auf Ureuropa

Die beschriebene Aufwölbung des überfahrenen Ureuropa hält mit derzeit 1,2 Millimeter pro Jahr weiterhin an und wird nach Berechnungen der Geologen noch weitere zwanzig Millionen Jahre fortdauern. Die Hohen Tauern würden dann eine Höhe von 25.000 Meter erreichen. Daß jedoch die Alpen dennoch nicht in den Himmel wachsen, dafür sorgt die Erosion.

Vor etwa zehn Millionen Jahren waren die afrikanischen Decken (Ostalpin) soweit abgetragen, daß darunter der Südrand von Ureuropa und die abgeschürften Reste des penninischen Ozeanbodens zu Tage traten. Die Geologen sprechen vom »Tauernfenster«, das vom Brenner bis zum Katschberg hundertsechzig Kilometer weit nach Osten reicht. Die geplante Erweiterung des Naturparks läßt uns in dieses Fenster blicken.
Der granitähnliche Zentralgneis, der von der Birnlücke nordwestlich der Ahr die Talflanke der Zillertaler Alpen aufbaut, ist dieser abgedeckte ureuropäische Kontinentalrand. Um ihn herum liegt die kalkfreie Untere Schieferhülle, die ebenfalls zu Ureuropa gerechnet wird. Deren Südgrenze bildet das Windtal nordöstlich von Kasern.

Die Obere Schieferhülle, die etwa von der Nordflanke der Durreckgruppe zum Klammljöchl verläuft, bildet hingegen den afrikanischen »Rahmen« des Tauernfensters. Sie ist reich an Kalkglimmerschiefern, Chloritschiefern und Marmor,

was sich schon in der im Verhältnis zum Urgestein weitaus größeren Vegetationsvielfalt mit den zahlreichen Kalkzeigern äußert: verwitterungsanfällige Schiefer bilden »Grasberge« mit ihren fruchtbaren Böden. Die ausgedehnten Blockfelder am Lausitzer Höhenweg kennzeichnen hingegen die »Steinberge«, die aus hartem Zentralgneis bestehen.
Verschiedenartige Schichtpakete dazwischen stammen aus Resten der umgewandelten Sedimente und Basalte des penninischen Ozeanbodens: Unter anderem sind dies Quarzit, Amphibolit, Hornblende, Kalzit, Dolomit, Kalk. Umgewandelte Jura- und Kreidesedimente, die bei der Lenkjöchlhütte und am Klammjöchl anstehen, haben wegen ihrer Verwitterungsanfälligkeit die Ausbildung solcher Senken erleichtert.

Angesichts dieser vielfältigen Mischung von Gesteinsarten und der komplizierten geologischen und tektonischen Vorgänge nimmt es nicht wunder, daß das Ahrntal zu den mineralienreichsten Gebieten Südtirols zählt, während hingegen die Rieserfernergruppe selbst im Bereich der Mineralien nur sehr wenige Glanzstücke aufweisen kann.

Gletscher und Moräne

Die Rieserfernergruppe weist unter den Südtiroler Naturparken mit etwa fünf Prozent den höchsten Anteil an Gletschern auf. Dank des ab 2400 Meter flacher werdenden Geländes sind ihre Gletscherzungen auch relativ leicht zu erreichen.
Achtzig Prozent des für alles Leben auf dem Festland unersetzlichen Süßwassers auf Erden sind in Form von Eis gespeichert. Vor allem an den Polen, doch lokal sind auch die Alpengletscher von großer Bedeutung für den Wasserhaushalt. Die Südtiroler Gletscher bedecken hundertachtzig Quadratkilometer. Sie speichern etwa 4,5 Milliarden Kubikmeter Wasser, die dem halben Jahresmittel der Niederschläge des Landes entsprechen.

In Gletscherspalten erkennen wir deutlich die »Jahresringe« der Firnschichten

Ausschlaggebend für die Gletscherbildung ist die »klimatische Schneegrenze«, oberhalb der weniger Schnee schmilzt, als im Laufe des Jahres fällt. Sie schwankt in den Alpen um die dreitausend Meter, ist stark vom Schneeniederschlag, von der mittleren Temperatur, von der Geländeexposition, der Morphologie und von den Windverhältnissen abhängig.

In Gletscherspalten erkennen wir deutlich »Jahresringe«: Die Firnschichten eines Jahres sind durch einen deutlichen Horizont voneinander getrennt - aufgrund einer dunkleren Tönung infolge von Staub und Pollenanwehungen des Sommers. Noch feinere Schichten grenzen die diversen Niederschlagsperioden eines Jahres ab.
Der Akkumulationsprozeß geht im Nährgebiet vor sich, welches auch im Sommer von Schnee bedeckt ist - meist amphitheaterförmig geformt, da hier Wind und Lawinen noch zusätzliche Schneefrachten bringen. Der frisch gefallene Schnee wandelt sich zunächst durch Zurundung der Schneekristalle zu Firn.
Durch die Schwerkraft gleitet der Gletscher langsam talwärts und gelangt somit unweigerlich unter die jahreszeitliche Schneegrenze, Firnlinie genannt. Durch wiederholtes Auftauen füllen sich die Firnzwischenräume nun mit Wasser und durch erneutes Gefrieren bildet sich sodann das Gletschereis. Wir befinden uns im Zehrgebiet des Gletschers, wo der Schnee im Sommer zur Gänze schmilzt und deshalb das blanke Eis zu Tage tritt.

Türkisfarbenes Frühlingserwachen im August: Eissee unterhalb der Bärenluegscharte.

Die Gletscherzungen
der Rieserferner sind durchwegs kurz:

Das von Lawinenabgängen
zusätzlich gespeiste Nährgebiet geht schon bald in ein
zerklüftetes Zehrgebiet über.

Die Schwerkraft und die Gleitwirkung des Schmelzwassers lassen den Gletscher zu Tal gleiten - bei uns im Durchschnitt einige Zentimeter am Tag, im Winter langsamer, im Sommer schneller. An der Gletschersohle bremst die Reibung die Fließgeschwindigkeit im Verhältnis zum oberen Teil: Es bilden sich dabei Querspalten, die beträchtliche Ausmaße annehmen können. Längsspalten hingegen entstehen, wenn sich der Eisstrom nach einer Felsenge verbreitert oder bei starker seitlicher Reibung.

Die größte Gefahrenquelle am Gletscher sind Spalten, vor allem, wenn sie im Winter durch eine nicht tragende Schneebrücke verdeckt wurden. Deshalb soll man ohne genaueste Ortskenntnis und Seilsicherung die ausgetretenen Pfade nie verlassen.
Die Reibungskräfte der Eismasse bewirken eine fortlaufende Erosion des Gletscherbettes (im Durchschnitt ein halber Millimeter pro Jahr). Das losgerissene Material wird als Grundmoräne weiter befördert und daher stark zugerundet. Reibung an härterem Gestein führt zu Riefen. Gletschergeschiebe läßt sich von Flußgeröll so leicht unterscheiden. Von den Steilhängen als Oberflächenmoräne auf das Eis gestürztes Material bleibt hingegen kantig.

Je tiefer der Gletscher ins Zehrgebiet herabströmt, desto rascher schmilzt das Eis. Die »Zunge« verliert an Schubkraft und das mitgeführte Material bleibt als

Ein Gletscher ist eine wandernde Datenbank, die über Vulkanausbrüche, aber auch Industrieabgase und Reaktorkatastrophen Auskunft gibt

Szenenwechsel:

Die mineralreichen, zu fruchtbaren Böden verwitternden Schiefer am Klammljöchl.

Grund-, Seiten- und Endmoräne liegen. Wo zwei Gletscherzungen zusammenfließen, wird aus zwei Seitenmoränen eine Mittelmoräne gebildet. Nach einem Rückzug des Gletschers verbleiben oft Seen, deren Boden von lehmigem Feinschliff abgedichtet ist - so die Malerseen oberhalb der Hochgall-Hütte.

Je nach Gletschertyp dauert es Jahrzehnte oder Jahrhunderte, an den Polen Jahrtausende, bis der Niederschlag eines Jahres am Abschmelzgebiet wieder an die Oberfläche kommt. Ein Gletscher ist daher eine wandernde Datenbank, die über Vulkanausbrüche, Rodungen, Brände, Saharastaub, Industrieabgase ebenso Auskunft gibt wie über die ab 1953 durch die Atomwaffenversuche freigesetzte radioaktive Strahlung oder die Katastrophe von Tschernobyl.

Auch die in Lawinen oder Spalten umgekommenen Tiere und Menschen wandern im Eis talwärts. 1910 fand man in einer Spalte des Rieserferners einen gut erhaltenen Bären, vermutlich jenen, den Reiner Jäger um 1890 bis zum Gletscher hinauf verfolgten. Die Spur endete an einer tiefen Spalte.

Das Kommen und Gehen der Eiszeiten

Die Gletscher sind sensible Anzeiger von Klimaschwankungen. Als es vor siebzigtausend Jahren kühler wurde, begann die letzte, längste und kälteste der sechs Eiszeiten des Quartärs. Die Schneegrenze lag in Südtirol bei etwa 1800 Meter, die mittlere Temperatur war um fünf bis sechs Grad niedriger als heute. Der Eisstrom, der das Ahrntal bis 2400 Meter, das Etschtal bis auf 2000 Meter auffüllte, drang bis an den Südrand des Gardasees vor, ungeheure Massen an Material vor sich herschiebend.

Vor etwa 10.000 Jahren war schließlich die Würmeiszeit zu Ende, zwischen 4000 bis 2000 vor Chr. folgte eine ausgesprochene Wärmeperiode, von 900 bis 300 vor Christus eine kurze Kaltzeit, wie Pollenanalysen von Moorprofilen bestätigen. Eine Wärmeperiode (von 800 bis 1200) begünstigte den alpinen Kolonisationsschub im Hochmittelalter; im Gefolge der »kleinen Eiszeit« (von 1600 bis 1850) mußten manche Höfe allerdings wieder aufgegeben werden. Seither zogen sich die Gletscher weit zurück.

Ab 1960 begannen sie wieder vorzurücken, doch ist diese Tendenz (möglicherweise infolge des Treibhauseffektes) nun einem besorgniserregenden Rückgang gewichen. Die hauchdünne Atmosphärenschicht um den Erdball ist so sensibel, daß eine Temperaturschwankung von wenigen Graden den Ausschlag gibt, ob man im Winter in Gröden noch skifahren kann oder ob in Bozen der Gletscher heranrückt. Die Entscheidung darüber liegt noch bei uns.

Flechten und Moose,
Gräser, Zwergsträucher und Zirben
besiedelten nacheinander
die vom Eis
freigegebenen Gletscherschliffe
am Hartdegenweg.

Geringste Temperaturschwankungen geben den Ausschlag, ob man im Winter noch skifahren kann oder ob in Bozen der Gletscher heranrückt

Im Defreggental nordöstlich der Rieserfernergruppe stauten sich die Eismassen damals derart, daß der Gletscher »bergauf« über Stallersattel und Klammljoch nach Süden strömte. Die auffällige Eintiefung der beiden Jöcher und Rundbuckel-Gletscherschliffe sowie Findlinge sind eindeutige Zeugen.
Die Eiszeitgletscher haben die von den Bächen V-förmig erodierten Täler wieder U-förmig gerundet. Da die Tiefenerosion der mächtigen Haupttalgletscher um ein Vielfaches stärker war als die Gletscherströme aus den nur kurzen Nebentälern, enden letztere oft hoch über der Haupttalflanke. Typische glaziale Hängetäler sind etwa das Röt- und Windtal und das Reintal selbst. Nach dem Abschmelzen der Gletscher hat die Erosionstätigkeit der Bäche an diesen Geländestufen wasserfallreiche Klammen und Schluchten ausgenagt. Eine weitere Eiszeit wird auch diese wieder zu U-Tälern umformen ...

Ausgedehnte Verebnungen in beträchtlicher Höhe sind oft Reste voreiszeitlicher quartärer Talbodensysteme.
Wenn wir etwa von der Durreckgruppe in das Bachern / Ursprungstal blicken, können wir auf etwa 2400 Metern Meereshöhe von den Verebnungen längs des Hartdegenweges zu den Kofler Almen einen voreiszeitlichen Talboden rekonstruieren. Er wurde in einer Wärmezeit zuerst von Bächen V-förmig angerissen, sodann in der darauffolgenden Eiszeit vom Gletscher bis zum heutigen Reintalboden ausgeschoben.

Mancherorts können wir übereinander gestaffelt mehrere derartige Talbodenreste beobachten. Auf ihnen herrschte einst üppiges Leben. Ursprünglich lagen sie im Tiefland und wurden erst durch den kontinuierlichen Aufstieg der Alpenmasse ins Hochgebirge gehoben.

Die Gletscher des Naturparks

Die Gletscherriesen haben die Menschen seit jeher sonderbar fasziniert. In den Sagen der Bewohner des südlichen Alpenvorlandes sind es die »gläsernen Berge«, unwirtlich himmelhoch ansteigend und in ihrer Unnahbarkeit Aufenthaltsort der »saligen Leute«, der Toten. Alpensagen erzählen mancherorts von blühenden Städten, Bergwerken oder Almen, die wegen des frevelhaften Lebenswandels der Menschen als Strafe Gottes von den Gletschern überfahren wurden. Steinalte Nörggelen erinnern sich in diesen Sagen

Naturparkpräludium mit fünffachem Tusch:
Über fünf Fälle stürzt der ungebändigte Reinbach in die enge Tobelschlucht;
Musik in den Ohren der Naturliebhaber wie auch der Kraftwerksplaner,
welche sich allerdings ein Pianissimo als Finale vorstellen.

An extremen Standorten
entscheidet oft schon der Verlust eines einzigen Blattes
über Leben oder Sterben einer Pflanze

»siebenmal Wiese und siebenmal Eis« erlebt zu haben. Sind es diffuse Erinnerungen an prähistorische Gletschervorstöße - oder gar an das Kommen und Gehen der Eiszeiten?
Der Begriff »Gletscher« (von lateinisch »glacies«) wurde in Tirol erst im 19. Jahrhundert durch die »Hearischen« verbreitet. Im Westen sprach man von »Ferner« (althochdeutsch »firni« Altschnee). Aus dem Zillertal kommend, ist die Bezeichnung »Kees« stark verbreitet (von Rätisch »Kasa« Eis).

Im Naturpark sind nennenswerte Gletscherfelder heute auf die Nordhänge beschränkt. Wegen des beschränkten Nährgebietes und des steilen Geländeverlaufs schicken sie jedoch keine kilometerlangen Eisströme zu Tal - wie etwa um den Großvenediger und Großglockner.
1873 füllte der Rieserferner (nach dem die Berggruppe benannt ist) noch das ganze weite Amphitheater zwischen dem Schneebigen Nock und dem Hochgall mit einer dicken ununterbrochenen Eiskappe aus. Doch mittlerweile ist er auf drei getrennte Eisfelder geschrumpft. Das Gelltal-Kees füllte vor hundert Jahren noch den ganzen oberen Talboden mit einem fast ebenen Plateaugletscher aus. Heute bestehen zwei getrennte Gletscherfelder in den Karen unter der Schwarzen Wand und des Fernerköpfls. Einen noch intakten Plateaugletscher erleben wir am Fleischbachkees (östlich des Rotsteins). Der Lenksteinferner bedeckte im Jahre 1880 noch 482 Hektar, heute hingegen nur mehr 130 Hektar. Auch die Ahrntaler Gletscher sind seit dem Jahre 1925 von 1850 auf nur mehr 1500 Hektar zurückgeschmolzen.
Dieser jüngste Gletscherschwund ermöglicht uns - etwa im oberen Gelltal oder oberhalb der Hochgall-Hütte - die Glazialbildungen modellhaft zu beobachten: Verschiedenartige Typen von Moränen, Findlinge, Gletscherschliffe und Gletscherseen, die beginnende Gewässererosion. Wir können im Kleinen die Prozesse beobachten, die im großen Landschaftsraum am Ende der Eiszeit vor sich gegangen sind - auch die Ansiedlung der ersten Pionierpflanzen.

Nivale Pionierpflanzen

Die zurückgelassenen Moränen bleiben nicht lange ein »Niemandsland«. Algen, Krustenflechten und Moose siedeln sich alsbald auf Steinen und feinsandigem

Gletscherschliff an. Es folgen Pionierpflanzen, die acht bis zehn Monate unter dem Schnee überleben können: die zarte Soldanelle, das zweiblütige Sandkraut, die margeritenförmige Alpen - Wucherblume, das Zwerg-Ruhrkraut.
In Schneetälchen können wir oft noch Anfang August ein verspätetes, aber um so drängenderes Frühlingserwachen beobachten. Viele Pflanzen der nivalen Stufe bereiten sich schon unter der Schneedecke auf den Austrieb vor. Austrieb - Blüte - Samenreifung. Es bleibt wenig Zeit, jeder Sonnenstrahl muß genutzt werden, denn bald schon kann mit einem Wettersturz ein zehnmonatiger Winter hereinbrechen. An extremen Standorten entscheidet oft schon der Verlust eines einzigen Blattes über Leben oder Sterben der Pflanze.

Auf dem Silikatschutt der Rieserferner finden wir oft wenige Meter neben dem Eisstrom den Alpensäuerling (einen Mini - Sauerampfer), die zotteligen Fruchtstände der kriechenden Nelkwurz, die intensiv gelbe zottige Gemswurz, die duftende Moschus-Schafgarbe, den roten Steinbrech und den Rollfarn. Die Zwergweide bildet um das Gestein ein dichtes grünes Netzwerk.
Relativ viele der nivalen Pionierpflanzen sind immergrün, um mit dem Aufbau des Blattwerks nicht allzuviel von der kurzen Sommerzeit zu verlieren. Nur in der mediterranen Macchia finden wir paradoxerweise einen ähnlich hohen Prozentsatz von immergrünen Pflanzen.

Die in den Alpen am höchsten steigende Blütenpflanze (bis 4000 Meter) ist der zarte Gletscherhahnenfuß, dessen Blätter sogar frostempfindlicher sind als die des mediterranen Ölbaums. Wer hätte das gedacht ... seine Überlebensstrategie? Er siedelt in feuchten, spät ausapernden Schneetälchen. In einer ausgesprochenen Risikozone, die nach Ausnahmewintern oder unter Lawinen mitunter gar nicht ausapert. Was dann? Der Überlebensspezialist kann drei Jahre lang ausharren und auf einen Sommer warten.

Der höchste Zirbenbestand

Am Tristennöckl oberhalb der Hochgall-Hütte steht auf 2465 Metern der höchste Zirbenbestand der Ostalpen. Zwischen den steil gestellten Schiefern können die Wurzeln tief ins Gestein dringen. Die exponierte Lage verhindert dort Schneeanwehungen, unter denen die Nadeln durch Pilzbefall absterben könnten.

Mikroskopisch kleine Bärtierchen überstehen Austrocknung und Frostnächte in todesähnlichem Erstarrungszustand

Voraussetzung für diesen Rekordstandort ist die schattige Nordlage. Wie das, wo es an der Südflanke der Rieserferner doch viel wärmer wäre? Intensive Sonnenstrahlung und die Frühjahrserwärmung im Süden würde dazu führen, daß die Nadeln ihre Wasserreserven schon zu einer Zeit »veratmen«, wo aus dem gefrorenen Boden kein Nachschub kommen kann, die Wasserleitung sozusagen noch abgefroren ist: Der Baum würde somit an Frosttrocknis eingehen.
Noch beeindruckender war dieses Naturwunder freilich vor hundert Jahren, als sich diese Zirben rund hundert Meter oberhalb des Gletschereises emporreckten, das damals noch am Fuß des Tristennöckels vorbeiströmte.

Welch ein Wunder ist es, wenn wir auf einem mitten aus dem Eis ragenden Felsgrat (nach der Eskimosprache »nunatak« genannt) blütenübersäte Pflanzenpolster vorfinden. Vor allem Insekten finden auf diesen Inseln in der Eiswüste noch einen Lebensraum: Springschwänze, Spinnen, Felsenspringer und Milben. Die mikroskopisch kleinen Bärtierchen überstehen Austrocknung und Frostnächte in todesähnlichem Erstarrungszustand, um bei Befeuchtung und erstem Sonnenstrahl in kürzester Zeit wieder in voller Aktivität zu erwachen.
Und selbst das »ewige Eis« ist belebt. »Blutschnee« wird durch die Massenvermehrung von Rotalgen hervorgerufen. In großer Anzahl tummelt sich auf dem Firn oft der Gletscherfloh, der sich von angewehten Pflanzenpartikeln ernährt und seinerseits von Spinnen gejagt wird.

Ein Gletscherskigebiet?

Wenig hätte gefehlt, und auf dem Rieserferner würden sich in ähnlichen Massen auch Menschen tummeln. Zu Beginn der Siebziger Jahre gab es nämlich heftige Diskussionen um die Installierung eines

Sommerskigebietes von der Hochgall-Hütte zum Magerstein. Für den Naturpark wäre es das Aus gewesen.
Daß es doch nicht dazu gekommen ist, verdanken wir nicht so sehr Naturschutzüberlegungen. Es kamen vielmehr selbst den Promotoren des Projektes Zweifel an der Rentabilität. Der Gletscher hat sich vor allem selbst geschützt. Wegen der Spalten in dem für den Sommerskibetrieb geeigneten Nährgebiet wären die Abfahrten zum Großteil über das Zehrgebiet gelaufen, wo in warmen Jahren jedoch bereits im Juni das Blankeis zutage tritt. Kenner der Rieserfernergruppe bezeichnen das Projekt auf Blankeis als einen »blanken Unsinn«.
Zum Glück hat es damals noch keine Schneekanonen gegeben. Seit nämlich der Mensch sich auch den Schnee selbst fabrizieren kann, wanken selbst die klimatischen Schutzdämme der Natur. Diese Schutzfunktion hat inzwischen der Naturpark übernommen, der damals von Naturschützern als »sanfte« Alternative zu dem zerstörenden Sommerskirummel vorgeschlagen wurde.

Lebendige Bäche ...

Doch noch fünf Jahre, von 1983 bis 1988, dauerte das Unterschutzstellungsverfahren des Naturparks. Schuld an dieser Verzögerung war nicht das Gletscherskiprojekt (das zu jenem Zeitpunkt bereits »gestorben« war), sondern der einzigartige Wasserreichtum der Berggruppe. Milchig weiß gurgelt das Wasser aus den Gletschertoren, rauscht sodann über die plattigen Gletscherschliffe und tost über Wasserfälle zu Tal.
Die Gletscherbäche sind durch eine ausgeprägte Tagesdynamik gekennzeichnet: Am Morgen führen sie wenig Wasser, gegen Abend umso mehr. Dies sollte man auch bei Touren im Gletschervorfeld berücksichtigen. Gletscherbäche, die man am Morgen mühelos überschritten hat,

Die Reinbachfälle eröffnen mit einem
tosenden Präludium die gewaltige Landschaftssymphonie
der Rieserfernergruppe

sind am Abend oftmals nur mit nassen Füßen passierbar.
Die Reinbachfälle in der Tobel-Schlucht am Eingang des Reintales eröffnen mit einem tosenden Präludium die gewaltige Landschaftssymphonie der Rieserfernergruppe. Es gibt in Südtirol kaum Vergleichbares.
Im eigenen Binnenklima der Wasserfallschluchten entwickelt sich eine spezielle Sprühzonenvegetation. Gut zugänglich ist auch der Pojer Wasserfall, der hinter der Klamme nördlich von Sand sechsundsiebzig Meter tief der Ahr zustürzt. Der sechzig Meter hohe wasserreiche Rötbachfall beeindruckt schon beim Anblick von Kasern aus.

Oder Stauseen und Wasserkraftwerke?

Wasserreichtum begeistert nicht nur den Wanderer, sondern auch die Herren der Elektrizitätswirtschaft - doch auf andere Weise. Die staatliche Energiekörperschaft Enel legte ein Projekt vor, das ursprünglich den ganzen Reiner Talboden bis unterhalb der Kirche zu einem Stausee umfunktioniert hätte.
Es klingt wie Ironie: Wenige Jahre nachdem der Mensch mit der Entsumpfung des Reiner Bodens die letzten Spuren des nach der Eiszeit durch die Endmoräne des Gelltalgletschers gebildeten Reiner Sees getilgt hatte, will der Mensch ihn

Nach tropfendem Staccato im Gletschertor, zunehmendem Andante im trüben Gletschersee, vereint sich das spritzige Alegretto Hunderter Bergbäche zum tosenden Fortissimo der Reinbachfälle.

nun durch einen Betondamm größer und höher als je zuvor wiedererrichten. Da ein Jahresspeicher über Monate fast leer ist, kann man sich die Folge für das Reiner Talschlußpanorama ausmalen.
Aufgrund der heftigen Proteste wurde in einem modifizierten Projekt unter Beibehaltung der geplanten Ableitungen auf den Jahresspeicher verzichtet. Beginnend mit der Ableitung der Ahr bei Kasern sollen am linksseitigen Ahrntal sowie oberhalb von Sand und Uttenheim insgesamt 19 Bäche in Stollen nach Rein geleitet werden, wo ein Tagesspeicher für 120.000 Kubikmeter geplant ist.
Das Einzugsgebiet des Speichers beträgt damit 206 Quadratkilometer, zehn davon sind mit Gletschern bedeckt. Bei einer Fallhöhe von 675 Metern soll das Wasser im Kavernenkraftwerk bei Kematen abgearbeitet werden und eine Leistung von 356 Millionen Kilowattstunden im Jahr erbringen.

Das Enelprojekt ist bei der gesamten einheimischen Bevölkerung und auch bei Feriengästen auf einhellige Ablehnung gestoßen. Als Alternative zu dem Großkraftwerk plant die Gemeinde Sand, im Reintal zwei kleinere Werke mit einer Jahresleistung von 165 Millionen Kilowattstunden zu bauen; weitere Kraftwerke wären sodann am Ahrnbach geplant. Die geplanten Ableitungen würden weite

Da die Naturparkidee nun beginnt, politische Grenzen zu überspringen, darf nicht durch Ausbeutung eine neue Grenze entstehen

Der Malersee am Fuße des Schneebigen Nock macht seinem Namen alle Ehre. Im Hintergrund jenseits des Reintales die massige Durreckgruppe.

Strecken im Unterlauf des Rein- und Ahrntales zu Restwassergerinnen degradieren.
Schäumende, ungestüme Gletscherbäche mit ihren Kaskaden sind sozusagen das Gütesiegel der noch intakten Natur- und Landschaftsqualitäten des Rein- und des Ahrntales. Dies muß ungeteilt erhalten werden, will man die wachsende Gästeschicht gewinnen, die auf Umweltbeeinträchtigungen sensibel reagiert.
Jede Wasserableitung dezimiert im Restwassergerinne die für die Selbstreinigung ausschlaggebende Mikrofauna um bis zu neunzig Prozent, nimmt dem Wasser die jahres- und tageszeitliche Dynamik, verändert zudem die Geschiebefracht und beeinflußt das hydrogeologische Gleichgewicht des Tales.

Da auch die Gemeinden auf einer künftigen Nutzung des Reinbaches bestanden, ließ die Landesregierung ein Expertengutachten über mögliche Auswirkungen auf die Landschaft und Umwelt erstellen. Darin wird davor gewarnt, daß die geplante Nutzung der Wasserkraft (wie auch »harte« Tourismusinfrastrukturen) neben ihren ökologischen Folgen die Integralität intakter Landschaftseinheiten in Frage stellt und dadurch mit künftigen Wertschöpfungseinbußen für den qualitativen Naturtourismus gerechnet werden muß.

Eine in Aussicht gestellte höhere Wasserdotation der Reinbachfälle während der touristischen Besuchszeiten sei aus ökologischer Sicht klar abzulehnen. Eine solche »Knopfdrucklösung« würde das imposante Naturschauspiel mit seinem besonderen Mikroklima zu einer Disneyland-Attraktion degradieren. Und nun, da die Naturparkidee sich anschickt, politische Grenzen zu überspringen, dürfen nicht durch Ableitung und Ausbeutung dieser Lebensadern neue künstliche Grenzen gezogen werden.

Die von weiten Kreisen der Bevölkerung auch aus diesem Grunde befürwortete Erweiterung des Naturparks ins Ahrntal und dessen Integration ins Nationalparkkonzept der Hohen Tauern bietet die Chance, großräumige intakte Landschaften in einer europäischen Dimension gegenüber den sektoriellen »harten« Nutzungsansprüchen neu zu bewerten: Als unersetzliche Biotope für Pflanzen und Tiere und als notwendiges »Psychotop« für die seelische und physische Regeneration des Menschen.

Blütenwunder
am Rande des Eises:

der zarte Gletscherhahnenfuß steigt bis auf eine Höhe
von 4000 Metern hinan.

Informationen zum Naturpark Rieserfernergruppe (Nachtrag)

Gesamtfläche des Parks: 20.581 ha (gegründet 1988)

Die Gemeinden des Naturparks Rieserfernergruppe

Sand in Taufers (Verkehrsamt: Telefon 0474/678076)
4.504 Einwohner. Fläche 16.447 ha. Anteil am Park 12.153 ha

Gais (Verkehrsamt: Telefon 0474/504220)
2.602 Einwohner. Fläche 6.034 ha. Anteil 2.507 ha

Percha (Verkehrsamt: Telefon 0474/41155)
1.204 Einwohner. Fläche 3.028 ha. Anteil am Naturpark 1.411 ha

Rasen-Antholz (Verkehrsamt: Telefon 0474/46269)
2.547 Einwohner. Fläche 12.092 ha. Anteil am Park 4.510 ha

Literaturhinweise zum Naturpark Rieserfernergruppe

Beikircher, W. - Hellweger, K.:
Alpinführer Tauferer-Ahrntal, Bozen, 1987

Diverse Autoren:
Antholzer Tal (Gebietsführer 1), Bozen, 1972

Diverse Autoren:
Tauferer-Ahrntal (Gebietsführer 8), Bozen, 1976

Harrasser, Josef:
Das Moorbiotop Rasen, Assessorat für Umweltschutz, 1980

Hutter, Clemens:
Nationalpark Hohe Tauern, Elsbethen, 1986

Landespressebüro Salzburg:
Nationalpark-Report, Salzburg, 1989

Mair-Willeit-Passler:
Olang und Percha (Gebietsführer 40), Bozen, 1985

Valentini, Paolo:
Der Gletscher, Assessorat für Umweltschutz, 1981

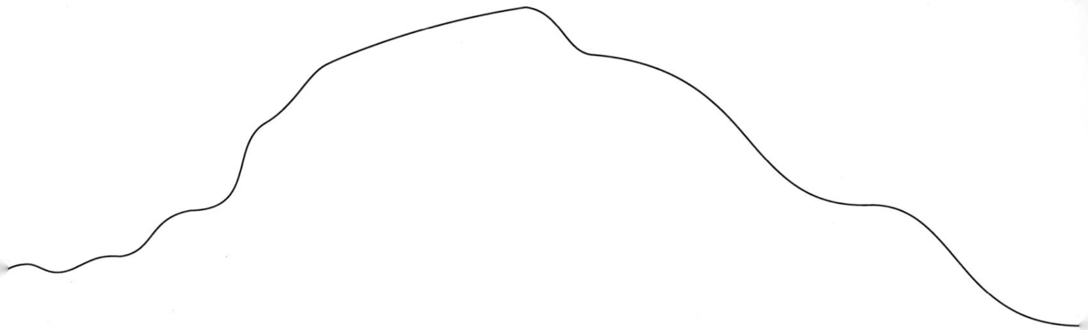

Naturpark Trudner Horn

Naturpark

Trudner Horn

Eine sichtbare und eine verborgene Zeit

Innensicht eines Naturparks
für Naturfreunde:
Stilles Hochmoor im Wald. Langes Moos ober Altrei.

Gräben »darinnen von allerley visch
als karpfen, hechten, schleichen, ale, alten, klaine visch, vil krebs,
scharlen, frösch, schiltkroten, pfrillen

(M.S. von Wolkenstein)

Der Naturpark Trudner Horn umfaßt das östliche Randgebirge des Etschtales im Südtiroler Unterland. Der waldreiche Gebirgszug hat klare Grenzen: im Westen die platte Etschebene , im Südosten das vom Avisio schluchtartig erodierte Cembratal und im Norden die Ausläufer des Fleimstales.

Von der Natur zur Monokultur

Im Etschtal reichen die Obstmonokulturen von einem Hangfuß zum anderen, dazwischen verlaufen die internationalen Verkehrsstränge von Brennerstraße, Brennereisenbahn und Autobahn. Das war nicht immer so.

Undurchdringliche Auwälder, seerosenüberwucherte Altwasser und mannshohe Schilfriede, Feuchtwiesen und ölige Sumpfgewässer, denen Miriaden malariaverseuchter Mücken entschwirrten - waren ein unberührter Garten Eden für Wasservögel und Kleintiere. In den Tümpeln suhlten sich Wildschweine, im Winter stiegen aus den Bergen Hirsche herab auf der Suche nach Äsung und Wölfe auf der Suche nach Beute.

Marx Sittich von Wolkenstein berichtet um 1600 in seiner Landesbeschreibung begeistert über Gräben »darinnen von

In den Obstmonokulturen der Etschebene: Die Naturoase am Großloch-Weiher bei Neumarkt.

Das Naturmonument der Madrutwand, aufsteigend aus kargen Buschwaldhängen.

allerley visch als karpfen zu 15 und 20 pfunten, grosse hechten, schleichen zu 9 und 10 pfunten, ale, alten, klaine visch, vil krebs, scharlen, frösch, schiltkroten, pfrillen und andere.«
Gräben gibt es heute zweifellos mehr als zu Wolkensteins Zeiten. Sie sind jedoch nicht nur geradliniger geworden, sondern infolge der Abwasserbelastung, des Dünger- und Pestizideintrages auch unbelebter. Dabei zogen noch in den Nachkriegsjahren die Kleinhäusler am Donnerstag regelmäßig zum »Grogglfangen« auf die Möser, um sich eine delikate Fastenspeise zu beschaffen.
Graben- und Straßenböschungen stellen in der intensiven Kulturlandschaft heute für Hunderte von verschiedenen Schmetterlingsraupen und Insektenlarven die letzte ökologische Nische dar. Da ihr Entwicklungszyklus oft erst im Spätsommer abgeschlossen ist, zerstört zu frühes Böschungsmulchen deren Lebensgrundlage und macht oft auch den Bruterfolg der Sumpfvögel zunichte. Aus diesem Blickwinkel muß der durch Generationen hindurch gelästerte sprichwörtlich faule Wegmacher heute als ein Freund der Ökologie rehabilitiert werden.

Weide, Wald und Wasser, stellenweise Wiesen und etwas Ackerland wurden in der Talsohle einst vom Menschen extensiv genutzt. Im Gefolge der definitiven

Naturlandschaft wurde zur Kulturlandschaft und heute zur Kunstlandschaft

Etschverbauung expandieren der Anbau von Mais, Wein und Obst. Die heutige Obstmonokultur hat sich erst nach dem Zweiten Weltkrieg ausgebildet; gleichzeitig verschwanden auch die letzten Auen der Etsch.

Über Jahrtausende verstand man unter Kultur und Zivilisation Entsumpfung, Rodung, Bebauung - kurzum ein Zurückdrängen der Natur. Aus Naturlandschaft wurde zunächst Kulturlandschaft, in unserer Generation sodann weitgehend eine Kunstlandschaft, die nur mit hohem Maschinen-, Energie- und Chemieeinsatz stabilisiert werden kann. Je mehr sich zu den Errungenschaften der Zivilisation auch Zivilisationsschäden gesellten, desto rascher wandelte sich der Begriff der Landeskultur. Die Erhaltung der restlichen Natur ist der wahre Kulturauftrag unserer Zeit. Ein Mosaikstein in diesen Bestrebungen ist die Ausweisung von Naturparken.

Die Talgemeinden Salurn, Neumarkt, Montan

Der Landschaftsbau der Etschtalflanke ist klar gegliedert: In der Ebene die Obstkulturen, auf Schwemmkegeln und tieferen Hangterrassen Weinbau. Darüber Wald und kleine Grünland-Rodungsinseln. Salurn und Neumarkt liegen auf flachen Schwemmkegeln des Titschen- bzw. des

Trudner Baches und verdanken ihre Entwicklung dem mittelalterlichen Brennerverkehr zu Wasser und zu Lande, der Pferdehalter, Roßknechte und Frächter, Flößer, Wirte, Notare, Handwerker und Händler nährte. Vom einstigen Wohlstand in Salurn zeugen heute zahlreiche Renaissance- und Barock-Palazzi mit erlesenen Torbögen, Wappen, gekuppelten Fenstern und ovalen Okuli. Herbe Gotik prägt den Zinnenturm. In klassischer Renaissance strahlt die im Jahre 1640 fertiggestellte Pfarrkirche. Leicht und verspielt wirkt die barocke Friedhofskirche unter der Ruinenmaske der Haderburg, die den Brennerverkehr an der Salurner Klause überwachte.

Musterbeispiele gelungener Siedlungsarchitektur sind einige Salurner Plätze, deren Straßen so geschickt versetzt sind, daß die Geschlossenheit des Raumes dominiert. Bevor Asphalt und Autos sie in Beschlag nahmen, spielte sich hier um die Dorfbrunnen wie in einem offenen Salon das Volksleben ab.

Zwischen Weinbergen, Obstwiesen und Kastanienhainen liegt auf einer Hang-

Naturparkerlebnis auf den ersten Blick: Buchenmischwald im Herbst.

Naturparkerlebnis auf den zweiten Blick: fruchtender Weißdorn.

Beschauliche Wanderungen über sanfte Höhenrücken voller Liebreiz und Einsamkeit

Von Planierraupen
verschont - von Schmetterlingsraupen
(und Singvögeln) bewohnt:

abwechslungsreiche Heckenlandschaft
bei Truden.

terrasse die Streusiedlung von Buchholz, hoch darüber schon ganz vom Naturpark umschlossen die uralte Sommerfrische von Gfrill.

An der Brennerstraße nördlich von Laag (der Name erinnert an einen einst ausgedehnten See = lat. lacus, dessen einziges Relikt heute das Biotop Adlermösl ist) im Buschwald beim Elektrowerk versteckt, das mittelalterliche Straßenhospiz »Klösterle« von St. Florian.

Neumarkt, heute der Hauptort des Unterlandes, war einst der wichtigste Handelsplatz. Durch Jahrhunderte rumpelte hier der Deutschland - Italien - Verkehr hindurch, waren die Lauben vor Sommerhitze und Regen geschützte Freiluftwerkstätten, Kaufläden und Schänken, blickten die Neumarkter von ihren Erkern auf Kaiser, Kaufleute, Landsknechte und Landstreicher. Schmal und sehr lang sind die Laubenhäuser, oft mit einem gedeckten Atrium zwischen Wohnhaus und Wirtschaftsgebäude: der Neumarkter Saalbau. Die Eröffnung der Eisenbahn (1859) hatte eine große Arbeitslosigkeit zur Folge, womit sich auch der Meliorierungsdruck auf die Talauen steigerte.

Im Vorort Vill, dessen Kirche zu den schönsten spätgotischen Bauten Tirols zählt, lag einst die römische Raststation Endidae an der Reichsstraße Via Claudia Augusta. Die liebliche Hangterrasse von Mazon wird gern als »Blauburgunderhimmel« gerühmt.

Einst vom Gletscher überfahren,
dann Angelpunkt der Zivilisation, heute ein ungestörtes Biotop für submediterrane Tiere und Pflanzen:

Castelfeder, das Arkadien Tirols.

Gänzlich auf einer Mittelgebirgsterrasse liegt das Siedlungsgebiet von Montan (beherrscht vom Schloß Enn) und den Weilern Glen und Pinzon (mit einem kunstvollen spätgotischen Schnitzaltar). Bereits im Schatten des Trudner Horns findet sich die waldreiche Sommerfrische Gschnon.

Draußen am Rand der Etschebene der Hügel von Castelfeder: kahle, von den Gletschern der Eiszeit abgeschliffene Porphyrkuppen, dazwischen lauschige Mulden, Steppenrasen, weidendes Vieh, wucherndes Strauchwerk, morastige Tümpel, uralte Eichen und auf Schritt und Tritt eine unglaubliche Lebensvielfalt, wie sie nur der mediterranen Natur eigen ist. Auf der Kuppe wachen noch die Mauerreste aus den Epochen der Byzantiner, der Langobarden und des Mittelalters. Mittlerweile hat sich die Zivilisation vollends zurückgezogen, als geschütztes Biotop ist Castelfeder ein Reich der Natur.

Vor fast 300 Millionen Jahren schossen aus der zerborstenen Erdkruste ungeheure Glutwolken und glühende Gesteinsschmelze

Die Berggemeinden Truden und Altrei

In Truden und Altrei - rund tausend Meter oberhalb der Etschebene gelegen - befinden wir uns bereits inmitten des Naturparkgebietes. Die Nähe zum romanisch besiedelten Fleims- und Cembratal spiegelt sich in der Siedlungsstruktur und Kulturlandschaft wieder.
In den romantisch verschachtelten Ortskernen scheint manchmal die Zeit stehengeblieben zu sein: Brennholzstapel vor den Hütten, ein paar Kühe in düsteren Stallgewölben, Misthaufen, auf denen die Hühner scharren, altes Bauerngerät noch im Gebrauch, bunte Blumenwiesen und Hecken am Dorfrand. Das Stickstoff- und Produktionsdiktat der Europäischen Gemeinschaft scheint hier fast ohne Spuren vorübergegangen zu sein. Da hier das romanische Realteilungsrecht galt, dominieren nun Kleinparzellen und Nebenerwerbsbetriebe, die die Mindestgröße für Subventionen und Technisierungen nicht erreichen.

Altrei und Truden (mit den Fraktionen Kaltenbrunn und San Lugano) werden seit Jahrhunderten von den hitzegeplagten Talbewohnern als Sommerfrischen aufgesucht.
Auch die Tourismusentwicklung der Gegenwart verlief »sanft«. Nirgendwo im Unterland übersteigt die Gästezahl jene der Ortsansässigen. Dicht am Rande des wirtschaftsdurchpulsten Etschtales finden wir hier zwar keine überwältigenden Felsszenarien und Berggipfel vor, jedoch sanfte Höhenrücken voller Liebreiz und Einsamkeit, die - vom Massentourismus und Ausflugsrummel verschont - noch ein Paradies für beschauliche Wanderungen darstellen.

Zweigesichtiger Gesteinsaufbau

Das Naturparkgebiet ist aus zwei gegensätzlichen Gesteinsarten aufgebaut: an der Etschtalflanke aus hellem Kalk und Dolomit (Cislon, Königswiese, Madrut, Geier), im Zentrum und im Osten aus bräunlich-rotem Quarzporphyr, welcher im Hornspitz (1817 m) gipfelt.

Vor fast 300 Millionen Jahren schossen aus der zerborstenen Erdkruste ungeheure Glutwolken und glühende Gesteinsschmelze, die sich dann zum Bozner Quarzporphyr verfestigten, der mit 6000 Quadratkilometern das größte Vulkanitvorkommen der Alpen darstellt und bis weit ins Trentino hinunter ansteht. Im Bozner Etschtal sinkt er südlich von Castelfeder unter die Talsohle ab. Der meist braunrote Quarzporphyr setzt sich vor allem aus gekörntem Feldspat, Quarz und Glimmer zusammen und kann über 2000 Meter Mächtigkeit erlangen.

Wegen seiner Dauerhaftigkeit und seiner Spalteigenschaften ist er als Werkstein für Pflasterwürfel, Platten und Mauersteine sehr geschätzt. In Truden und Altrei stehen aus mächtigen Monolithen gehauene Porphyrtröge. Die Flanken des Etschtals und des Cembratals sind mit Steinbruchnarben übersät. Der Porphyr verwittert hier zu sauren, kargen und humusarmen Böden, die besonders anfällig gegen Trockenheit sind.

Bei Cislon und Königswiese, Madrut und Geier treffen wir die klassische Gesteinsfolge der Dolomiten an. Der dem Porphyr aufliegende Grödner Sandstein - Relikt eines wüstenhaften Klimas - wird vom Trudner Bach in der Schlucht hinter Neumarkt angeschnitten.
Schon vor über hundert Jahren wurden hier versteinerte und verkohlte Reste von Landpflanzen entdeckt, die unter dem Namen »Neumarkter Flora« in die Fachliteratur eingegangen sind. Es sind dies fossile Bruchstücke von Zweigen, Blättern und Zapfen verschiedener primitiver Nadel-, Farn- und Schachtelhalmbäume, die in Buchten zusammengeschwemmt und vom Schlick begraben wurden.

In den seichten Lagunen des vorrückenden Urmeeres wurden die vielgestaltigen Bellerophon- und Werfener Schichten abgelagert. Es mischen sich die Meeresablagerungen mit den Einschwemmungen vom Festland; auch Ebbe und Flut sowie Meeresorganismen haben ihre fossilen Spuren hinterlassen. In Trockenperioden kristallisierte Gips aus, der oberhalb von San Lugano auch abgebaut wurde. Deren leichte Verwitterbarkeit läßt diese vom Trudner Bach angeschnittenen Schichten deutlich als Landschaftsterrassen erkennen (Montan, Pinzon, Buchholz, Glen, Mazon). Dank des wechselnden Sand-, Kalk- und Tongehaltes bilden sie fruchtbare lehmige Böden.
Oberhalb von Neumarkt ist der Untere Muschelkalk wahrzunehmen. Als durchgehende Felsstufe zieht er von der »Kanzel« ober Gstoag quer durch das Gehänge der Königswiese bis zur Elektrozentrale von St. Florian herab. Der Verlauf macht auch die Schräglagerung der Gesteinsschichten deutlich.

Darüber wurden die hier bis zu 1500 Meter mächtigen Dolomitkalke abgelagert. Sarl- und Schlerndolomit erreichen die Plateaus des Cislon und Geier. Die Gipfelregionen der Königswiese und der Madrut werden hingegen von Hauptdolomit aufgebaut. Mit der 300 Meter hohen senkrechten Madrutwand bildet er die imposanteste Felsformation des Naturparkgebietes. Dazwischen verlaufen die tonhaltigen Raibler Schichten, unter deren schützender Decke sich oft eine durchgehende Felsbank ausgebildet hat, der etwa hoch über dem Aaltal der Banklsteig folgt. Quellen unterstreichen ihre Bedeutung als Quellhorizont.

Der zweigesichtige Gesteinsaufbau des Naturparks ist auf die Trudner Bruchlinie zurückzuführen, die in einer Länge von 27,5 Kilometern von Faedo im Süden über den Saúc-Sattel, Buchholz, Gfrill, Truden und Kaltenbrunn bis zum Jochgrimm

Längs der Trudner Bruchlinie
wurde ein ganzer Gebirgszug 2000 Meter hoch emporgestemmt

Der zweigesichtige Aufbau des Naturparkgebiets:
links mit kargem Föhrenbestand die schroffen, hellen Dolomitwände des Cislon;
jenseits des Trudnerbaches die abgerundeten
Porphyrrücken, von dichten Tannen-Fichten-Wäldern bedeckt.

(zwischen Schwarz- und Weißhorn) verläuft. Die ganze Gebirgsscholle im Süd-Osten wurde bei der Alpenfaltung 2000 Meter hoch emporgestemmt. Daher ragt heute der im Etschtal (bei Castelfeder) an der Basis der Sedimentationsgesteine liegende Porphyr hier höher als der Dolomit empor.

Auf diesen Porphyrhochflächen wurden die jüngeren Ablagerungen im Laufe der Jahrmillionen abgetragen (mit Ausnahme eines kleinen Vorkommens von Sandstein, Bellerophon- und Werfener Schichten im Quellgebiet des Trudner Baches).

Vom Gletscher überfahren

Die Gletscher der Eiszeit bedeckten das Naturparkgebiet vollständig. Speziell die Porphyrhochflächen wurden kuppenförmig zugerundet. Auf Verebnungen und in Mulden blieb beim Gletscherrückgang sandig-lehmiges Moränenmaterial mit Findlingen zurück. Ausgedehntere Moränendecken finden sich bei Buchholz, Gfrill - Weißensee, Altrei, Gampen - Bergwiesen, Truden, Cislon.
Mit dem Abschmelzen des Gletschers nahm auch der Stützdruck auf übersteilte Bergflanken ab, es bildeten sich tiefe Randspalten (wie etwa die »Schlundlöcher« bei Gstoag und der Kanzel), und riesige Felspartien stürzten ab.
Die größte Bergsturzhalde erstreckt sich

Bis zu 1500 Sekundenliter
ergossen sich als »Wunderbach von Sankt Florian«
aus dem angebohrten Kluftsystem

vom Fuße der Madrutwand bis nach Laag hinunter. Die in mittelalterlichen Urkunden anzutreffende Bezeichnung »Mons ruptu - Prochenberg« und die geringe Bodenbildung lassen vermuten, daß noch in historischer Zeit größere Felsstürze erfolgten.

Gegensätzlicher Wasserhaushalt

Gegensätzlich wie der Untergrund des Gesteins ist auch der Wasserhaushalt des Naturparkgebietes. Die vom Moränenschutt abgedichteten Porphyrhöhen weisen eine reiche Wasserführung mit zahlreichen Feuchtgebieten und Mooren auf.

Die Verkarstungsneigung des Dolomites hingegen hat durch die Ausbildung eines weitverzweigten Spalten- und Kluftsystems zu einer vorwiegend unterirdischen Entwässerung geführt. Die kleineren Sturzbäche führen nur periodisch Wasser, oft zeugen nur mehr trockene Schluchten von in den Untergrund verschwundenen Gewässern. Die Hauptbäche beziehen ihr Wasser vor allem aus dem Porphyrgebiet.
Beim Vortrieb des 9,5 Kilometer langen Stollens vom Stramentizzo-Stausee nach St. Florian bohrte man im Jahre 1953 im

Inneren der Königswiese ein wassergefülltes Kluftsystem an. Bis zu 1500 Sekundenliter ergossen sich als »Wunderbach von St. Florian« aus dem Stollenfenster. Die Erosionsrinne ist noch heute oberhalb des E-Werkes deutlich erkennbar. Doch sind um Gfrill seither zahlreiche Quellen trockengefallen.

Lebensraum Buschwald

Ein wichtiges Kriterium bei der Erstellung des Landesnaturparkprogrammes war, daß dieses sämtliche für Südtirol typische Naturlandschaften erfassen soll. Der Naturpark Trudner Horn beherbergt als einziger den Lebensraum des submediterranen Buschwaldes, der an der Etschtalflanke bis gegen tausend Meter, mit einzelnen Vertretern gar 1400 Meter hoch klettert.
Buschwälder bilden in den Mittelmeerländern die untersten Waldgesellschaften. Auf die immergrüne Macchia folgt der sommergrüne Flaumeichen-Hopfenbuchen-Buschwald, der in Südtirol sein nördlichstes Verbreitungsgebiet erreicht. Es deckt sich im wesentlichen mit dem milden insubrischen Klimatyp, der mit Jahresdurchschnittstemperaturen bis zu zwölf Grad Celsius die Etschbucht bis Meran beeinflußt.
Die Flaumeiche bevorzugt heiße südexponierte Steilhänge. Die im Jugendstadium an der Unterseite behaarten Blätter

Die feinherben Früchte
der Kornelkirsche
leuchten aus dem spätsommerlichen
Buschwald.

Im Hochstaudendschungel
der Schluchtwälder grünen üppige Farne.

Den höchsten Anspruch an Wärme
haben die Terpentinpistazie und der immergrüne Mäusedorn

bleiben auch den Winter über als abgestorbenes Laub an den Zweigen. Die Hopfenbuche, im Unterland »Steinbuche« genannt, ist an ihren hopfenartigen Fruchtkörpern unschwer zu erkennen. Sie liebt etwas luftfeuchtere gemäßigtere Lagen und ist in den Buschwäldern des Naturparks vorherrschend. Die Mannaesche wird wegen ihrer dichten weißen Blütenwedel, die im Mai allenthalben aus dem Buschwald leuchten, auch Blumenesche genannt.

Während der »Staudenwald« oberflächlichen Zeitgenossen langweilig erscheint, begeistert den Naturfreund seine Lebensvielfalt, die zahlreichen hier vorkommenden wärmeliebenden Pflanzen und Tiere und die das ganze Jahr über nie abreißende Vitalität.
Noch im Spätwinter öffnen sich an den kahlen Zweigen die gelben Blüten der Kornelkirsche, die im Spätsommer rote, feinherbe Früchte trägt. Tief in Gesteinsspalten dringen die Wurzeln des Zürgelbaumes, worauf auch die italienische Bezeichnung »spaccasassi« hinweist. Das gelb-bräunliche Fruchtfleisch der kirschförmigen »Zurgelen« schmeckt mehligsüß. Ende April leuchten die weißen Blütendolden der Steinweichsel, deren dunkelrote bittere Vogelkerschen schon im Juli reifen.

Der Perückenstrauch, der seinen Namen den haarigen Fruchtständen verdankt, leuchtet nach den ersten kühlen Herbstnächten in grellen Farben von den Fels-

Vanilleduft in Waldlichtungen:
die zarte
Stendelwurz-Orchidee.

hängen. Noch im vorigen Jahrhundert wurde das »Rauschlaub« als Färb- und Gerbmittel fleißig geerntet.

Den höchsten Anspruch an Wärme haben die Terpentinpistazie und der immergrüne Mäusedorn. Die eschenähnlichen Fiederblätter der Pistazie sind beim Zerreiben leicht am scharfen Terpentingeruch erkennbar. Optimal an das extreme Klima seines Lebensraumes angepaßt ist der Mäusedorn: seine Blüten bzw. seine roten Fruchtbeeren stehen mitten auf den stechendsteifen »Blättern«, die in Wirklichkeit jedoch nur blattartig verbreitete Kurztriebe sind.
Mannigfaltig vertreten sind lichtliebende Sträucher wie Kronwicke, Liguster, Berberitze, Elsbeere, Blasenstrauch, Pfaffenhütchen, Wacholder, Feldulme und Fels-Kreuzdorn, um nur die wichtigsten zu nennen. Die Felsenbirne trägt im Herbst dunkelblaue mehlige Beerenfrüchte.

Im Unterwuchs der submediterranen Vegetationsstufe sind Schmetterlingsblütler, Liliengewächse, Orchideen und Lippenblütler besonders zahlreich vertreten. An der Grenze zwischen Wald und Weinbergen treffen wir Traubenhyazinthen, den Milchstern, die Osterluzei, die Rote Spornblume und die Schmerwurz, lianenartig, mit leuchtend roten Beeren. Der Purpurblaue Steinsame blüht - wie schon der Name andeutet - rot auf und verfärbt sich später blau.
Von den verschiedenen Orchideen kommen das Schwertblättrige, Weiße und

Rote Waldvögelein auch in den Buchenwäldern vor. Eine Seltenheit ist der violette Dingel, eine Orchidee, die mangels grüner Blätter nicht selbst assimiliert, sondern - ähnlich wie Pilze - als Saprophyt von Moder zehrt.
Das Schmuckstück der blumenreichen Trockenrasen ist der einen ätherischen Limonenduft verbreitende Diptam.
Die Ausbildung des im allgemeinen acht bis zwölf Meter hohen Buschwaldes ist auf die kargen Bodenverhältnisse und auf die Sommertrockenheit zurückzuführen. Häufig ist der Buschwald jedoch auch das Resultat der jahrhundertelangen Niederwaldbewirtschaftung. Etwa alle fünfzehn Jahre erfolgte dabei ein Kahlschlag. Der reiche Stockausschlag der Buschwaldgehölze sorgte für die rasche Wiederbegrünung, so daß diese Nutzungsform den maximalen Brennholzertrag ermöglichte.
Der häufige Flurname »Gaisberg« dokumentiert, daß oftmals auch noch die Ziegen der Kleinhäusler sich am Buschwald satt gefressen haben.
Seit Jahrzehnten ist nun die Buschwaldschlägerung eingestellt - nicht etwa aus Naturschutzmotiven, sondern wegen der nicht mehr kostendeckenden Brennholzpreise. Die ausgedehnten Hänge bieten sich deshalb als Totalreservate zum Studium der langsamen Rückentwicklung in den Urzustand geradezu an.

Exotische Gäste

Am Rande von Straßen und Kulturflächen haben sich im Laufe der Zeit auch einige Exoten eingebürgert. Die Edelkastanie wurde schon von den Römern ins Land gebracht. Als kalkmeidende Art ist sie auf Sandsteinböden und glaziale Sedimente um Buchholz, Mazon und Montan beschränkt. In Felsspalten und auf Ruinenmauern treffen wir hingegen den Feigenbaum verwildert an.
In Amerika beheimatet ist die Robinie. Die dauerhaften »Kazien« und »Kösten« waren früher als Pergelsäulen kaum zu entbehren.

Erst im 19. Jahrhundert hat sich der dekorative Götterbaum mit seinen langen Fiederblättern ausgebreitet, besser jedoch unter dem prosaischen Namen »Stinkbaum« bekannt.

Seit wenigen Jahrzehnten ist hingegen eine weitere Einbürgerung im Gange: vereinzelt leuchten aus Hopfenbuchenbeständen die blauen Blütenglocken der Paulownia, deren Samen von Vögeln aus Parkanlagen verbreitet werden.

Die submediterrane Tierwelt

Geradezu das Symboltier der Trockenrasen und Buschwälder ist die fast vierzig Zentimeter lange harmlose Smaragdeidechse. Besonders zur Paarungszeit bieten die leuchtend grünen »Groanzen« mit ihren türkisblau schillernden Kehlen einen prächtigen Anblick. In der Wärme der Trockenmauern sonnt sich die kleinere Mauereidechse.

An heißen Sommertagen gellt aus dem Buschwald das durchdringende Zirpen der Singzikade, deren Larven jahrelang im Boden leben. Nur etliche Wochen Lebensdauer sind den »Zigol«-Männchen beschieden, um so faszinierender ist ihre Sangeslust.
Ihre stets fangbereiten Vorderbeine wie in Gebetsstellung vor sich haltend, lauert die schlanke, grüne Gottesanbeterin regungslos auf Insektenbeute im Gezweig. Das »Maringgele« hat sein Männchen »zum Fressen gern«: sobald jenes seine Begattungspflicht vollbracht hat, wird es von der »Angebeteten« meist bei lebendigem Leibe verzehrt. Im Herbst gehen auch die Weibchen ein, sodaß es kein lebendes Exemplar mehr gibt - bis im Mai aus den abgelegten Eiern wieder Jungtiere schlüpfen. Ein eindrucksvolles Beispiel für das Vertrauen in das Leben.

Tausende von verschiedenen Arten an Heuschrecken, Käfern, Schmetterlingen, Wespen, Grillen, anderen Insekten beleben Trockenrasen, Flaumeichenbusch- und die Buchenmischwälder. Viele Arten

Aus dem Gehölz ertönen die lyrischen Kadenzen der Nachtigall

sind auf wenige Wirtspflanzen spezialisiert. Der Hirschkäfer und der bis zu fünf Zentimeter lange große Eichenbock leben während des Larvenstadiums jahrelang im morschen Eichenholz. Bis zu 300 Raupen kann der grün schillernde große Puppenräuber in einer »Saison« erbeuten. Nur nachts auf Beutefang geht der Italien-Skorpion, der sich bei Tag unter Steinen verborgen hält.

Prächtige Tagfalter und bunte Widderchen flattern über die Lichtungen. Wenn es dann Abend wird, erhebt sich ein hundertstimmiges Gezirpe.
Dicke Nachtfalter schwirren aus ihren Verstecken. Das handtellergroße Wiener Nachtpfauenauge, unsere größte Falterart, entwickelt sich aus zwölf Zentimeter langen, hellgrünen Raupen.

Am Gebüschrand sonnt sich die bis zu eineinhalb Meter lange, meist schwarzgrüne, harmlose Äskulapnatter. Sie ist zum Unterschied von Kreuzotter und Aspisviper auf die warme Klimazone beschränkt. Von der landwirtschaftlichen Intensivierung an den Rand der Kulturen gedrängt wurden der Fasan und der Wiedehopf mit seinem prächtigen Kopfschmuck. In Anlehnung an seinen Ruf wird er »Wut-Wut« genannt. Aus den Gehölzen ertönt der melodische Gesang der Nachtigallen, deren lyrische Kadenzen die lauen Frühlingsabende mit eigenartigem Zauber erfüllen.
Der possierliche Siebenschläfer, »Greil«, der nicht nur im Winterhalbjahr, sondern

Entschädigung für fehlende Gipfelszenarien:

Zitronenfalter und Perlmuttfalter saugen Nektar aus einer Kratzdistelblüte.

Wald geht vor Forstwirtschaft:

Bruthöhle
des Schwarzspechtes in »hiebreifer«
Altbuche.

auch während des ganzen Tages schläft, geht erst bei einbrechender Dämmerung auf Nahrungssuche.

Waldpark Trudner Horn

Der Naturpark Trudner Horn ist der Südtiroler Waldpark schlechthin - rund neunzig Prozent des Gebietes sind von mannigfaltigen Waldgesellschaften bestockt: Föhrenwald, Flaumeichenbuschwald, Schluchtwald und Hopfenbuchenbuschwald; kleinräumig reine Buchen-, Tannen-, Fichten- und Lärchenwälder, zumeist jedoch gemischt als Buchen-Tannen bzw. Tannen - Fichten - Waldgesellschaften. Auf den rauhen Kammlagen des Naturparks treffen wir noch Fichten-Zirben-Wald an.

Die Waldgesellschaften der Erde sind das Ergebnis einer 200 Millionen Jahre währenden biologisch-genetischen Entwicklung. Im Alpenraum wurde die Entwicklung der Waldböden immer wieder von Eiszeiten unterbrochen. Als vor 13.000 Jahren die letzte Eiszeit zu Ende ging, setzte - beginnend mit den Pionierpflanzen der arktischen Tundra - langsam die Wiederbesiedlung und Konsolidierung der Böden ein. Als Abschluß dieser Entwicklung sind die Urwaldgesellschaften anzusehen.
Ein vielfältiger Mischwald ist das natürliche, sich stets erneuernde Endstadium

Wir laufen Gefahr,
»vor lauter Bäumen den Waldboden nicht
mehr zu sehen «

der Vegetationsentwicklung - eine Art perpetuum mobile, das ohne Zutun des Menschen in einem dynamischen Gleichgewicht zwischen Wachsen und Absterben verläuft und darüber hinaus in den langsam reifenden Waldböden das »Biokapital« der Erde aufbaut - als die Voraussetzung für die spätere Lebensgrundlage des Menschen.

Wir laufen Gefahr, »vor lauter Bäumen den Waldboden nicht zu sehen«, welcher pro Quadratmeter Millionen von Organismen beherbergt, deren aufeinander abgestimmtes Zusammenwirken Garant ist für die optimalen Wuchsbedingungen und für die unersetzlichen ökologischen Auswirkungen des Waldes auf Wasser- und Klimahaushalt, Bodenstabilität und Luftregeneration, bis hin zum Erholungswert für den Menschen.
Ersatzaufforstungen bei Waldrodungen sind deshalb zwar gut gemeint, es dauert jedoch zumeist Jahrhunderte, bis sich darauf ein einigermaßen gleichwertiger reifer Waldboden entwickelt hat. Wer weiß, ob es dann noch Wälder im heutigen Sinne gibt, sollten die umweltbedingten Waldschäden anhalten.

Ein naturnaher Wald ist im allgemeinen gekennzeichnet durch den kleinräumigen Wechsel von Jung- und Altbeständen mit reichem Unterwuchs und vielfältiger Baumartenmischung. Das abgestorbene Holz ist der eigentliche »Treibstoff« und Energielieferant für Bakterien und Pilze, Algen, Moose, Blütenpflanzen, Würmer, Schnecken, Insekten bis hin zu den Vögeln und Säugetieren. Etwa ein Viertel der einheimischen Käferarten leben von totem Holz, das von Hefepilzen in ihrem Darm aufgeschlossen wird.
Der »unordentliche« Wald ist deshalb ein ökologisches Qualitätszeichen. Für viele von uns, die wir eine aufgeräumte, gepflegte Parklandschaft als das Waldideal ansehen, bedarf es dabei freilich eines Umdenkens.
Ohne Pilze könnte der Wald nicht überleben. Die unterirdischen Pilzhyphen leben häufig in Symbiose mit den Baumwurzeln, denen sie lebenswichtige Nährstoffe aufschließen. Pilzschutz ist deshalb auch Waldschutz.

Duft strömt aus dem Unterwuchs des Buchenwaldes: Zyklamen.
Beerenschmuck für das »schöne Geschlecht«: fruchtender Zweig einer weiblichen Eibe.
Moderndes Holz als Lebensspender: Fliegenpilz im Unterholz.

Unsere Wälder sind ausnahmslos vom Menschen beeinflußt. Nur in unzugänglichen Schluchten und auf Felsbändern könnte man von kleinräumigen »Urwäldern« sprechen, die sich jedoch aufgrund der beschwerlichen Wuchsbedingungen und der Erosionstendenz dieser Standorte nicht üppig entfalten konnten. Bei der Waldweide hat der Mensch die Lärche begünstigt - bei den Aufforstungsmaßnahmen vor allem die Fichte. Möglichst gleichartige Bestände sollten eine rationelle Holzernte durch die Methode des Kahlschlags ermöglichen.

Die katastrophalen Folgen eines Waldraubbaues (besonders im Umfeld von Bergwerksrevieren) haben im Mittelalter bereits zum Erlaß von strengen, auf die ökologische Nachhaltigkeit ausgerichteten Vorschriften und Einschränkungen in der Nutzung geführt.

Die Schutzfunktion des Waldes wurde schon zu einer Zeit erkannt, als das Wort Ökologie noch gänzlich unbekannt war. Bereits anno 1591 verfügte die Salurner »Rigelordnung« (vergleichbar mit dem heutigen Landschafts- bzw. Bauleitplan): »Es soll auch niemant keinen raut im Wald nit machen noch prennen, weder jetzt oder hinfür, ob aber in ain ort verhanden wär, da ainer gar ohn schaden mit nuzperkait gmacht werden mechte, das

selb ort sollen die viertlmaister außzezeigen gwalt haben.« Schutzbestimmungen sind also nicht erst eine Erfindung unserer Tage.
Hingegen stoßen die erst in jüngster Zeit notwendig gewordenen Vorschriften gegen den »Raubbau« an Lebensgütern wie Luft, Wasser, Boden und Landschaft noch allzu häufig auf Unverständnis und gar auf Widerstand.

Der montane Föhrenwald

Zwei unterschiedliche Waldgesellschaften prägen die untere Bergwaldstufe, die bis etwa 1500 Meter Meereshöhe hinaufreicht. Auf trocken-warmen Steilhängen ist die anspruchslose Föhre oder Rotkiefer bestandsbildend, die noch unter den gegensätzlichsten Standortsbestimmungen eine »ökologische Nische« findet: in der heißen submediterranen Zone bei Laag; in den Dolomiten mancherorts an der Waldgrenze; auf den trocken-warmen Kalk- und Dolomitböden von Cislon, Geier, Madrut und Königswiese; auf mageren Porphyrböden bei Altrei; in den wassertriefenden Mooren am rauhen Gampen und auf Rohböden und Weiden als Pionierbaum.
All diesen Extremstandorten gemeinsam sind karge Bodenverhältnisse und sehr viel Licht.
Nicht etwa, daß die Föhre nährstoffreiche Böden nicht »vertragen« würde. Aber Buche, Tanne und Fichte sind dort konkurrenzfähiger, wachsen noch schneller und stellen die Föhre alsbald buchstäblich in den Schatten, wo sie dann kümmert und langsam eingeht.
Im Unterwuchs des Dolomit-Föhrenwaldes dominieren das Heidekraut (Erika) und die Erdsegge. Dazu gesellen sich die mehlige Bärentraube, der Geißklee, die duftende Buchs-Kreuzblume, der stattliche Adlerfarn und verschiedene Orchideen. In Lichtungen zwischen den blaubereiften Horsten des Walliser Schwingels finden sich vereinzelt Feuerlilien, Bergastern und die Ästige Graslilie.
In den Föhrenwäldern (auf Porphyr) um Altrei herrschen die Heidelbeere, Preiselbeere und Besenheide vor.

Die Bergmischwälder

Schon an Erosionsrinnen können wir den kleinräumigen Wechsel der Waldgesellschaften beobachten: auf der Südseite

Schmuckstück der Bergwiesen:
die blendend
weiße Paradieslilie.

Der einzige Nadelbaum, der sich nach der Schlägerung auch durch Stockausschlag vermehrt, ist die Eibe

genügsame Föhren und Sträucher, auf der ausgeglichenen Nordflanke hingegen Buchen und Tannen.

Als Tiefwurzler und gute Humusbodenbilder zählen Buchen und Tannen zu den ökologisch wertvollsten Baumarten, die leider vielerorts durch Bewirtschaftungsmaßnahmen der rentableren Fichte weichen mußten. Die Tanne stellt die höchsten Ansprüche: schattige Lage mit hoher Luftfeuchtigkeit, tiefgründige nährstoffreiche Böden. Die Buche kommt mit etwas weniger Niederschlag aus, benötigt aber mehr Wärme. Gegen Spätfrost sind beide empfindlich.
Eine tiefgründige Bodenmischung aus Kalk, Porphyr und Moränenmaterial, geschützte luftfeuchte Muldenlagen sowie die ausreichende Wasserversorgung aus dem Porphyrgebiet bilden hier optimale Voraussetzungen für diese anspruchsvolle Waldgesellschaft.

Die Buche dominiert an den Schatthängen von Cislon, Königswiese, Madrut und Geier. Oft schwebt im Unterwuchs zwischen Weißsegge und Waldmeister ein zarter Duft: im Spätwinter von den rosa Blüten des noch kahlen Seidelbastes, im Frühjahr dann von den Maiglöckchen-Teppichen, im Sommer von den lila Zyklamen (Alpenveilchen). Die Lichtungen schmücken die gelben Blütentrauben des Goldregens, an dessen Wurzeln die stickstoffsammelnden Knöllchenbakterien leben. Hier blühen zahlreiche Orchideen: Fliegenragwurz, Nestwurz, Moosorchis und Korallenwurz, sowie mehrere Arten von Knabenkraut, Handwurz, Sumpfwurz, Waldhyazinthe, Waldvögelein.

Der Unterwuchs der üppigen Buchen-Tannenwälder ist auf schattenertragende Arten beschränkt: auf Bingelkraut und Buschwindröschen, auf Leberblümchen, Sanikel, Zahnwurz und Sauerklee, Hainsimse und Schattenblume.
Die Schattseite der Dolomitkuppen, aber besonders die Porphyr- und Moränenböden östlich der Trudner Bruchlinie (Salurner Wald - Gfrill - Gschnon - Trudner Baumwald - Kaltenbrunn) tragen majestätisch dunkle Tannen-Fichten-Wälder.

Voraussetzung für die ausreichende Verjüngung der schattenkeimenden Tanne ist eine schonende kleinflächige Holznutzung. In Lichtungen gedeihen Heidel- und Preiselbeeren, die Alpenwaldrebe und die rostblättrige Alpenrose; auf Kalk zudem die behaarte Alpenrose (Almrausch), welche im schrofigen Gelände unterhalb Gstoag zusammen mit der Alpensilberwurz bis auf 700 Meter Meereshöhe herabsteigt. Im subalpinen Fichtenwald, der auf den rauhen Kammlagen um Hornspitz und Weißensee einsetzt, stehen auch vereinzelte Zirben.

Der Schluchtwald

In Bacheinschnitten stößt die Buche tief in die Buschwaldzone herab, wo sie mit der Hopfenbuche, Winterlinde, Ahorn, Esche und Eibe einen typischen Schluchtwald bildet, dessen Boden oftmals von Efeu überwuchert ist. Vor allem wegen ihrer Unzugänglichkeit weisen diese Standorte einen vom Menschen kaum beeinflußten, oft nahezu urwaldähnlichen Charakter auf und sind deshalb auch die Rückzugsgebiete vieler Tierarten.
In Lichtungen höherer Lagen läßt die gute Wasser- und Nährstoffversorgung auch üppige Hochstauden gedeihen: wie Grauer Alpendost, Wald-Geißbart, Blauer Eisenhut, Alpen-Milchlattich, Schwalbenwurz-Enzian, Wurmfarn, die Hirschzunge und die Türkenbundlilie.

Die schattenliebende Eibe ist zweihäusig: weibliche Fruchtknoten und männliche Staubbeutel blühen auf getrennten Bäumen. Das »schöne Geschlecht« ist im Herbst an den leuchtend-roten Beeren unschwer zu erkennen.
Die Eibe ist der einzige Nadelbaum, der sich nach der Schlägerung auch durch Stockausschlag vermehrt und wurde zumeist als extrem dauerhafter Perglpfahl in Niederwaldbewirtschaftung genutzt, oft mit Hallenbuchen als »Überhälter«.
In den luftfeuchten Schattlagen oberhalb von Buchholz, Mazon und Montan ist die Eibe recht häufig.

Die Moore oberhalb von Altrei
standen bereits im Jahre 1505 im Mittelpunkt des großen
Fleimser Hexenprozesses

Einzigartig für Südtirol ist am luftfeuchten Nord-Westhang des Geierberges das zahlreiche Vorkommen der immergrünen Stechpalme im Unterwuchs.

Hochmoor

Weit nach Süden vorgeschobene nordische Vegetationsinseln sind die stillen Moore am Weißensee und Schwarzsee, am Gampen und am Langen Moos. Nur wenige an den extrem sauren Boden angepaßte Pflanzen vermögen zwischen den weichen Torfmoosbulten ihr Dasein

Während Bäume zwischen den Torfmoosbulten
allenfalls noch als Krüppelgehölze ihr Dasein fristen, sind Rosmarinheide
und Mehlprimel optimal ans Moor angepaßt.

zu fristen. Die reizvolle Rosmarinheide, die zu den seltensten Pflanzen des Landes gehört, ist hier zu Hause.

Die Moore oberhalb von Altrei standen bereits 1505 im Mittelpunkt des Fleimser Hexenprozesses: die angeklagten Frauen wurden beschuldigt, die Moore durch Vergraben ausgedörrter Käselaibe ausgetrocknet und damit die lebenswichtigen Quellen zum Versiegen gebracht zu haben. Hinter der abstrusen Anklage steht jedenfalls das Wissen um die eminent wichtige Funktion der Moore für einen ausgeglichenen Wasserhaushalt - daher wurden sie wie Augäpfel gehütet.

Erst in unserer Zeit machten sich die Hexenmeister der Technik im ganzen

Vom menschenorientierten Landschaftsschutz zum eigentlichen Naturschutz, zum »Recht der Wildnis«

Naturschönheit
hat stets Hochsaison: winterlicher Nadelmischwald
bei Truden.

Land ans Werk, um nahezu alle Moore wegzubaggern und durch Entwässerung und Trockenlegung zu bonifizieren. Ein Unterschied zum »finsteren« Mittelalter besteht : während die Fleimser »Hexen« zum Scheiterhaufen zogen, wurden die »modernen« Mooraustrockner mit Subventionen belohnt.
Wie lange werden wir uns noch den Luxus leisten können, gegen die Gesetzmäßigkeiten der Natur zu wirtschaften? Unsere totale Technikgläubigkeit ist oft nicht weniger naiv und verhängnisvoll als der Hexenaberglaube des Mittelalters.

Lärchenwiesen

Landschaftliche Höhepunkte des Naturparkes sind die prächtigen Lärchenwiesen, die den breiten Porphyrrücken zwischen Truden und Altrei sowie oberhalb von Gfrill durchziehen - ein zauberhaftes Wandergebiet sowohl zur Blütezeit wie auch im farbenprangenden Herbst. Zudem bereichern eingestreute Moore und Feuchtwiesen zusätzlich die mannigfaltige Bergblumenpalette der ungedüngten Magerrasen.

Die bereits erwähnte besondere sozioökonomische Situation (Zersplitterung des Besitzes und Auflassung von Kleinbetrieben) hat hier den neuerlichen Vormarsch der Natur begünstigt. Zahlreiche Bergmähder wurden aufgelassen, die alten »Heuschupfen« beginnen zu verfallen, Hartgräser breiten sich aus und langsam ergreift der Jungwuchs von Birken, Erlen, Haseln, Lärchen und Fichten Besitz von dieser Kulturlandschaft, die vor Jahrhunderten dem Fichten-Tannen-Wald abgerungen wurde.
In der Konzeptphase der Naturparke anfangs der Siebziger Jahre bedauerte man diese Entwicklung und dachte an großflächige Entstrauchungsmaßnahmen, an eine Rodung des aufkommenden Jungwaldes oder sogar an Pflegetrupps, um das schöne Bild dieser gepflegten Parklandschaft zu erhalten.
Aber auch Schutzziele können sich ändern. In einer vom Menschen bis in den letzten Winkel genutzten Landschaft sind Bereiche, die die Natur wieder zurückerobern darf, eine Chance für das ökologische Gleichgewicht:
Vom menschenorientierten Landschaftsschutz zum eigentlichen Naturschutz, zum »Recht der Natur auf Wildnis«.

Die Geduld der Steine:

Über 200 Millionen Jahre nachdem
das Wellengekräusel
eines seichten Lagunensees
diese Rippelmarken zurückgelassen hat,
strömt heute
wieder Wasser darüber:

Die Erosion des Trudner Baches
hat hier in den
Werfener Schichten einen versteinerten
Sandstrand freigelegt.

Informationen zum Naturpark Trudner Horn (Nachtrag)

Gesamtfläche des Parks: 6.660 ha (gegründet 1981)

Die Gemeinden des Naturparks Trudner Horn

Altrei (Verkehrsamt: Telefon 0471/882077)
401 Einwohner. Fläche 1.105 ha. Anteil am Naturpark 905 ha

Montan (Verkehrsamt: Telefon 0471/819747)
1.427 Einwohner. Fläche 1.891 ha. Anteil 895 ha

Neumarkt (Verkehrsamt: Telefon 0471/812373)
4.019 Einwohner. Fläche 2.367 ha. Anteil am Naturpark 1.350 ha

Salurn (Verkehrsamt: Telefon 0471/884279)
2.627 Einwohner. Fläche 3.320 ha. Anteil 1.855 ha

Truden (Verkehrsamt: Telefon 0471/869078)
942 Einwohner. Fläche 2.070 ha. Anteil am Park 1.655 ha

Literaturhinweise zum Naturpark Trudner Horn

Innerebner, Georg:
St. Florian und das Wasser. In: Der Schlern, Bozen, 1957

Schweiggl, Martin:
Naturpark Trudner Horn, Assessorat für Umweltschutz, 1983

Schweiggl, Martin:
Pflanzenwelt und Fauna des Unterlandes
in: Südtiroler Unterland, Bozen, 1980

Schweiggl, Martin:
Unterland (Bildband), Bozen, 1988

Sinner, Paulus:
Die permotriassischen Sedimente von Neumarkt und Truden
Diplomarbeit, Innsbruck, 1985

Stacul, Paul:
Geologie des Unterlandes
in: Südtiroler Unterland, Bozen, 1980

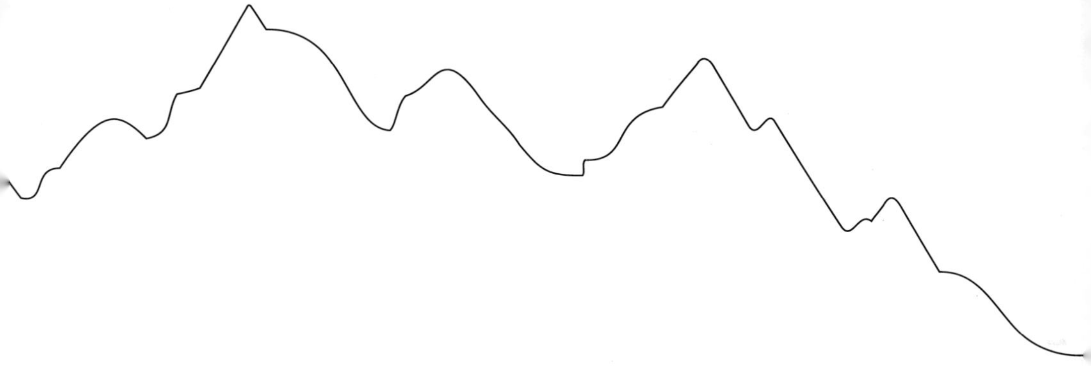

Naturpark Texelgruppe

Naturpark

Texelgruppe

Vom Wasser und vom Licht

Ruhender Himmelspiegel in unwirtlich-steiler Bergkulisse:

der Langsee, tiefster
und größter der Spronser Seenplatte.

Wo das ungestörte Reich der Natur an den größten touristischen Ballungsraum grenzt

Die Bilder auf den Meraner Fremdenverkehrsprospekten sind keine Fotomontage: Im Tal Palmen, Weingärten und blühende Magnolien; darüber nackter Fels und schneebedeckte Gipfel.

Hier intensive Landnutzung, dichte Besiedlung und der wohl größte touristische Ballungsraum Südtirols; nur wenige Kilometer davon entfernt das ungestörte Reich der Natur: die Gebirgsfestung der Texelgruppe, die diese Klimainsel gegen den rauhen Norden abschirmt.
Damit es auch in Zukunft so bleiben möge, wurde im Jahre 1976 zwischen dem Schnalstal im Westen, dem Etschtal (Naturns, Partschins, Algund, Tirol) im Süden, dem Passeiertal (Riffian, St. Martin, Moos) im Osten und den grenzbildenden Ötztaler Alpen im Norden der 33.430 Hektar große Naturpark Texelgruppe errichtet: ein vielfältiges Gebiet mit allen alpinen Formenelementen von den Talböden hinauf über Wälder, Hangterrassen und Almen bis zum vergletscherten Hochgebirge.

Im Burggrafenamt

Bei Meran endet die weite, nach Süden offene Etschbucht, deren untere Talflan-

Unberührte Natur:
Findlingssteine auf den Schliffrücken am Ufer des Milchsees.

Wollgräser am Kasersee in Sprons.

ken noch durchwegs von submediterranem Buschwald und von Weinbergen bedeckt sind. Zahlreiche wärmeliebende Pflanzen und Tiere erreichen hier die Nordgrenze ihres geschlossenen Verbreitungsgebietes.

Zusätzlich hat der Mensch dazu beigetragen, daß für den von Norden Kommenden der »Süden« hier geradezu mit floristischen Paukenschlägen beginnt:
Mediterrane und subtropische Gehölze schmücken die Parkanlagen und Gärten der Promenaden, Villen und Hotels, die im Zuge des Fremdenverkehrsbooms bereits im 19. Jahrhundert entstanden sind. Augenscheinlicher als alle noch so wissenschaftlich untermauerten Klimatabellen dokumentieren sie das milde Klima Merans, dem die Kurstadt ihre Attraktivität verdankt.
Die erste Generation des elitären Kurpublikums unternahm nur einige »Landpartien« ins bäuerliche Umland. Doch in den Sechziger Jahren schwabbte der Massentourismus endgültig auf die Umlandgemeinden über, wo die Zahl der Hotels, Pensionen und Garnis bald schon jene der Bauernhöfe übertraf.

Dorf Tirol (559 m), auf dem sonnigen Höhenrücken des Küchelberges hingelagert, entwickelte sich damals mit durchwegs zweistelligen Zuwachsraten und

Mit extrem steilen Flanken schützt sich die Texelgruppe vor Straßen und Skipisten

über einer Million Gästenächtigungen zu einem der führenden Fremdenverkehrsorte Südtirols. Die Seilbahn zu den Muthöfen (1423 m), als »Auslaufventil« des Touristendruckes gebaut, erschließt mehrere Panoramawege im Naturpark.

Sechshundert Jahre bevor das Burggrafenamt zur Keimzelle des Tiroler Fremdenverkehrs wurde, war hier die Keimzelle des Landes selbst. Denn nach zähen Machtkämpfen gelang Ende des dreizehnten Jahrhunderts dem auf Schloß Tirol ansässigen Grafengeschlecht eine politische Einigung des »Landes im Gebirge«, das damals ihren Namen annahm. Meran wurde erste Landeshauptstadt.

In den weiten Sälen des ehrwürdigen Tiroler Dynastenschlosses - dem archäologischen Landesmuseum - folgen wir den Spuren der ersten Jägerhorden und Siedler, die merkwürdigen romanischen Marmorreliefs spiegeln den Kampf zwischen Dämonenglauben und Christentum wieder, eine ständige Ausstellung dokumentiert den geschichtlichen Werdegang des Landes.
Das Bauernwerkmuseum auf der nahen Brunnenburg zeigt die Geräte und Siedlungsformen, mit denen der Mensch über Jahrtausende hinweg die bäuerliche Kulturlandschaft gestaltet hat.
Die kreuzförmige karolingische Kirche zu St. Peter (9. Jahrhundert) weist hingegen in die Frühzeit des Christentums zurück, ihr Freskenschmuck stammt aus dem 11. bis 15. Jahrhundert. Bis 1787 hatte

die Hinterpasseirer Siedlung Pfelders ihren Pfarrherrn und Friedhof in St. Peter. Am weiten Totenweg dahin wurde beim Pfitschjöchl (2150 m) im Spronsertal Totenrast gehalten. Hunderte Schalensteine weisen hier auf eine vorgeschichtliche Kultstätte hin. Während des Winters Verstorbene wurden so lange eingefroren, bis der siebenstündige Weg über die Jöcher wieder gangbar war.

Die extrem steilen Flanken der Texelgruppe stellen einen natürlichen Schutzwall gegen Straßen und Skipisten dar. Viel großräumiger als etwa in den Dolomiten hat sich hier deshalb eine intakte Berglandschaft erhalten. Und auch die Naturparkbehörde braucht sich weniger mit der Kontrolle der Fahrgenehmigungen von diversen Nutzungsberechtigten herumzuschlagen.

Für den Wanderer bedeutet dies freilich zumeist ein langer und mühseliger Aufstiegsweg. Für die erste Etappe zu den berühmten Spronser Seen wird deshalb oft der Sessellift von der Algunder Fraktion Plars nach Vellau (966 m) und zur

Gestaltete Landschaft:
Bauernwerk zwischen Moos und Pfelders.

Die Kraft der Natur:
Partschinser Wasserfall.

Auf einer Horizontalentfernung von nur fünf Kilometern ragt die Kirchbachspitze 2500 Meter über die breite Talebene in den Himmel

Die hell-dunkel gestreifte Gletschermoräne am Fuß der Hohen Weißen spiegelt getreu Herkunft und Transportweg des Muttergesteins wider.

Im Hintergrund das Eisjöchl, überragt von der Hohen Wilden.

Leiter Alm (1522m) benützt. Die enorme Bevölkerungszunahme im geschützt gelegenen Algund (355 m) machte 1970 den großzügigen, interessanten Neubau der Kirche notwendig.
Weit zurück in die Geschichte weisen hingegen die Reste der römischen Etschbrücke bei Forst und die vier bronzezeitlichen Menhire, die bei Mitterplars ausgegraben wurden (im Meraner Museum zu sehen). Die dreitausend Jahre alten Kultsteine lassen auf ligurisch - keltische Einflüsse schließen.

Oberhalb der Steilstufe der Töll beginnt - geografisch gesehen - zwar bereits der Vinschgau, doch die Gemeinden Partschins, Plaus und Naturns rechnen sich aufgrund der vorherrschenden Kontakte noch zum Burggrafenamt - was sich zudem auch auf deren Fremdenverkehrsrenommeé auswirkt.
Am gewaltigen Schwemmkegel des Zielbaches, der die Etsch an den südlichen Hangfuß gedrängt hat, liegen die Ortschaften Partschins und Rabland. Letztere hat sich erst durch die Bautätigkeit der vergangenen Jahrzehnte um eine alte Fuhrmannsraststätte entwickelt. Auf den Spuren der römischen Via Claudia Augusta (durch Meilensteinfunde dokumentiert) verlief hier im Mittelalter der Obere Weg über den Reschen nach Augsburg. In Partschins, dem Hauptort der Gemeinde (337 m) gruppieren sich um die spätgotische Kirche mehrere alte Ansitze. Berühmtester Sohn des Dorfes war Peter Mitterhofer, der glücklose Erfinder der

Aus der Bildhauerwerkstatt der Natur:

der von gewaltigen Erdkräften gefaltete Marmorblock mit Quarzbändern wurde später in geduldiger Feinarbeit vom Wasser zum perfekten Relief umgearbeitet.

Schreibmaschine (1864). Berühmteste Attraktion ist der Partschinser Wasserfall, der zur Zeit der Schneeschmelze zu den eindrucksvollsten Fällen des gesamten Alpenraumes zählt.
Der wasserreiche Zielbach schießt mehrere Meter über eine Felswand hinaus, um sich als tosender Wasserwirbel 97 Meter in die Tiefe zu stürzen. Das Zieltal führt ins Herzstück der Texelgruppe. Eine imposante Gipfelarena bildet dort den Abschluß des Tales.

Alte Fuhrmannsgasthöfe bezeugen, daß Naturns (554 m) schon im Mittelalter am Transitverkehr mitverdiente. Was einst ein belebendes Element war, ist in Form von stinkenden Autokolonnen, die sich im Dorf stauen, längst zu einer unerträglichen Plage geworden, die die Naturnser sehnlichst unter die Erde verwünschen - in einen Umfahrungstunnel.
Ein von Kunstfreunden viel besuchtes Wallfahrtsziel ist St. Prokulus am östlichen Ortsrand. Die hier um das Jahr 800

Im Süden wie im Norden ist der Vinschgau von hohen Dreitausendern abgeriegelt, die die Wolken regelrecht »abmelken«

gemalten Fresken sind die ältesten im deutschen Kulturraum (der damals freilich noch rätoromanisch besiedelt war) und stark von den Buchminiaturen der irischen Missionäre geprägt. »Die Bewahrung der Schöpfung« - an diesen Auftrag erinnert uns der gotische Genesiszyklus an der Außenwand.

Der Viehpatron St. Prokulus müßte seine stoisch dahinziehende Herde heute freilich viel höher oben suchen. Bis weit hinauf in den Vinschgau wurden inzwischen die Wiesen, Weiden und Auen von Obstmonokulturen verdrängt.
Vom landschaftlichen Spannungsbereich und der Steilheit des Gebietes erhält man eine Ahnung, wenn man bedenkt, daß in einer Entfernung von nur fünf Kilometern die Kirchbachspitze (3079 m) gut 2500 Meter über die breite Talebene in den Himmel ragt.

Von ihrer Steilflanke blickt der Schnatzhof (1560 m) einen Kilometer auf die üppigen Talgefilde und über den weiten Schwemmfächer um Tabland und Tschirland herab. Längst zu Almen geworden sind indessen einige Schwaighöfe, die im Mittelalter die Besiedlungsgrenze bis auf 2130 Meter hinaufgeschoben haben.

Der Sonnenberg

Mit einem durchschnittlichen Jahresniederschlag von 450 bis 600 Millimetern ist der Vinschgau die trockenste Wärmeinsel der Ostalpen. Im Süden wie auch im Norden ist das vom Eiszeitgletscher ausgeräumte Tal von hohen Dreitausendern abgeriegelt, die die daherziehenden Wolken regelrecht »abmelken«, so daß für den inneralpinen Vinschgau meist nur mehr strahlender Sonnenschein bleibt. Auch trägt der berüchtigte »Vinschger Wind« zur Austrocknung bei.

Das auffälligste Landschaftscharakteristikum des Vinschgaus ist seine Zweigesichtigkeit: der schattige »Nörderberg« ist von dichten Nadelwäldern bedeckt;

der südexponierte Sonnenberg hingegen ist weitgehend kahl und ausgedörrt, bewachsen von resistenten Trockenpflanzen, deren Hauptverbreitungsgebiet erst 500 Kilometer weiter östlich im pannonischen Raum beginnt.
Während der trockenwarmen Phase zu Beginn der Nacheiszeit hatte die Steppenflora auch bei uns weite Verbreitung, wurde jedoch mit der langsamen Verbesserung des Klimas von raschwüchsigeren Gehölzen auf kleinräumige bodenseichte Lichtungen zurückgedrängt.
Der Untervinschgauer Sonnenberg war damals vorwiegend von Mannaeschen-Flaumeichen-Buschwald bedeckt. Schon in vorgeschichtlicher Zeit hat der Mensch begonnen, durch Holznutzung, intensive Schaf- und Ziegenweide und wohl auch durch Feuer die Bestände zu lichten. Jahrtausende rücksichtslosen Raubbaues haben dazu geführt, daß der Mutterboden sodann abgeschwemmt und tiefe Erosionsrinnen aufgerissen wurden.

Steppengräser mit mächtigen Wurzelsystemen wie der Walliser Schwingel, das Federgras, das Bartgras und Trockenseggen breiteten sich auf diesen Extremstandorten immer mehr aus, wo im Hochsommer die Bodentemperatur auf siebzig Grad steigen kann und die Tagesschwankungen nicht selten fünfzig Grad betragen können.

Auf gemäßigteren Standorten trifft man noch vereinzelt die Gehölze des submediterranen Buschwaldes an. Daneben bestehen dornige, verbißresistente Sträucher: Sanddorn und Kreuzdorn, Wacholder Berberitze, Heckenrose.
Schmuckstücke der Sonnenbergflora, die schon Ende Mai ihre volle Pracht entfaltet, sind diverse Tragante, Fingerkräuter, Nelken, Steinbreche, Wermute, Lauche sowie die Berg-Küchenschelle, das Sonnenröschen, die Graslilie, das Leinkraut, der blaue Lattich und das seltene Meerträubchen, das in Südtirol einzig nur am Sonnenberg vorkommt.

Viele Pflanzen haben besondere Strategien entwickelt, um diesen extremen Lebensraum erobern zu können. Auffallend

Die Natur vermag sogar
auf den Überresten menschlichen Raubbaus
Wunder zu wirken

viele Steppenpflanzen schützen sich vor Austrocknung durch eine dichte Behaarung, die als Sonnenreflektor und Windschutz wirkt. Hauswurz, Steinbrech und Mauerpfeffer horten in Dickblättern einen Wasservorrat für die Notzeiten; die Spinnwebenhauswurz spannt zusätzlich noch ein strahlenreflektierendes Schutzdach darüber. Flechten, Moose und Trokkenfarne vermögen Trockenzeiten in ausgedörrtem Zustand zu überstehen, um sodann beim ersten Regen wieder vollgesaugt die Assimilationstätigkeit aufzunehmen. Aufgrund ihrer unterirdischen Speicherorgane überleben die Lauche, aber auch der Bleichschwingel und das Gewimperte Perlgras.
Eine andere Strategie haben die einjährigen Frühlingsannuellen entwickelt, die der tödlichen Sommerhitze dadurch ein Schnippchen schlagen, indem sie den gesamten Vegetationszyklus von der Keimung bis zur Samenreifung gleichsam in Rekordtempo schon im Voraus abschließen. Wenn man die Natur läßt, vermag sie sogar auf den Überresten menschlichen Raubbaus Wunder zu wirken.

Wenngleich die klassische Sonnenbergvegetation erst bei Naturns voll einsetzt, so finden wir viele ihrer Elemente überall an den steilen Südflanken der Texelgruppe, wo wir etwa verkrüppelte Eichen am Felsenweg zwischen Hochmut und Leiter Alm noch in Höhen von 1400 Metern antreffen können.
Mit seinen beerentragenden Hecken und samenreichen Gräsern und mit seiner

Karg, aber umso vielfältiger ist die Vegetation
der steilen Hänge des Sonnenbergs.
Hoch über der Schlucht des äußeren Schnalstales erhebt sich Katharinaberg.

Beim Klammlwaal im Schnalstal wird das »Wasserwosser« auf dreitausend Meter Höhe »eingekehrt«

Schneearmut ist der Sonnenberg ein wahres Biotop für Kleintiere.

Neben typisch submediterranen Arten wie der Gottesanbeterin, der Singzikade oder der Smaragdeidechse, flattern unzählige und seltene Schmetterlinge umher und krabbeln verschiedenste Käfer herum und in den Abendstunden ertönt aus den Grasheiden ein tausendstimmiges Gezirpe.

In den Hecken nisten zahlreiche charakteristische Singvögel wie die Dorngrasmücke, Mönchsgrasmücke, Nachtigall, Zippammer, Schwanzmeise, der Ortolan und das seltene Steinrötel. Neuntöter, Felsenschwalben und Alpensegler jagen nach Insekten. Falken und Bussarde kreisen nach Beute spähend die Steilhänge entlang.

Die Wasserwaale

Charakteristisches Element der Vinschgauer, aber auch der Burggräfler Kulturlandschaft waren die Bewässerungskanäle, die »Waale«.
Allein im Vinschgau waren vor einem halben Jahrhundert noch sechshundert Kilometer des Systems in Betrieb. Wie das

Wort »Waal« selbst, leiten sich auch viele dazugehörende Fachausdrücke aus dem Romanischen ab, Beweis für eine uralte Tradition der Bewässerung. Die Verlokkung dazu war denn auch groß, wo doch mancherorts unmittelbar neben ausgedörrten Kulturen auch im Hochsommer noch die frischen Schmelzwasserbäche sprudelten.

Wenn nämlich der heiß ersehnte Regen kommt, dann leider oft des Guten zuviel: die Niederschlagsdynamik wird von kurzen, heftigen Platzregen geprägt, die oft große Massen von lockerem Material abschwemmen. Die vielen Murkegel, die mitunter über eine Million Kubikmeter an Material enthalten, sind eine beredte Warnung. Es sind die größten im ganzen Alpenraum.
Mit der zunehmenden Ausweitung des Siedlungsraumes im Mittelalter mußte auch das lebensspendende Wasser immer weiter hergeleitet werden. Bei unseren Wanderungen im Naturpark stoßen wir sogar weit oberhalb der Waldgrenze auf kunstvoll angelegte Waale und vermodernde »Kandeln« (Rinnen aus ausgehöhlten Halbstämmen). So wurde der Klammlwaal im Schnalstal auf etwa dreitausend Meter Höhe im Gletschervorfeld der Finailspitze »eingekehrt«.

Bei vielen Berghöfen werden periodische Wasser in »Tschötten« gespeichert, die sich oft zu wertvollen Krötenbiotopen entwickelt haben. Bis zu zwanzig Kilometer weit strömt das »Wasserwosser«

Das monotone Scheppern
der Waalschelle signalisiert das reguläre
Strömen des Wassers.

Oase für Pflanzen, Tiere
und Menschen
im durchglühten Sonnenberg:

der Galeriewald entlang der Wasserwaale.

Schon 1534 wurde zum Schutz der Bäche verboten, »unsaberes Geschlenz oder Brunzkachel darein zu schütten«

dahin, bis es in immer feineren Verästelungen und »Ilzen« auf den Feldern »ausgekehrt« wird. Zusätzlich düngt noch die mitgeführte feine Gletschertrübe wie Urgesteinsmehl die Wiesen. Das monotone Geklapper der von einem Wasserrad getriebenen Waalschelle zeigt dem diensttuenden Waaler das reguläre Strömen des Wassers an.

In uralten Weistümern ist die ungemein komplizierte »Rod«, das ist die Bewässerungsordnung, festgeschrieben. Bereits im dreizehnten Jahrhundert hat der Landesfürst für das Wasserbezugsrecht Steuern eingehoben. Nicht weniger umsichtig wurde auf die Wasserqualität geachtet: Wer anno domini 1534 »unsaberes Geschlenz oder Brunzkachel darein schütten« sollte, wurde mit der saftigen Strafe von fünf Mark Berner belangt.

Heute hätten mittelalterliche Richter alle Hände voll zu tun, zumal auf Brunnenvergiftung sogar die Todesstrafe stand. Wenn wir, stolz auf die Errungenschaften unserer Zivilisation, wieder einmal naserümpfend »Zustände wie im Mittelalter« anprangern, sollten wir auch unsere zum Himmel stinkenden Kloaken, verseuchten Bäche und Quellen nicht vergessen, aus denen man im Mittelalter noch bedenkenlos trinken konnte.

In den letzten Jahrzehnten wurde ein Großteil der Waale freilich aufgelassen und durch weniger arbeitsintensive und effizientere Beregnungsanlagen ersetzt.

Auf 70 Grad kann die Bodentemperatur am Sonnenberg steigen:

die Pflanzen mußten deshalb vielfältige Überlebensstrategien entwickeln.

Das üppig wuchernde Baum- und Heckendickicht, das als grüner Galeriewald den Waalverlauf quer durch die sonnenverbrannten Steilhänge markiert, kümmert mehr und mehr dahin.

Aber immerhin gibt es noch Dutzende von Kilometern Waalwege, auf denen wir unter grünem Laubdach wandern können, begleitet vom Vogelgezwitscher und vom leisen Murmeln des ruhig dahinströmenden »Wasserwossers«.

Im Schnalstal

Niemand würde in der engen Schlucht zwischen Naturns und Schloß Juval den Beginn des mit fünfundzwanzig Kilometern längsten Seitentales des Vinschgaus vermuten. Über Juval ging (im wahrsten Sinne des Wortes) früher auch der Talzugang. Seit 1880 drückt sich eine Fahrstraße hart an die Steilflanken der imposanten Mündungsschlucht, die der Schnalser Bach aus dem harten Granitgneis herausgenagt hat.
Irgendwann grüßt himmelhoch ober uns ein gotischer Spitzturm herab: Katharinaberg (1245 m), als einst winziges Kirchdorf Zentrum von weit über den Berg verstreuten Einzelhöfen.

Eine anomale Siedlungstypologie finden wir im Gemeindehauptort Karthaus vor, wo sich das Tal endlich etwas zu weiten

Eine einzige Baumart bewahrt das Schnalstal vor Erosion und Verwüstung durch Lawinen und Muren

beginnt. Im historischen Ortskern könnte man eine mittelalterliche Zwergstadt vermuten. Tatsächlich handelt es sich aber um die Überreste des Karthäuserklosters, das 1326 vom Tiroler Landesfürsten König Heinrich an diesen »Locus horroris« gestiftet wurde. Zwei Drittel der Schnalser Höfe mußten mit Getreide, Käse, Schmalz und Butter, Wolle, Flachs und Fleisch dem Kloster zinsen. Nach der durch die Reformen Kaiser Josefs II. 1782 verfügten Auflösung zogen Kleinhäusler in die verlassenen Zellen ein und bauten ihre Schaf- und Ziegenställe dazu.

Schon kurz vor Karthaus mündet rechter Hand das schluchtartige Pfossental ein, das uns bequem weit in das Herz des Naturparks führt (bis Vorderkaser befahrbar). Wo sich das Tal etwas weitet, stehen weltverlorene Bauernhöfe bis hin zum Eishof, der bis 1897 mit 2070 Metern Meereshöhe die höchste ganzjährig bewirtschaftete Dauersiedlung war. Mit »neun Monate Winter« charakterisiert der Volksmund diesen rauhen Ort, wo vom Similaunferner die Eiswülste des Ötztaler Hauptkammes herabdrohen.

Das von eindrucksvoller Bergkulisse eingerahmte Pfossental wird wegen seines Wildreichtums in einigen Naturführern noch als »Geheimtip« gehandelt, wo sich Murmeltiere und Gemsen quasi entlang der Steige vors Objektiv postieren. Doch wegen des gestiegenen Besucherstroms haben sich die Tiere in ruhigere Bereiche zurückgezogen. Und wir sollten ihnen auf der Suche nach Phototrophäen nicht querfeldein nachpirschen. Die ständige Störung bei der Äsung kann verhindern, daß die Tiere sich die für den langen und kalten Winter notwendigen Fettreserven zulegen können.

Oberhalb der schönen Talweitung von Unser Frau (1508 m) riegelt der Damm des Vernagt-Stausees das Tal ab. Acht Höfe und die Kirche ertranken 1960 in seinen Fluten. 42 Millionen Kubikmeter Wasser werden gespeichert und elfhundert Meter tiefer im Naturnser Kraftwerk abgearbeitet. Seither ist das Klima rauher geworden und der Getreideanbau mußte aufgelassen werden.

Hoch über uns blicken die sonnenverbrannten Holzfronten der Rafein-, Tisen- und Finailhöfe herab; mit 1953 Metern Meereshöhe galten letztere als die höchsten Kornhöfe Tirols. Kaum ein zweites Tal Südtirols kann einen derart intakten Bestand alter Höfearchitektur aufweisen wie das Schnalstal.
Große Viehhöfe begleiten uns im gleichmäßig ansteigenden Talschluß bis zum Kurzhof (2011 m). Dieser, als größter geschlossener Hof Südtirols einst eine Bergbauernlegende, ist mittlerweile von den riesigen Appartementhotels in den Hintergrund gedrängt worden, ebenso wie die ehemals bescheidene Bergsteiger-

pension »Alpenfriede«. Wo einstmals auf saftigen Enzianwiesen das Vieh weidete, erstrecken sich heute fußballfeldgroße Parkplätze, die die durch das Tal stinkende Blechlawine aufnehmen. Das Schnalser Gletscherskigebiet ist Treffpunkt der Rennelite und Skischickeria.
Von dieser Megamanie einmal abgesehen, hat sich im ganzen Tal eine solide Gästebeherbergung vom Hotel bis zum Urlaub am Bauernhof ausgebildet, die vielen Lebensunterhalt oder Zuerwerb bietet und die ehemals galoppierende Abwanderung stark gebremst hat.

Eine einzige Baumart bewahrt das Tal vor Erosion und Verwüstung durch Lawinen und Muren: die tiefwurzelnde Lärche, in hellgrünem Sommerkleid, deren flammendgelbe Farben auch im Herbst die Landschaft prägen.
Schnals ist das Südtiroler »Lärchental«. Die Erosionsgräben oberhalb der Einmündung des Pfossentales bei Karthaus vermitteln uns einen kleinen Eindruck vom Schicksal des Schnalstales und des Alpenraume, wenn die umweltbedingte Seuche des Waldsterbens weiter um sich greifen sollte.
In den Grasheiden unter dem lichten Kronendach der Lärchen finden auch die Schafe noch Nahrung. Schnals hat den größten Schafbestand Südtirols und es ist jedenfalls ein archaisches Erlebnis, wenn Ende Juni der nicht endenwollende Zug von tausend und mehr Schafen durch Schneefelder und Gletscherfirn über das Hochjoch (2875m), Niederjoch (3019m) und übers Gurgler Eisjoch (3152 m) zu den Almen des Ötztales hinüberziehen, die auch im Hochsommer saftig grün bleiben.

Die Hochjöcher des Alpenhauptkammes waren schon in grauer Vorzeit begangen. Dies beweist die hervorragend erhaltene Gletschermumie, die im September 1991 an der Ostflanke der Finailspitze am Hauslabjoch (3278m) ausaperte und nun als wissenschaftliche Sensation durch die Weltpresse geht. Der Schneesturm an jenem Herbsttag vor rund 5300 Jahren, vor dem der steinzeitliche Mann in einer Mulde Schutz suchte, war der Beginn eines Gletschervorstoßes, der erst heute zu Ende ging.
Als 1923 die neugezogene Staatsgrenze eingemessen wurde, türmte sich die Eiskappe an dieser Stelle noch etwa zwanzig Meter hoch. Dies zeigt auch den alarmierenden Rückgang des Gletschers auf, der durch fünf Jahrtausende dieses Zeugnis früherer Zivilisation geschützt und geborgen hat.

Das sollte uns zu denken geben. Ebenso lange könnten die Gletscher auch die zweifelhaften Spuren unserer »Zivilisation« für unsere Nachfahren erhalten - etwa den Niederschlag chemischer Luftverunreinigungen, Sonnenöl, Skiwachs und Getränkedosen - wenn nicht infolge des Treibhauseffektes das »ewige Eis« bis dahin schon längst weggeschmolzen ist.

Wärmeliebende Arten erreichen im Passeier ihre nördlichsten Wuchsorte

Im Passeier

Rund vierzig Kilometer lang führt das Passeiertal von Meran nach Norden zum Alpenhauptkamm, durchströmt von der wasserreichen Passer. Wo das Bachbett noch nicht verbaut wurde, hat sie den Charakter eines alpinen Wildflusses bewahrt, dessen Ufer von Erlen, Weiden und Pappeln gesäumt sind. Die vorderen Talgemeinden Kuens und Riffian sind mit ihren Weingärten, Obstwiesen und Kastanienhainen noch vom milden Klima des Meraner Beckens geprägt. In Riffian (504 m) steht eine prächtig ausgestattete Wallfahrtskirche (von 1671).

Bei der Talenge von Saltaus beginnt im kulturgeschichtlichen Sinne das eigentliche Passeier. An ländlichen Weilern vorbei erreichen wir den stattlichen Ort St. Martin (597m) mit der spätgotischen, barockisierten Pfarrkirche und mit dem Heimatmuseum. Einige ältere Hausfassaden werden von frommen Fresken der im 18. Jahrhundert weitum bekannten Passeirer Malschule geschmückt.

Kurz vor dem Talhauptort St. Leonhard (693 m) kommen wir beim Sandwirt vorbei, der als Wirkungsstätte des Tiroler Freiheitshelden Andreas Hofer zu einem patriotischen Wallfahrtsort ersten Ranges geworden ist. Der Abglanz der Heldentaten von 1809 verleiht den Passeirern noch heute den Nimbus von Kernigkeit, Ausdauer und Heimatliebe.

Ungemein artenreich ist die Insektenfauna der Trockenrasen, wo keine Düngung die Kräutervielfalt dezimiert und keine Heumahd die Entwicklung der Larven stört

(Segelfalter).

Die samtviolette Bergküchenschelle schmückt im zeitigen Frühjahr die Trockenrasen, daher der volkstümliche Name Osterglocke.

Dank einer weit nach Süden offenen, geschützten Lage erreichen hier wärmeliebende Arten wie die Eibe, Mannaesche und die Hopfenbuche ihre nördlichsten Wuchsorte.
Die Edelkastanie steigt auf der zu Moos gehörenden Stuller Terrasse gar auf eine Höhe von 1340 Meter.

Dort, wo die Jaufenstraße nach Osten abzweigt, macht das Tal einen scharfen Knick nach Westen, wird zusehends wilder und schluchtartiger. Wir kommen nach Hinterpasseier, das bis zur Eröffnung der Timmelsjochstraße (1967) ein Begriff für weltabgeschiedene Ursprünglichkeit war.
In einem engen Kessel liegt der Gemeindehauptort Moos (1007m), der um 1850 nur aus acht Häusern bestand. Einzelhöfe und kleinere Hofgruppen prägen hier das Siedlungsbild. Vorbei an Rabenstein (1419 m) und Schönau steigt die Straße zum Timmelsjoch (2500m) an, dem dritthöchsten Paßübergang im Bereich der Ostalpen.

Rabenstein hieß vor hundert Jahren noch Hintersee. Talwärts staute im Jahre 1401 ein gewaltiger Bergsturz die Passer zum »Kummersee« auf. Bis zur definitiven Trockenlegung im Jahre 1774 haben stets von neuem katastrophale Seeausbrüche das Passeiertal verwüstet und selbst in Meran wurden Brücken, Häuser, ja sogar die Stadtmauern fortgerissen - der bezeichnende Name Kummersee läßt sich daher gut verstehen..

Der Bergbauer wirtschaftete in einem völlig unabhängigen, geschlossenen Nährstoff- und Energiekreislauf

Bei Moos mündet mit einer Steilstufe, auf der Platt (1146m) steht, das Pfeldererta ein. Es stößt weit in das Zentrum des Naturparks vor und ist über das Eisjöchl (2908m) mit dem Pfossental verbunden. In Pfelders wiederholt sich im Kleinen das zweigesichtige Vegetationsbild des Vinschgaus: an der Sonnenseite endlose Grasheiden und Almen, an der Schattseite dichter Hochwald.

Der Fichtenwald

Bereits sein Reichtum an Wildbächen, Wasserfällen und Seen unterscheidet den Passeirer Anteil der Texelgruppe vom Vinschgauer und Schnalser Bereich. An die Stelle der Lärchen treten dank ergiebigerer Niederschläge dunkle Fichtenwälder. In inneralpinen Tälern haben sich von Natur aus reine Fichtenbestände ausgebildet. Die Fichte ist sehr kälteresistent. Sie vermag auch Trockenperioden unbeschadet zu überstehen. Die natürliche Auslese in schneereichen Hochlagen hat zu schlanken Baumkronen geführt, an denen die Schneelasten kaum Halt finden.

Im Unterwuchs der Fichtenwälder dominieren schattenresistente Moose, Flechten, Bärlappgewächse, Farne, Schachtelhalme, die sich mit wenigen Prozent des Tageslichtes begnügen. In den Lichtungen gedeihen Heidel- und Preiselbeeren, die Alpenwaldrebe und die Rostblättrige Alpenrose.

Obgleich es unter den Farnen auch einige Trockenspezialisten gibt, bevorzugen sie zumeist schattige Standorte. Die Vielfalt des Lebensraums bringt es mit sich, daß im Passeier neunundsiebzig Farnarten bestimmt wurden.

Bergbauern

Der Vinschgau - und das Schnalstal im besonderen - besitzt die sowohl historisch als auch aktuell höchsten Bergbauern-

höfe des Landes. Hoch vom Naturnser Sonnenberg blickte einst der Gamphof von 2130 Metern Höhe ins Tal; heute hält der nahe Wieshof auf 2000 Metern Höhe den aktuellen Höhenrekord.
Die Gegensätze könnten nicht größer sein: Weinreben im Tal und nur wenige Kilometer davon entfernt skandinavische Verhältnisse.
Diese Höhenrekorde sind zurückzuführen auf das trocken-sonnige Klima und auf das Phänomen der Massenerhebung: je massiger und höher ein Gebirgsstock ist, umso höher klettern gegen das Zentrum zu die Vegetations- und Siedlungsgrenzen. In den Voralpen oder gar im Apennin liegen sie weitaus tiefer.
Wie kleine Fürstentümer, eingebettet in ihre Äcker, Wiesen, Weiden und Wälder sind die stattlichen Einzelhöfe über die weiten Höhenrücken verstreut. Ein typisches Bild bajuwarischer Rodungstätigkeit, die in der kurzen Wärmeperiode im Hochmittelalter ihren (auch altimetrischen) Höhepunkt erreichte.
Von der Selbstversorgungswirtschaft abgehend, überschritt man damals mit den sogenannten Schwaighöfen (mittelhochdeutsch swaiga = kleine Herde) auch die Getreidegrenze. Diese zinsten Käse, Vieh und Wolle und wurden vom adeligen Grundherrn ihrerseits mit Getreide und Salz versorgt.

Ansonsten waren noch bis weit in unser Jahrhundert hinein die Bergbauernhöfe autarke Wirtschaftseinheiten: mit Roggen, Weizen, Hafer und Gerste, Milchprodukten, Fleisch, Gemüse. Aber auch Wolle, Loden, Leinen, Mehl, Brot und die wichtigsten bäuerlichen Geräte wurden am Hof produziert. Die ausgewogene Kulturartenmischung und Tierhaltung ist das Musterbeispiel einer ökologischen Wirtschaftsweise, in der das Wort »Abfall« unbekannt war. Das wenige Geld wurde durch den Verkauf von Vieh und Holz erwirtschaftet.

Auch die Materialien zum Hausbau - Stein für die Grundmauern, Holz für Wände und Dacheindeckung - wurden aus der unmittelbaren Umgebung bezogen. Deshalb auch die einheitliche Hof-

Mit dem Ende des Gesindewesens
ist das Goldgelb der Getreideäcker dem Einheitsgrün
der Wiesen gewichen

Respekt vor der selbstgefertigten Technologie der Väter:

Manche Stadelwand wurde zu einem Freilichtmuseum umfunktioniert (bei Vernagt).

architektur und die vollendete Harmonie mit der Kulturlandschaft.

Das Bauernhaus wird durch einen Mittelgang gegliedert. Auf der Sonnseite die getäfelte Stube - das unbestrittene Herzstück jeden Hofes - und die Stubenkammer für die Bauersleute; gegenüber die gemauerte Küche und der Speisgaden; im ersten Stock oft recht zugig die Buben- und Gitschenkammer sowie die Gesindekammern.

Diese durch Jahrhunderte wirtschaftliche Unabhängigkeit hat einen selbstbewußten und stolzen Menschenschlag geprägt. Bauernadel. Beredtes Beispiel sind die Passeirer Schildhöfe, sowohl architektonisch als auch durch eigene Privilegien hervorgehoben.

Das Schnalstal hat den höchsten Prozentsatz an geschlossenen Höfen des Landes, die als unteilbarer Besitz manchmal von der Talsohle bis zu den Hochalmen reichen. Der Mittelpunkt allen menschlichen Tuns war der Hof. Er konnte nur ganz und ungeteilt überleben. Deshalb die strenge und oft auch unmenschliche patriarchalische Hierarchie: an der Spitze der Bauer, dann seine Familie, der Voter im Ausgedinge und die besitzlosen ledigen Geschwister, die Knechte und die Diarn.

Mit dem Ende des Gesindewesens ist nun auch das Gold der Getreideäcker dem Einheitsgrün der Wiesen weitestgehend gewichen. Der Verkauf von Milch und Zuchtvieh, neuerdings auch der Urlaub auf dem Bauernhof, stellen heute die Haupteinnahmequellen dar. Vor allem die Güterwege schaffen heute die Verbindung ins Tal und zum Markt. Altes Gerät und Brauchtum gerät in Vergessenheit oder wird im Museum konserviert.

Unter rein ökonomischen Gesichtspunkten muß die Nahrungsmittelproduktion auf den Berghöfen als unrentabel eingestuft werden. Vielfältige Subventionen

Autarkie für den Magen und fürs Gemüt:

Nur im Bauerngarten finden wir noch jene vielfältige Kulturartenmischung vor, die früher die Selbstversorgungswirtschaft der Berghöfe gewährleistete.
Vorderkaser im Pfossental.

rütteln am Mythos der Unabhängigkeit, auch wenn dadurch die Erhaltung der Landschaft gewährleistet werden könnte. Angesichts der zahlreichen Nahrungsmittelskandale und Chemierückstände ergeben sich jedoch neue Chancen. Wenn die Bergbauern sich aufs Wissen über den früheren »Bio - Anbau« besinnen, statt mit der »EG-Agrarindustrie« zu konkurrieren, könnten sie durch die naturnahe Produktion hochwertiger Lebensmittel einen neuen Stellenwert erhalten.

Der geologische Bau

Den Löwenanteil des Naturparks nimmt die Texelgruppe selbst ein, die durch das Pfossen- und Schnalstal, Etsch-, Passeier- und Pfeldererertal klar umgrenzt wird. Ihre Zentralberge, die sich um das Zieltal gruppieren, erreichen fast durchwegs die Dreitausendergrenze. Hauptgipfel sind die Texelspitze (3317 m) im Westen und die Hohe Weiße (3281 m) im Osten.

Bei Gipfelnamen wie Hohe Weiße, Weißkugel und Weiße Wand standen Marmorvorkommen Pate

Über das Eisjöchl ist die Texelgruppe mit den Ötztaler Alpen verbunden. Deren Hauptkamm verläuft vom Timmelsjoch westwärts (Hochfirst 3405m, Hohe Wilde 3482m, Similaun 3606m, Finail-Spitze 3516m). Östlich des Timmelsjoches liegt noch ein Zipfel der Stubaier Alpen im Naturpark.
Die vom Haupttal pyramidenförmig ansteigenden Gipfel lassen auf einen relativ homogenen Gesteinsaufbau schließen. Es handelt sich durchwegs um Umwandlungsgesteine, deren Ausgangsmaterial sich schon vor über einer Milliarde Jahre an der Erdkruste ausgebildet hat oder zu Beginn des Paläozoikums (vor etwa 580 Millionen Jahren) aus älteren Sedimentgesteinen entstanden ist.

Einer dieser Komplexe ist das Ötztaler Kristallin, das den Hauptkamm nördlich von Karthaus bis zum Eishof ostwärts aufbaut und das Stubaier Kristallin in der Umgebung des Timmelsjoches. Hauptgestein sind Gneise mit verschiedenen Anteilen an Biotit und Plagioklasfeldspat, Quarz und Granatglimmerschiefer.
Südlich der Linie Karthaus - Lodner Hütte - Pfelders erstreckt sich die »Zone der Alten Gneise«, in der rostrote Phyllite und Schiefer sowie hellere Granitgneise dominieren und gelegentlich dunkle Amphibolitstöcke aus der Umwandlung von Basalten entstanden sind. Von der Mündung des Schnalstales bis zum Tschigat (3000 m) steht ein mächtiges, teilweise vergneistes Biotitgranitlager (Tschigater Granit) an.

Gestein vom Wasser arrangiert:

Marmorweiß bis Eisenschwarz, dazwischen die Blütensterne des Frühlingsenzians.

Die Gesteinsvielfalt
des Schneeberger Zuges: helle Marmor- und Kalkbänder
zwischen dunklen Schiefern
hoch über Pfelders.

Von Sterzing kommend schiebt sich der Schneebergzug über den Grenzbereich zwischen Ötztaler Kristallin und den Alten Gneisen, baut nördlich von Pfelders den Gurgler Hauptkamm (Hohe Wilde) bis oberhalb des Eishofes auf und keilt im Süden im Gebiet des Lodners aus. Hauptbestandteil sind mineralienreiche Biotitglimmerschiefer. An die siebzig verschiedene Mineralien wurden nachgewiesen wie Bergkristall, Disthen, Rutil, Apatit, Calcit, Magnesit, Flußspat, Turmalin. Am häufigsten aber trifft man auf dunkelrote Granate, die manchmal Faustgröße erlangen - etwa im Bereich des Seebertales, wo der Granatenkogel steht. Hier sind auch mächtige dunkle Amphibolite und Serpentine eingeschaltet.

Besonders im Randbereich des Schneebergzuges kontrastieren helle Marmorbänder und Kalkphyllite mit dunklen Schiefern, die sich aus Mergelsedimenten gebildet haben - wie an den Nordflanken des Pfeldererertales, an der Hohen Weißen und am Lodner. Bei Gipfelnamen wie Hohe Weiße, Weißkugel, Weiße Wand standen diese Marmorvorkommen Pate. Während die Flora der sauren Urgesteinsböden eher arm ist, erinnert sie hier an die Pracht der Dolomiten.

Der »Schlingenbau« der Ötztaler Alpen überprägt auch den Schneeberger Zug, dessen Schichten, etwa im Bereich Hohe Weiße - Johannes-Scharte nahezu vertikal gestellt sind. Sogar kleine Handstücke mit haarfeinen Knitterfalten geben ein

Tausende Kilometer bis in die arktische Tundra müßten wir zurücklegen, um allen Lebensgemeinschaften des Naturparks zu begegnen

Zeugnis von den ungeheuren Kräften, die gewaltige Gesteinsmassen gestaucht und verformt haben.
Der »Schneeberger Zug« ist nach dem 2355 Meter hoch gelegenem Bergwerk benannt, dem höchsten Europas. Seit dem 12. Jahrhundert wurde hier silberhältiger Bleiglanz abgebaut. Um 1500 arbeiteten hier an die tausend Knappen. Das Erz wurde über die 2687 Meter hohe Schneeberger Scharte nach Ridnaun und Sterzing gebracht. Nach einer Phase des Niedergangs wurde seit 1856 vorwiegend Zinkblende gefördert. Es wurde eine 27 Kilometer lange Transportanlage errichtet - mit Bremsbergen und Pferdebahnen. 1980 wurde der Abbau aufgelassen. Teile der Anlage in Ridnaun / Maiern können heute besichtigt werden.

Von der Rebe zum Firn

Kein anderer Naturpark umfaßt innerhalb seiner Grenzen mit einer Höhenamplitude von fast 3000 Metern die gesamte Palette der Südtiroler Klimazonen und die Lebensgemeinschaften von der Obergrenze der submediterranen Vegetationszone bis zum ewigen Eis. Tausende von Kilometern nach Norden bis in die arktische Tundra müßten wir zurücklegen, um auf der »horizontalen Linie« all diesen vertikalen Lebensgemeinschaften zu begegnen.
47 Eisfelder werden vom Südtiroler Gletscherkataster im Naturpark erfaßt. Wegen der Steilheit des Gebirgsreliefs im Kerngebiet Texelspitze - Lodner bleiben die Gletscherfelder freilich auf kleinere hochgelegene Karmulden an den Nordflanken beschränkt. Deshalb prägt auch die Vergletscherung weit weniger das Landschaftsbild als etwa im Naturpark Rieserfernergruppe.
Wie sehr das Relief und die Sonnenexposition für die Bildung von Gletschern ausschlaggebend sind, ist am Ötztaler Hauptkamm augenscheinlich zu erkennen. Die kleinen Eisfelder an der besonnten steilen Südflanke sind vielfach nur Ausläufer der Vergletscherung an der

flachen Nordabdachung, von der sich die Eisströme kilometerweit in die Täler herabschieben.

Manche der kleinen Eisflächen sind in den letzten Jahren auf dürftige Schneefelder zusammengeschrumpft oder verschwunden. Dafür können wir - etwa im Talschluß des Ziel-, Pfossen- und Seebertales - »frisch« gebildete Moränenablagerungen, glattpolierte Schliffrücken und geriefte Findlinge bilderbuchartig studieren. Die Moränen des Schneebergzuges spiegeln dessen in Farbe und Struktur einmalig vielfältige Gesteinszusammensetzung eindrucksvoll wieder.

Lebendiges Wasser

Wie Adern, durch die frisches Wasser - Voraussetzung allen Lebens auf Erden - strömt, durchziehen die Gewässer sich immer mehr verästelnd die Landschaft. Eine üppige grüne Ufervegetation streckt ihre Saugwurzeln dem Wasser entgegen und befestigt zugleich die Ufer. In seinem Lauf zieht der Bach an verschiedenen Begleitern vorbei: etwa Grünerlen im Oberlauf, Grauerlen im Mittellauf und Schwarzerlen im Unterlauf.

Unter den Steinen leben Insektenlarven, die Schwebstoffe und Mikroorganismen aus dem Wasser filtern und so wesentlich zu der Selbstreinigungskraft des Wassers beitragen. Andere haben sich besondere Haftorgane zugelegt oder gar Saugnäpfe und einen stromlinienförmigen Körperbau, sodaß sie in reißenden Wildbächen nicht abgetrieben werden. Eine allfällige Abdrift wird durch flußaufwärtsgerichteten Flug der geschlüpften Insekten ausgeglichen.
Am Grund stiller Kolke und Seen leben Köcherfliegenlarven, die zum Schutz vor Räubern ein Panzerröhrchen aus Steinchen oder Rindenstücken fertigen. Wasserableitungen, Verbauungsmaßnahmen und Abwasser haben die Wasser-Lebensgemeinschaften landesweit bereits stark dezimiert.

Von allen Seiten stürzen
im Frühsommer Schmelzwasserbäche durch die Klammen
und weiße Wasserfahnen über Felsstufen

Die Bäche im niederschlagsarmen Westteil des Naturparks »leben« hauptsächlich vom Schmelzwasser, erreichen also je nach durchschnittlicher Höhe des Einzugsgebietes zwischen Mai und Juli die höchste Wasserführung. Von enormer Bedeutung für die ausgeglichene Wasserführung sind die Gletscher:
je heißer und trockener der Sommer ist, umso stärker schwellen die Gletscherbäche an und kompensieren somit die versiegenden Quellen.

An der niederschlagsreicheren Passeirer Abdachung des Naturparks ist die Wasserführung weitgehend ausgeglichener. Durch das Seeber-, Pfelderer-, Kalmen- und Spronsertal tosen schäumende Wildbäche Tag und Nacht ihre Melodie. Von allen Seiten stürzen im Frühsommer, so etwa im Pfelderertal, die Schmelzwasserbäche durch die Klammen und weiße Wasserfahnen über Felsstufen dem Talbach zu. Ein Naturschauspiel, das die aufwendigsten Wasserspiele von Parkanlagen in den Schatten stellt.

Aufgrund des steilen Geländereliefs wird der Lauf der Bäche immer wieder von Wasserfällen bestimmmt. Die Wucht des zwar nur elf Meter hohen, dafür aber ungemein wasserreichen Passerfalls zwischen Moos und St. Leonhard hat tiefe Kolke aus dem harten Felsen heraus-

Steinkunst:

Granatenschmuck auf Glimmerschiefer am Wanderweg von Pfelders ins Seebertal.
Vom Gletscher gravierte Rundbuckel im oberen Zieltal.
Rätselhafte Schalensteine an prähistorischer Kultstätte hoch über Plars.

genagt. Lange Wasserfahnen verschleiern die zweistufigen Stuller Fälle, mit 342 Metern die dritthöchsten Europas. Der Imstbachfall in Pfelders, das uns gleich am Taleingang durch das Tosen der wasserreichen Stieberfälle begrüßt, bringt es immerhin auf hundertsiebzig Meter Fallhöhe. Südlich von St. Martin stürzt sich der Kalmenbach gleichermaßen wild wie elegant achtundvierzig Meter in die Tiefe. Das eindrucksvolle »Schau- und Hörspiel« des Partschinser Wasserfalles ist bereits erwähnt.

Wenn wir im Pfossental auf das erbärmliche Rinnsal des Baches unterhalb der Ableitung bei Vorderkaser sehen, wird uns auf erschreckende Weise klar, wie Bäche zum Sterben verurteilt sind. Das Passeiertal gehört heute zu den wenigen großen Gebirgstälern Südtirols, die von einer Ausbeutung ihrer Wasserschätze verschont geblieben sind.

Pläne eines mehrstufigen Großkraftwerkes bis Meran heraus mit Speichern in Pfelders und Schönau liegen zwar seit den Fünfziger Jahren in den Schubladen, doch ist es bislang glücklicherweise noch nicht zur Realisierung gekommen. Dieses »Verdienst« gebührt auch der rechtzeitigen Ausweisung des Naturparks Texelgruppe. Damit konnte übrigens auch ein Pumpspeicherwerk abgewendet werden,

Seen, die »brüllen« und Kühe hinabziehen oder die Siedlungen lasterhafter Menschen ertränken

Vollendete Harmonie
zwischen weich und hart, Fließen und Bleiben: der Bändermarmor scheint mit der Wasserströmung zu schwingen.

dessen Stausee die unberührte Welt des Pfossentales ertränkt hätte.

Die Spronser Seen

»Augen der Berge« werden die kleinen Bergseen poetisch genannt, in denen die schäumenden Bäche zur Ruhe kommen und in deren glatten Wasserspiegeln sich wilde Bergkulissen spiegeln. Die Bergseen, deren Ufer oft saftig grüne Oasen sind, üben auf den Wanderer eine magische Anziehung aus. Die rund zwanzig Seen des Naturparks verdanken ihre Entstehung durchwegs den Gletschern, die entweder Felsbecken ausgeschürft haben oder Kare durch wasserstauende Moränen abgedämmt haben.

Ein besonderes »Gustostückl« des Naturparks sind ohne Zweifel die neun Spronserseen, die zusammen die größte alpine Seenplatte Südtirols bilden und die Mühen des Aufstiegs hundertfach lohnen. Von leuchtenden Wollgraswiesen umgeben sind der Kasersee (2117m) und der Pfitschersee (2126m). Über den verlandenden Mückensee (2330 m) erreichen wir den kreisrunden Grünsee (2338 m). In Richtung zum Spronserjoch liegen der Schiefersee(2501m), Kesselsee(2512m) und Schwarzsee(2589m). Einen Kilometer lang und bis zu 35,5 Meter tief ist der sich in Richtung Hochgang erstreckende Langsee (2377 m). Noch im Hochsommer vom Schmelzwasser getrübt sind die 2540 Meter hochgelegenen Milchseen. Selbst in diesen spät ausapernden Seen leben noch Saiblinge.

Merkwürdige Erzählungen spinnen sich um den kleinen Faglsee, der ins Kalmtal entwässert. Er gehört zur Spezies der »brüllenden« Seen, die den Erzählungen der Hirten zufolge aufziehende Gewitter durch deutliches »Knuttern« ankündigen und oft auch mit Hexensagen in Verbindung gebracht werden.

Seen haben die Phantasie des Volkes angeregt:
Es ist von heimtückischen Wirbeln die Rede, in die Kühe hinabgezogen wurden, deren Schellen dann in einem weit entfernten See oder Bach wieder ans Tageslicht kamen; oder von blühenden Almen, Siedlungen und Bergwerken, die wegen des lasterhaften Lebens ihrer Bewohner im See ertränkt wurden.

Adlerhorst
in den Wänden des Pfossentales:

Indiz
für noch intakte natürliche
Regelkreise.

Informationen zum Naturpark Texelgruppe (Nachtrag)

Gesamtfläche des Parks: 33.430 ha (gegründet 1976)

Die Gemeinden des Naturparks Texelgruppe

Schnals (Verkehrsamt: Telefon 0473 / 89148)
1.390 Einwohner. Fläche 21.043 ha. Anteil am Naturpark 8.970 ha

Naturns (Verkehrsamt: Telefon 0473/87287)
4.650 Einwohner. Fläche 6.704 ha. Anteil am Park 970 ha

Partschins (Verkehrsamt: Telefon 0473/97157)
2.950 Einwohner. Fläche 5.540 ha. Anteil am Naturpark 3.380 ha

Algund (Verkehrsamt: Telefon 0473/48600)
3.858 Einwohner. Fläche 2.361 ha. Anteil 380 ha

Tirol (Verkehrsamt: Telefon 0473/93314)
2.241 Einwohner. Fläche 2.559 ha. Anteil 1.640 ha

Riffian (Verkehrsamt: Telefon 0473/241076)
1.057 Einwohner. Fläche 3.575 ha. Anteil am Park 2.700 ha

St.Martin i. Passeier (Verkehrsamt: Telefon 0473/641210)
2.724 Einwohner. Fläche 3.049 ha. Anteil am Naturpark 1.140 ha

Moos i.Passeier (Verkehrsamt: Telefon 0473/643558)
2.184 Einwohner. Fläche 19.458 ha. Anteil am Park 14.250 ha

Literaturhinweise zum Naturpark Texelgruppe

Diverse Autoren:
Ratschings-Ridnaun-Jaufental (Gebietsführer 42), Bozen, 1985

Gufler, Christof:
Passeier (Gebietsführer 36), Bozen, 1983

Koch, Giovanna:
Untervinschgau (Gebietsführer 34), Bozen, 1982

Langes, Gunther:
Burggrafenamt (Landeskunde 4), Bozen, 1978

Ortner, Peter: Naturpark Texelgruppe, Assessorat für Umweltschutz, 1986

Rampold, Josef:
Vinschgau (Landeskunde 1), Bozen, 1980

Naturpark Sarntaler Alpen

Naturpark

Sarntaler Alpen

Die wiederentdeckte Mitte

Offene Weite im Herzen des Landes.
Der Schwarzsee am Villanderer Seeberg gegen das Sarner Blankenhorn.

Gerade ihre Nicht-Berühmtheit
hat die Sarntaler Alpen vor Vermarktung und
Übererschließung bewahrt

Kein Touristenboom ohne spektakuläre Landschaftsattraktionen: auf den Wegen durch die Sarntaler Alpen werden wir stundenlang über Hochalmen und flechtenüberwachsene Blockhalden wandern, durch Latschenfelder und Zirmwälder und werden kaum einem Menschen begegnen - im Zentrum des Touristenlandes Südtirol, in unmittelbarer Nähe der drei größten Städte Südtirols, die am Fuße der Sarntaler Alpen liegen.

Kühne Dreitausender, spektakuläre Felswände oder gar Gletscher suchen wir hier vergebens. Es haben hier keine Kletterpioniere Bergsteigergeschichte gemacht, es drehen sich auch keine international berühmten Skikarusselle und es führen nicht die obligatorischen Reiserouten der Touristenbusse hindurch.

Gerade die Nicht - Berühmtheit der Sarntaler Alpen macht ihren unschätzbaren Wert aus, hat sie vor Vermarktung und Übererschließung bewahrt. So treffen wir im Herzen des Landes noch immer großräumige intakte Naturlandschaften an, die auch alle Kriterien für die Ausweisung eines Naturparks erfüllen. Dank dieser Nicht - Berühmtheit schützen sich die Sarntaler Alpen quasi von selbst - wohl mit ein Grund, daß sie bei der Verwirklichung des Naturparkprogrammes an die letzte Stelle kamen und noch

Das Maß der Weite. Kilometerweit
schlängeln sich sorgfältig geschichtete Trockenmauern über die Villanderer Almen.
Der Kreuzwaal mäandriert über dem Feldthurner Kuhberg.

nicht rechtskräftig geschützt sind. Anderswo ist die »Naturschutzfeuerwehr« dringender gebraucht worden, um letzte Naturlandschaften vor einem gefräßigen Tourismusbusiness und dem unersättlichen Energiehunger aller Kraftwerksplaner in Sicherheit zu bringen.

Die Gebirgsgruppe der Sarntaler Alpen wird im Osten vom Eisack- und Jaufental, im Westen vom Etsch- und Passeiertal klar abgegrenzt. Der Jaufenpaß bildet die Brücke zu den Stubaier Alpen. Nur die nördliche Hälfte hat den Charakter eines Hochgebirges, das sich vom Ifinger im Westen hufeisenförmig bis zur Kassianspitze im Osten aufbaut. Gegen Süden klingen die Sarntaler Alpen in weiten Hochflächen aus: westlich der Tschögglberg mit den Ortschaften Hafling, Vöran, Mölten und Jenesien; im Osten das weite Villanderer Almengebiet, das sich zum besiedelten Rittner Plateau senkt.

Das geplante Naturparkgebiet wird neben dem Kerngebiet in der Gemeinde Sarntal noch die nördlichen und östlichen Hauptkämme der Sarntaler Alpen bis hinab zu den Siedlungen des Eisacktales umfassen: Ratschings, Freienfeld, Franzensfeste, Vahrn, Brixen und Feldthurns, Latzfons / Klausen, Villanders, Barbian und Ritten. Mit einer Gesamtfläche von über 40.000 Hektar wird es der größte Naturpark des Landes sein.

Das Sarntal hat Natur, traditionelle bäuerliche Wirtschaftsweise und Brauchtum intakter als andere Täler bewahrt

Im Sarntal

Nur eine einzige schmale Pforte führt in die allseits unzugänglich erscheinende Bergfestung der Sarntaler Alpen. Eine fünfzehn Kilometer lange tiefe Schlucht mußte die Talfer durch den harten Porphyr nagen, bis sie sich endlich in die Weite des Bozener Talkessels ergießen konnte. Ein geeigneter Zugang ins Talinnere war dies allerdings noch lange nicht. Durch Jahrtausende wichen die steilen Saumwege über die angrenzenden Höhenrücken aus. Erst 1852 wurde ein schmaler Weg durch die Schlucht gebaut; oftmals vom Wildfluß weggerissen, wurde 1935 die etwas höher gelegene Tunneltrasse aus dem Porphyr gesprengt.

Dank der verkehrsmäßigen Abgeschiedenheit hatte das Sarntal trotz der unmittelbaren Nähe zur Stadt die Natur, die traditionelle bäuerliche Wirtschaftsweise und das Brauchtum intakter als andere Täler bis in unsere Zeit bewahrt. Während die alten Volkstrachten anderswo fast nur mehr von Musikkapelle, Schützen und von Brauchtumsgruppen getragen werden, erleben wir hier beim Kirchgang viele Sarner und Sarnerinnen noch in schlichter, gediegener Tracht.
Als Statussymbole der Tracht der Männer gelten die breiten, federkielbestickten »Bauchfatschen« (Gürtel) und die nicht minder stabile »Hosenkrax«, die schon fast einem Lederwams ähnelt.

Die weit über die im Talinneren sanfter werdenden Berghänge verstreuten Einzelhöfe bilden seit alters her 27 Nachbarschaften, die auch Wälder und Almen gemeinsam bewirtschaften.

Der Paarhof mit den Firstfronten zum Tal bestimmt die bäuerliche Siedlungslandschaft. Ans Dach einer gotischen Kathedrale erinnern die steilen, hohen Walmdächer mancher Stadel, die mit Stroh bedeckt waren. Die Wohnhäuser hatten flache Legschindeldächer. Heute gäbe es nicht einmal mehr genug Stroh, um das Dach zu decken; denn die Äcker wurden in den letzten Jahrzehnten zugunsten der Milchviehhaltung »begrünt«.

Schon zur mittelalterlichen Besiedlungszeit bestanden im Talinneren hauptsächlich Schwaighöfe.
Erst die intensive Bautätigkeit der letzten Jahrzehnte ließ den Gemeindehauptort Sarnthein (1098 m), im Tal »das Dorf« genannt, zu seiner heutigen Größe anwachsen. Alte Wirtshäuser und Ansitze, auffällig das turmförmige Kränzelstein,

Qualitätssiegel einer Landschaft:
Wasserfall
im unberührten Flaggertal.

Das einzige
wirksam verkehrsberuhigte Dorf Südtirols

Zivilisation im Rückzug:

verlassener, mittelalterlicher Bergwerksstollen am Villanderer Seeberg unterhalb des Toten.

unterstreichen die traditionelle Hauptortsfunktion. Der Hang darüber wird von der mächtigen romanischen Dynastenburg Reinegg dominiert, dem einzigen feudalen Bollwerk im autarken Bauernland. Hingegen ist der enge Taleingang hinter Bozen mit Burgen wie Runkelstein und Ried, Wangen, Fingeller Schlößl und Rafenstein geradezu gespickt.

Kurz nach Sarnthein teilt sich das Tal bei Astfeld in zwei Äste. Von links rauscht die Talfer durch das Penser Tal vom gleichnamigen Joch herab, das ins Wipptal führt. Bei Weißenbach, wo sie mäandrierend eine Flachstrecke durchströmt, sind die prächtigen Bestände der seltenen Deutschen Tamariske durch ein Biotop geschützt.
Nach rechts öffnet sich das Durnholzer Tal mit dem Dorf Reinswald auf halber Hanghöhe. Das Bild des von dunklen Wäldern und hellen Wiesen gesäumten Durnholzer Sees (1560 m), in dem sich die spitztürmige Hügelkirche spiegelt, könnte aus dem Pinsel eines Landschaftsmalers der Romantik gezaubert worden sein. Meister der bekannten Bozner Schule haben hingegen Ende des 14. Jahrhunderts in der Durnholzer Kirche (ebenso wie auch in St. Zyprian / Sarnthein und in St. Valentin / Astfeld) herrliche Freskenzyklen geschaffen.

Der zwölf Hektar große und bis zu 13,5 Meter tiefe Durnholzer See wurde infolge eines Bergsturzes aufgestaut. In den Dreißiger Jahren wollte der Mensch die Natur

»Zivilisation« im Vormarsch:
Latschenrodung in der Kampfwaldzone zwecks Öldestillation.

durch einen riesigen Betondamm überbieten, wodurch die Landschaftsidylle in einem Speichersee ertrunken wäre, dessen Wasser bei Vahrn abgearbeitet werden sollte. Nachdem nun die Kraftwerksbauer aber selbst in über fünfzig Metern Tiefe noch immer nur lockeren Felsschutt vorfanden, ließen sie endlich von ihrem Vorhaben ab.
Damals haben die Durnholzer Glück gehabt, heute zeigen sie selbst ein vorausschauendes Verantwortungsbewußtsein für ihren Lebensraum. Die Blechlawine des starken Ausflugsverkehrs wird nämlich schon ein paar Hundert Meter unterhalb des Sees abgefangen.

Während auch die letzten Orte, die bisher nur mit Seilbahnen oder Wirtschaftswegen erschlossen waren, mit teuren Autostraßen nun Verkehr, Bustourismus und Abgase ins Dorf geholt haben, ist Durnholz bis heute das einzige wirksam verkehrsberuhigte Dorf Südtirols geblieben.

Wo einst selbst der Kaiser mit seinem prunkvollen Gefolge durchkam, »schliefen« wir heute mit unseren Autos nicht mehr

Am Sonnenhang hinter dem See klettern Berghöfe mit bezeichnenden Namen wie Inderst und Öberst bis auf 1765 Meter.

Die unzugänglichste Nachbarschaft ist hingegen das erst in jüngster Zeit durch Güterwege erschlossene Windlahn, im äußersten Gemeindezipfel hart an der Rittner Grenze gelegen. An seinen steilen Wiesen ist schon mehr als ein Bauer bei der Heuarbeit zu Tode gekugelt.

Am Ritten

Von der Talfer bis an den Eisack hinab reicht das Gebiet des Rittens, der am Naturpark nur mit einem kleinen Zipfel westlich des im Gemeindegebiet von Barbian gelegenen Rittner Horns (2260 m) Anteil hat. Die aus Eiszeitmoränen ausgewaschenen Erdpyramiden am Außenrand des Rittner Plateaus gelten mit bis zu zwanzig Meter hohen Türmen als die bizarrsten auf der ganzen Erde.

Am Ritten ist nicht nur die Praxis, sondern auch das Wort »Sommerfrische« selbst entstanden. Schon im Mittelalter flüchteten wohlhabende Bozner vor der fieberhauchenden Sommerglut des Tales »in die Frisch«. In Maria Himmelfahrt, Oberbozen und Klobenstein sind so unter schattigen Linden zahlreiche Sommerfrischevillen in gefälligem Barock und Biedermeier entstanden.

In unserer Zeit, wo nicht allein mehr privilegierte »Laubenkönige« sich eine Zweitwohnung leisten können und die Auswirkungen der zunehmenden Umweltbelastungen in der Stadt bereits mit der einstigen Malaria vergleichbar sind, hat sich der Druck ins Grüne massiv verstärkt. So wurden Zersiedelung, Verstraßung und Verlärmung immer mehr zur Plage. Mit dem »Landschaftlichen Gebietsplan Ritten« hat die Landesverwaltung bereits in den Siebziger Jahren diesem Wildwuchs Grenzen gesetzt.

Über den Ritten umging auch der gesamte Brennerverkehr bis zum 14. Jahrhundert die Eisackschlucht. In der um 1230 gegründeten Kommende des Deutschen Ritterordens kehrten einst sogar Kaiser ein. Die Spuren der vom Zollhaus in Kollmann heraufziehenden legendären Kaiserstraße sind den Straßenbauten unserer Zeit zum Opfer gefallen. Wie sich die Zeiten ändern: wo einst selbst der oberste Herrscher des Abendlandes mit seinem prunkvollen Gefolge durchkam, »schliefen« wir heute mit unseren Autos und Traktoren nicht mehr.

Im Eisacktal

Die Eisacktaler Flanke der Sarntaler Alpen ist relativ homogen gegliedert: auf den tieferen Hangterrassen die Dörfer Barbian, Villanders, Latzfons, Feldthurns und Tils ober Brixen; darüber Einzelhöfe, die sich immer mehr im Waldgebiet verlieren und schließlich das Hochplateau mit den Almen, die sich ununterbrochen vom Rittner Horn bis zum Königanger weiten.

Viel gerühmt ist die Eisacktaler Kulturlandschaft: Die Rebterrassen zwischen Trockenmauern, Ackerflecken, Obstanger und Wiesen wechseln ab mit schattigen Kastanienhainen, in denen oft wahre Naturdenkmäler stehen.
Durchaus ebenbürtig sind ihnen die Kulturdenkmäler:
Malerische Gehöfte, der schiefe Turm von Barbian, die gotischen Fresken von Saubach und Sauders, die Idylle von Bad Dreikirchen, die malerische Dorfgasse von Villanders, die prächtige bischöfliche Sommerresidenz in Feldthurns, und die prähistorischen Felszeichnungen auf der Tschötscher Heide.

Das mittelalterliche Klausen(523m), das aus einer einzigen verwinkelten Stadtgasse besteht, vor deren Erkerfronten über Jahrhunderte der Brennerverkehr durchrumpelte und Krönungszüge der deutschen Kaiser und Kreuzzugsheere durchmarschierten, riegelt die schmale Klause zwischen dem Eisack und dem Säbener Burgfelsen ab.

Auf dem zweihundert Meter hohen Klausenitfelsen thront die Akropolis von Säben, bereits den Ureinwohnern heilig und Keimzelle der Christianisierung unseres Landes. Hier residierte schon in spätrömischer Zeit der erste Bischof.

Überall auf den Eisacktaler Gebirgsterrassen stoßen wir auf uralten Siedlungsboden. Im Villanderer Plunacker wurden von der Jungsteinzeit bis ins Mittelalter mit einem halben Dutzend Kulturschichten die Spuren einer fünftausendjährigen ununterbrochenen Siedlungstätigkeit ergraben.

Später schützte Säben als das Festungsbollwerk des Fürstbistums Brixen dessen Grenzstadt Klausen, die im Hochmittelalter dank des Erzsegens aus dem nahen Pfunderer Bergwerk aufblühte. Im alten Klausen hat sich das Urbild einer Tiroler Kleinstadt bewahrt.

Als der Bischof kurz vor der Jahrtausendwende vom Säbner Burgfelsen in freundlichere Gefilde übersiedelte, schlug die Geburtsstunde Brixens. Als sodann die Kaiser den Bischof mit den Grafschaften an Eisack, Inn und Rienz belehnt hatten, wurde Brixen Hauptstadt eines reichsunmittelbaren Fürstentums. Erlesene Baukultur erzählt Geschichte: mit Beispielen aus der Romanik, dem gotischen Kreuzgang, dem barocken Dom, den Prunkräumen der fürstbischöflichen Hofburg und geschmackvollen Bürgerhäusern. Sie machen Brixen zur wohl bedeutendsten Kulturstätte des Landes.

In der Kulturlandschaft des weiten Brixner Beckens vermählen sich erstmals der

Wo wir unter uralten Edelkastanien wie in den heiligen Götterhainen Griechenlands wandeln

Wo Afrika mit Ureuropa kollidierte: Reste eines Dolomitgebirges zwischen Granitgneis und Paragneis am Sarner Weißhorn.

Norden mit dem Süden - auf Schritt und Tritt erlebbar im Vorfeld des Naturparks um Feldthurns, Pinzagen, Tschötsch und Tils, Schalders und Spiluck.

»Ein beständiger Wechsel von Form und Farbe, von aller Tönung zwischen Morgenrot und Mondsilber beherrscht diese Wege durch eine Landschaft, in der Bauernhaus und Hügelkirche, Edelsitz und Klosterbau so erdverwachsen sind wie Kastanienhain und Waldesdunkel, Bergbach und Silberspiegel einsamer Seen« (Josef Rampold).

Dieser Preisgesang hat auch für das Gemeindegebiet von Vahrn volle Gültigkeit: die Kunstschätze der rebenumrankten ehrwürdigen Abtei von Neustift; das von Ansitzen geprägte Vahrn (678 m), an dessen Nordrand wir unter uralten Edelkastanien wie in den heiligen Götterhainen Griechenlands wandeln; bei einer Wanderung entlang des schäumenden Schalderer Baches, der - von Betonkorsetten verschont - zu den schönsten von Südtirol gehört.

Im Wipptal

Der Kundige erkennt sogleich die Ursache, wenn das Obere Eisacktal nun wieder zur Schlucht wird: Zwischen Franzensfeste und Mauls wird der für die weichen Formen der Brixner Talweitung

Vor Kraftwerksplanern und Blechlawinen gerettet:

Die Idylle des Durnholzer See mit den obersten Gehöften.

»verantwortliche« Quarzphyllit von einem harten Granitriegel abgelöst, der der Erosion von Wasser und Eis bedeutend größeren Widerstand entgegensetzt und dessen Festigkeit auch Wandbildungen fördert.

Die enge Talschlucht bietet oft gerade noch der Brenner Staatsstraße, Eisenbahn und Autobahn Platz. Liebliche Hangterrassen, denen wir im unteren Eisacktal begegneten, fehlen hier ganz. Doch reichen unzugängliche Waldhänge bis ins Tal herab und das Naturparkgebiet umfaßt hier alle Höhenstufen - beim Vahrner See sogar dessen Schilfmoor und einen Kastanienhain mit seiner wärmeliebenden Begleitflora.

Franzensfeste (749 m) gehört zu den jüngsten Orten Südtirols und verdankt seine Entstehung dem 1871 geschaffenen Eisenbahnknoten. Schon 1935 ist ein Teil der Ortschaft wieder in den Fluten des Stausees verschwunden. Hundert Jahre früher wurde die namengebende Granitfestung erbaut.
Alte Postgasthöfe in den kleinen Weilern, die im engen Tal gerade noch Platz gefunden haben, erinnern daran, daß die Leute hier dereinst vom Brennerverkehr lebten. Heute freilich macht der Brennerverkehr ihnen durch Lärm und Abgase das Leben schwer - und das Tal bald unwirtlicher als zu Zeiten der ungebändigten Wildnis.

An der Felsenge der Sachsenklemme haben 1809 die Tiroler Freiheitskämpfer das mit den Franzosen verbündete Sachsenheer mittels Steinlawinen aufgehalten. Heute würden manche sich eine ähnliche »Transitklemme« wünschen, um die über den Brenner schwappende Transitlawine auf ein verträgliches Maß zu reduzieren. Als an einem Juliwochenende 1991 eine gewaltige Mure in der Sachsenklemme tatsächlich Straße und sogar Autobahn blockierte, kroch zwischen Reschen und Felbertauern eine Hunderte Kilometer lange Autoschlange über die Alpenpässe.

Kurz vor Mittewald mündet das etwa zehn Kilometer lange, doch vollkommen unbesiedelte Flaggertal ein. Wer den langen Anstieg durch die bewaldete Granitschlucht nicht scheut, wird im Oberlauf vom Blumenflor weiter Almböden belohnt. Der Flaggerbach, der diese in ruhigen Mäandern durchströmt, braust dann wieder über Wasserfälle und durch tiefe Tosbecken über Steilstufen herab. Kein Almweg zerschneidet dieses wildreiche Herzstück des Naturparks.
Tausend Meter mühsamen Anstiegs von Graßstein zum dem wald- und almrosengesäumten Puntleidersee(1847m) schützen das einzigartige Juwel vor Touristenrummel und Souvenirkiosken besser als jedes Schutzdekret.

Von Sterzing nach Graßstein wurde im späten Mittelalter die Schmelzhütte des Schneeberger Erzes verlegt - nicht nur wegen des vorhandenen Holzes, sondern auch wegen der Proteste des Sterzinger Stadtrates gegen die Rauchbelästigung.

Somit läßt sich dies als der erste dokumentierte Umweltprotest bezeichnen. Bei den feudalen Fuggern hatten damals die Sterzinger mehr Erfolg als heute mit ihren Klagen gegen die Dieselschwaden, die vom Lkw-Zollbahnhof an der Autobahn zur Stadt herüberziehen.

Mit dem Übergang zu weicheren Gneisen beginnt sich bei den Weilern Mauls, Pfulters und Niederried das Tal zu weiten. Freienfeld (937 m) mit den alten Ortskernen von Stilfes und Trens liegt auf den Schuttmassen jenes Bergsturzes, der nach dem Schmelzen des stützenden Eisackgletschers das ganze Tal etwa hundert Meter hoch verfüllt und einen bis gegen Mareit reichenden See angestaut hatte. Zehntausend Jahre Urwald haben die Schuttoberfläche zu fruchtbaren, gewellten Wiesenböden »veredelt«, die vom noch unregulierten Eisack in Mäandern umflossen werden. Leider hat die quer durchbetonierte Autobahn diese urtümliche Flußlandschaft schwerwiegend beeinträchtigt.

Aus dem im Laufe der Jahrtausende zum Sterzinger Moos verlandeten See ragen einige Inselberge heraus, auf denen beim Weiler Elzenbaum die Burg Reifenstein thront, in der die Zeit seit fünfhundert Jahren stehengeblieben ist.

Von den Tälern der weitläufigen Gemeinde Ratschings (Ridnaun, Ratschings, Jaufental) hat nur letzteres Anteil am Naturpark. Es bildet die Nordgrenze der Sarntaler Alpen. Das Leben in den Einzelhöfen und Weilern des Jaufentales wird heute von keiner Verkehrshektik und keinem Skirummel gestört. Früher führte der Saumverkehr zum Penser Joch und zum Jaufen hier durch; bis im 20. Jahrhundert die modernen »Kunststraßen« das stille Tal weiträumig über die Hangschultern umfahren haben. Abseits zu liegen kann in der heutigen Zeit auch ein Glücksfall sein.

Harter Porphyr und weicher Phyllit

Für die Schluchtstrecke zu Beginn des Sarntales ist (wie für die Eisackschlucht bis Kollmann) der harte Bozner Quarzporphyr »verantwortlich«. Oberhalb der für die Besiedlung ungünstigen Steilflanken trägt er weite Plateauflächen.
Der meist braunrote Porphyr baut im Bereich der Sarner Scharte (2460 m) die kühnsten Wände des sonst an alpinistischen Attraktionen armen Naturparks aus und erreicht am Villanderer Berg (2509 m) den nördlichsten und zugleich höchsten Punkt. Gegen Süden sinkt die Porphyrscholle zusehends bis auf die im Durchschnitt 1200 Meter hohe besiedelte Rittner Terrasse ab.
Der Wechsel in der Landschaftsmorphologie nördlich von Bundschen im Sarntal (ebenso wie im Klausner / Brixner Bekken) ist nicht zufällig. Das Tal weitet sich, die Hangneigung wird sanfter, läßt aus-

Abseits zu liegen
kann in der heutigen Zeit und immer mehr
zum Glücksfall werden

giebig Raum für die menschliche Besiedlung. Die Gipfelregion wird zunehmend schrofig.

Wir befinden uns nun im Bereich des Brixner Quarzphyllites, der südlich der Linie Franzensfeste - Pensertal den zentralen Teil der Sarntaler Alpen aufbaut.

Die Umwandlungsgesteine

Der Quarzphyllit ist ein Umwandlungsgestein, das vor sechshundert Millionen Jahren aus noch älteren sandig-mergeligen Meeressedimenten entstanden ist. Sinken diese Sedimente durch tektonische Vorgänge rund zehntausend Meter in die Tiefe, so erwärmen sie sich unter dem Druck der darüber lastenden Gesteinsschicht im Laufe einiger Millionen Jahre auf rund dreihundert Grad Celsius. Die Tonminerale werden dabei instabil und kristallisieren zu Glimmer, Albit und Quarz um. Der Glimmer regelt sich parallel zu den Bewegungsflächen und bewirkt die Schieferung des Phyllites und dessen gute Spalteigenschaften. Der vom Mergel-Restwasser gelöste Quarz kristallisiert an Stellen geringen Druckes zu typischen Quarzlinsen. Organischer Kohlenstoff bewirkt die dunkle Tönung des Brixner Quarzphyllites.

Ausgedehnte Blockschuttfelder, besonders in den Kammbereichen, verleihen der Quarzphyllitformation den Eindruck von »Trümmerbergen«. Übergänge wie etwa die Flaggerscharte sind oft ganz von Geröll verfüllt. Hauptzertrümmerer ist der Spaltenfrost. Beim Gefrieren dehnt sich das längs der Schieferung eingedrungene Wasser aus. Mit bis zu zweitausend Atmosphären (bei minus zwanzig Grad Celsius) sprengt der Gefrierdruck das härteste Gestein.

Sackt das Gestein fünfzehn bis zwanzig Kilometer in die Erdkruste ab, steigt die Temperatur auf fünfhundert bis sechshundertfünfzig Grad. Es bilden sich härtere Glimmerschiefer, bei höherem Feldspatgehalt Gneise.
Angesichts dieser Entstehungsbedingungen ist es verständlich, daß die verschiedenen Metamorphosegesteine oft nicht so deutlich voneinander getrennt werden können. Während die Seitenflanken des Brixner Beckens praktisch ausschließlich aus Quarzphyllit bestehen, sind gegen Westen zu (Latzfonser und Villanderer Almen, Gentersberg bis zum Mittager) oft Paragneise, seltener auch Glimmerschiefer zwischengeschaltet. Im Landschaftsbild sind sie aufgrund ihrer größeren Härte häufig als Hangversteilungen auszumachen.

Bei reinen Kalk- bzw. Sandsteinen kann es mangels anderer Beimengungen zu keiner Reaktion und Umbildung mit anderen Mineralien kommen. Das Gestein

Refugium in weltabgeschiedener, herber Bergwelt:

Schutzhütte an der Flagger Scharte. Im Hintergrund die massige Jakobsspitze.

Abruptes Ende der Almhochfläche:

Porphyrwand am Aufstieg zur Sarner Scharte.

Wenn Gesteine zwanzig Kilometer tief in die Erdkruste absacken, steigen sie umgewandelt empor

kristallisiert zu Marmor bzw. Quarzit um, die wir kleinräumig ebenfalls in den Sarner Bergen antreffen.

Sinken die Gesteine in noch größere Tiefen, beginnen bei Temperaturen von über siebenhundert Grad immer mehr Minerale zu Magma aufzuschmelzen. Sobald der Druck nun groß genug wird, dringen sie durch die Erdkruste. Je nach der Zusammensetzung des Magmas und den Erkaltungsbedingungen entstehen verschiedene Ergußgesteine.

Das in explosiven Glutwolken an der Erdoberfläche dahinschießende Magma erkaltete rasch zu Porphyr. Aus dem in anderen Gesteinsschichten »steckengebliebenen« langsam erkaltenden Magma kristallisierten Granit, Tonalit oder der dioritähnliche dunkle Klausenit, der stellenweise im Thinnetal ansteht und auch den Säbener Burgfelsen aufbaut.

Die auf dem ersten Blick so »langweiligen« Sarner Berge können uns jedoch bei genauerem Hinsehen sehr viel über die Entstehungsgeschichte der Erdoberfläche erzählen.

An der Nahtlinie Europas

Auf vielfältige Zeugen der tektonischen Ereignisse bei der Alpenbildung stoßen wir in den Bereichen Mauls-Niedeck-

Weltverlorene Himmelsnähe:

Das Latzfonser Heiligkreuz, eine der höchsten Wallfahrtskirchen Europas. Nur die ferne Dolomitenkulisse ragt noch aus dem Nebelmeer.

Weißenbach-Plattenjoch. Die Pustertallinie, wo Ureuropa mit einem Teil von Urafrika zusammenprallte, biegt bei Mauls nach Südwesten ab. Als Judikarienlinie verläuft sie über Meran ins westliche Trentino weiter.

Zum Rand von Urafrika gehört der rund 280 Millionen Jahre alte Brixner Granit, der zwischen Mauls und dem Vahrner See die größte Ausdehnung erreicht, im Osten bei Kiens, im Westen am Eingang des Ultentales auskeilt. Der harte Granit bedingt die enge Eisackschlucht ebenso wie die wuchtige Tatschspitze (2526 m) und den kühnen Ifinger (2581 m).

Das Flaggertal wiederspiegelt im Kleinen die Eisacktaler Verhältnisse: bis zur unteren Flagger Alm die tief eingeschnittene Granitschlucht, sodann Verflachungen, Almböden und sanftere Grashänge im Quarzphyllitbereich. Der ansonsten saure Granit ist hier, wie die Flora verrät, überraschend calciumreich; er ist durch Orthoklasfeldspat rosarot getönt.
Längs der eigentlichen Bruchlinie ist an der Nordflanke des Granites wie in der Rieserfernergruppe Tonalit emporgestiegen, hier jedoch nur in einem wenige hundert Meter breiten Gang. Durch Kontaktmetamorphose wurde anschließend aus einem dünnen Sedimentgestein Marmor und Kalkschiefer gebildet. Nördlich der Bruchlinie schließt die »Zone der alten Gneise« - teilweise auch mit Glimmerschiefer - an, die auch den Rieserferner Tonalit umhüllt.

Die 1500 Meter mächtige Tribulaunformation wurde zu einem Schichtpaket zusammengequetscht

Zwischen Mauls - Stilfes - Weißer Wand - Weißhorn - Unterbergtal bei Weißenbach stoßen wir überraschend auf hellen Dolomit und auf Quarzitbänder, die auch für die »weißen« Flurnamen Pate standen. Besonders auffällig sind diese Dolomitschuppen an der Nordrampe der Penser-Joch-Straße oder im Gipfelaufbau des Weißhorn, eingeklemmt zwischen dem basalem Granitgneis und der rostbraunen Paragneisspitze.
Es ist der Tribulaundolomit, der hier zwischen den Mühlsteinen der Gebirgsschollen gequetscht wurde. Der weite Transport und die extreme Lamination des Gesteins geben uns einen Eindruck der hier wirksam gewordenen Urkräfte, die von der 1500 Meter mächtigen Tribulaunformation nur ein zwanzig bis etwa zweihundert Meter dickes Schichtpaket übriggelassen haben.

Aufgelassene Bergbaureviere

Im Kontaktbereich zwischen den verschiedenen Gesteinstypen ist es lokal zur Bildung von Erzgängen gekommen. Ein spätbronzezeitlicher Schmelzplatz ober dem Reinswalder Knappenbach bezeugt, daß berits die Ureinwohner am Villanderer Seeberg (2050 m) Kupferkies abgebaut haben. Die Sage vom goldenen Kegelspiel und die erhaltenen Stolleneingänge bei den Schwarzseen zeugen noch vom mittelalterlichen Bergbau.

Zu den bedeutendsten Bergwerken Tirols gehörte das Pfunderer Bergwerk am Südwesthang des Thinnetales hinter Klausen (seit dem 12. Jahrhundert beurkundet, 1943 aufgelassen). In der Kontaktzone von Quarzphyllit, Porphyr und Klausenit wurden auch hier in siebzig Stollen Zinkblende, silberhaltiger Bleiglanz, Kupferkies und Pyrit gehauen.
Arsenpyrit wurde bei Aberstückl, Magneteisenerz und Kupferkies am Essenberg abgebaut; von 1930 bis 1945 sogar Antimon am Tanzbach bei Windlahn. Erst 1991 aufgelassen wurde das Bergwerk Rabenstein im Penser Tal. Während man hier früher Bleiglanz- und Zinkblendeadern ausbeutete, waren es letzthin hochwertige Fluoritgänge.

Das Kapitel »Bergbau in den Sarntaler Alpen« ist nun endgültig abgeschlossen. Manchen erfüllt dies mit Nostalgie. Andere hingegen mit Hoffnung, wenn es in der immer mehr ausgebeuteten Welt auch Winkel gibt, aus denen sich der wirtschaftende Mensch zurückzieht und so der Natur wieder eine freie Entfaltung ermöglicht wird.

Der Waldgürtel

Nur an wenigen Standorten im Eisacktal reicht der Naturpark in die Kastanienstufe herab. In feuchten Bachschluchten bilden Buchen, Ahorn, Winterlinden und

Grauerlen ein dichtes Laubdach. Auf den sonnenexponierten Hängen stößt auch die Föhre weit in die montane Stufe vor. Ihr lichtes Kronendach bietet einem wärmeliebenden Unterwuchs Raum.

Wegen des rauhen inneralpinen Klimacharakters der Sarntaler Alpen wird die montane und subalpine Stufe naturgemäß von der Fichte dominiert. Lediglich an luftfeuchten Standorten (etwa in der Flaggerschlucht und im Thinnetal) ist ihr auch die Tanne beigemischt. In Ost-West streichenden Tälern, etwa um Pens und hinter Durnholz, reicht an der trockenen Sonnseite der montane Fichtenwald auf 1800 bis 1900 Meter hinauf, während an der Schattseite der subalpine Fichtenwald mit Zirben bereits am Hangfuß (1500 m) einsetzt.

Besonders an steilen und flachgründigen Standorten ist die lichtbedürftige, der Fichte vergesellschaftete Lärche ein konkurrenzstarker Pionierbaum. Die reinen Lärchenhaine (wie am Ritten) hat erst der Mensch geschaffen, der zwecks Gewinnung von Weiden und Mähdern die schattenden Fichten und Zirben herausgeschlagen hat. Den neuzeitlichen Meliorierungen fallen freilich auch die Lärchen selbst zum Opfer.

Ab 1700 bis 1800 Metern Höhe setzt der subalpine Lärchen-Zirben-Wald ein, in welchem gegen die Waldgrenze zu die Zirbe zunehmend dominanter wird. Die natürliche Waldgrenze liegt im Sarntal bei 2100 Metern, die Baumgrenze bei 2300 Meter, an der Tatschspitze klettert verkrüppeltes Zirbengestrüpp bis auf 2400 Meter Meereshöhe. Die ausgedehntesten Zirbenwälder stocken an den obersten Hanglagen des Eisacktales und an den Nordflanken des Sarntales. Auf den sonnigen Plateauflächen sind die Zirbenwälder spätestens im Hochmittelalter der Almrodung zum Opfer gefallen.

Für den Botaniker Braun-Blanquet gehört dieser unterwuchsreiche Waldtyp zu den prächtigsten Landschaftsbildern der Alpen: »Hinreißend im Frühjahr, wenn die Alpenrose ihre harzduftenden Knospen sprengt und die Hänge rötet, überwältigend in der Spätherbsteinsamkeit, wenn aus dem Halbdunkel des Zirbenwaldes die Glut des Heidelbeerlaubes sich mit den gelben, braunen und rotvioletten Farben der Zwergsträucher zu unvergeßlicher Farbensymphonie vermischt«.

Zirbe und »Zirmgratsch«

Die Zirbelkiefer ist der Charakterbaum des kontinentalen Klimas mit seinen harten Winterfrösten. In den Alpen und Karpaten bildet sie vielfach die Waldgrenze, die größten Bestände aber stehen in der sibirischen Taiga.

Ihre Nadeln (die zum Unterschied zu den Föhren zu fünft an den Kurztrieben

Ohne den Tannenhäher würden wir die Zirbe nur mehr in Fossilien vorfinden.

stehen) vermögen Temperaturen um minus dreißig Grad unbeschadet zu ertragen. Schon im September produziert die Zirbe Zucker als »Gefrierschutzmittel«. Um sicher zu gehen, daß sie nicht an einem milden Spätwintertag bei noch gefrorenem Boden mit der Assimilation (und Wasserverdunstung) einsetzt, ist ihre Aktivität weitgehend tageslängengesteuert. Wegen der kurzen Vegetationszeit wachsen Zirben extrem langsam. Ein zehn Meter hoher Baum ist oft weit über hundert Jahre alt.

Aufgrund der guten Schnitzeigenschaften wurden die Zirben in Gröden trotz behördlicher Beschränkungen stark dezimiert. Auch im Sarntal, wo die Schüsseldreher schöne Zirbenstämme brauchen, wurden anno 1658 eigene Schutzbestimmungen erlassen. Heute können wir in allen Hochlagen eine starke Zunahme der Zirben feststellen, vor allem in einstmals beweideten Lärchenwäldern.

Bei unseren Nadelbäumen sorgt dank ihrer geflügelten Samen durchwegs der Wind für die Verbreitung, die schwere Zirbennuß hingegen fällt »nicht weit vom Stamme«. Auch wenn sie hier keimen würde - unter der tief beasteten Altzirbe, die tausend Jahre alt werden kann, besteht keine Chance. Was dann?
Im Herbst vernehmen wir aus den Wipfeln der Zirben lautes Gekreisch. Mit nußgefüllten Kröpfen oder ganzen Zäpfen im Schnabel herrscht ein ständiges Kommen und Gehen von Tannenhähern.

Junge Zirbengruppe als Produkt der Symbiose zwischen Vogel und Baum:

hier ist ein zurückgelassenes Nußdepot »hochgegangen«.

Die weise Vorsicht des Vogels:

um zu verhindern,
daß die sorgsam gehorteten Nüsse
beim Aufknacken auf Nimmerwiedersehen
in den Schnee wegspringen,
klemmt sie der Häher in Rindenspalten.

Diese »fliegenden Hamster« werden in Tirol deshalb treffend »Zirmgratsch« genannt.

Das Umfeld hervorstehender Steine oder Baumstrünke (besonders wenn sie auch noch Klemmöglichkeiten bieten) ist von Zapfenresten übersät: an diesen »Zirbenschmieden« hackt der Häher die Nußsamen heraus, die ihn dank des hohen Fett- und Mineralreichtums wohlgenährt durch den Hochgebirgswinter bringen und im Frühjahr auch noch seinen Jungen als Atzung dienen.
Zu diesem Zweck legt die Zirmgratsch in Erdlöchern zahlreiche kleine Depots an, die sie sodann im Winter, selbst durch eine meterhohe Schneedecke hindurchstoßend, mit traumwandlerischer Sicherheit findet. Damit die kostbaren Nüsse beim Aufhacken nicht etwa in den Schnee wegspringen, klemmt sie der Häher mit Vorliebe in Rindenspalten fest.

Schon im Fluge und an den Schmieden entgleitet mancher Same; bei mildem Klimaverlauf werden auch nicht alle Depots geleert; oder der »Besitzer« ist umgekommen - und so keimt daraus wieder neues Leben. Wo die Zirbensämlinge büschelweise wachsen, ist solch ein Depot »hochgegangen«. Die Symbiose mit der Zirmgratsch hat der Zirbe ihr Areal durch die Jahrmillionen erhalten, ausbauen und allen Klimaschwankungen anpassen lassen.
Ohne den Tannenhäher würden wir die Zirbe nur mehr in Fossilien vorfinden.

Das Umfeld unserer Städte und Autobahnen ist längst zur »Flechtenwüste« verödet

Genügsame Flechten

Die zotteligen Bart- und Strauchflechten an Stämmen und Ästen verleihen den subalpinen Wäldern einen bizarren Ausdruck. Die Flechten stellen eine Symbiose zwischen Pilzen und Blaualgen dar:
die Alge produziert mittels des Sonnenlichtes organische Substanz, von deren Abbau und Mineralisation der Pilz lebt. Aus den absterbenden Pilzhyphen bezieht sodann die Alge die für ihr Wachstum notwendigen Mineralstoffe. Ein Perpetuum mobile, wie es nur die Natur hervorbringen kann.
Die für weite Teile des Naturparks charakteristischen Blockschutthalden werden von verschiedenen Krustenflechten besiedelt, welche die erste Stufe der Bodenbildung einleiten.
Klirrende Kälte, glühende Hitze, staubige Trockenheit vermögen ihnen nichts anzuhaben. Kaum daß sie aus dem Morgentau oder aus Nebelschwaden Feuchtigkeit aufgesogen haben, »arbeiten« sie bereits wieder.
Flechten gedeihen nur in reiner Luft. Das Umfeld unserer Städte und Autobahnen ist deshalb längst zur »Flechtenwüste« verödet. Dank dieser Umweltsensibilität werden Flechten auch als Bioindikatoren zur Erhebung der Gesamtluftbelastung benützt. Das Biologische Landeslabor hat zum Beispiel in den Siebziger Jahren entlang mehrerer Höhenprofile Flechtenproben ausgesetzt. Aus der Absterberate konnte dann ein getreues Bild von der Gesamtluftbelastung des Bozner Kessels kartografisch festgehalten werden.

Alpine Zwergstrauchheiden

Schon der meist licht stockende subalpine Wald beherbergt im Unterwuchs zahlreiche Sträucher. Je mehr mit zunehmender Höhe die Bäume zurücktreten, umso dominanter werden die alpinen Strauchgesellschaften. In den Sarner Bergen erreichen sie besonders an Schattenhängen und an ausgesetzten Kuppen sowie auf bodenseichten Geröllhalden große Aus

Saisonsarbeitsplatz im Wald:
herbstliche Zirbenschmiede mit Klemmvorrichtung.

Fliegender Hamster, Erntearbeiter und Orientierungsgenie zugleich:
der Tannenhäher, Zirmgratsch genannt.

dehnung. Auf günstigeren Südhängen hat sie der Mensch durch Almweiden verdrängt.

Die frostempfindliche Alpenrose, die zu Anfang Juli ganze Hänge zum Erglühen bringt, gedeiht in Nordlagen und Mulden mit langer Schneebedeckung am üppigsten, etwa am Penser Joch, Gentersberg, Villanderer Berg und Weißhorn. In der Alpenrosenheide finden wir außerdem die Heidelbeere, Rauschbeere, den Alpenlattich, die Wald-Hainsimse.
Exponierte Nordflanken überzieht kleinflächig die Krähenbeeren-Rauschbeeren-Heide, in der neben dem Alpenbärlapp bereits Bodenflechten auftauchen.
Auf sturmumtobten Kuppen und Graten ohne schützende Schneedecke trotzt die extrem frostharte Windflechten-Gemsheide mit der Gemsheide, Windbart-, Rentier-, Moos- und Wurm-Flechte den tiefen Temperaturen.
Die trockenheißen Südflanken werden von derZwergwacholder-Bärentrauben-Heide besiedelt. Der Zwergwacholder breitet sich auch auf mageren Almen in konzentrischen Strauchbeeten aus.
An rutschgefährdeten Hängen und in Lawinenrunsen sowie am Oberlauf der Bäche befestigt die Grünerle den Boden. Im Schutz des Grünerlengebüsches gedeihen neben diversen Weiden zahlreiche Hochstauden: Wald-Storchschnabel,

Es ist eine wahre »Sisyphusarbeit«, die wir der Natur mehr und mehr zumuten

Meisterwurz, Wurmfarn und Greiskraut, Alpendost, Wolfs-Eisenhut, Türkenbund Schwalbenwurz-Enzian und andere.

Der Latschengürtel

Die größte Ausdehnung erreicht in den Sarner Bergen mit rund 1600 Hektar der Latschengürtel. Die Latsche wird auch Bergkiefer, Legföhre, Zunter, im Sarntal »Reische« genannt und kann bis zu drei Meter hoch werden. In keinem Silikatgebiet erreicht die sonst eher kalkholde Latsche eine solche Verbreitung wie im Sarntal, wo sie Süd- und Westhänge, im Durnholzer Tal auch Osthänge besiedelt. Ihr undurchdringlicher Dschungel ist ein wahres Naturreservat.

Die Latschenfelder bedecken hier ausgelaugte magere Böden unterhalb der natürlichen Baumgrenze. Waldrodung sowie die jahrhundertelange Ausbeutung durch das Weidevieh haben hier zur Abschwemmung der Feinerde geführt. Nur die anspruchslose Latsche vermag diese steinigen Böden wieder zu besiedeln, sie vor Schlagregen und vor Hagel zu schützen und das erosionsgefährdete Lockermaterial zu befestigen.
Auf diese Weise beginnt von neuem die Bodenbildung. Langsam reift das Keimbett für standortgerechte Zirbenwälder wieder heran.
Die unübersehbaren großen Kahlschlagflächen im Latschengürtel zeigen jedoch, daß der Mensch diesen Selbstheilungsprozeß der Natur immer wieder unterbricht. Aus den Nadeln wird nämlich in eigenen Brennereien das ätherische Latschenöl destilliert, das in der Kosmetik- und Heilmittelindustrie einen reißenden Absatz findet - besonders seit in anderen Alpenländern die Rodung der Latschen aus ökologischen Gründen verboten ist. Dort begnügt man sich heute mit der Destillation der bei der Holznutzung anfallenden Zirbennadeln.

Die Lebensbedingungen in der alpinen Kampfzone sind so hart, daß die Latsche bereits stirbt, wenn auch nur ein Drittel der Nadeln geschnitten werden. Die Latschenkahlschläge werden anschließend als Viehweide genutzt. Oft übermäßiger Viehtritt schädigt sodann die im Schutz des Latschengestrüpps nur schwach ausgebildete Grasnarbe und es kommt zu einer neuerlichen Abschwemmung der Humuserde. Wenn die Weide wieder verludert ist, »darf« die Latsche wieder mit dem Bodenaufbau beginnen.

Naturgewalten:

wie von einer Riesenfaust gefällt verwittern diese Urzirben an der Baumgrenze im obersten Flaggertal.

Sonnentau und Fettkraut
verstehen ihre Nährstoffration aufzubessern, indem sie Insekten fangen

Es ist eine wahre Sisyphusarbeit, die wir der Natur zumuten. Wenn wir schon den an der Elendsgrenze darbenden Entwicklungsländern zumuten, aus ökologischen Gründen auf die Rodung des Urwalds zu verzichten, sollten auch wir uns fragen, ob wir nicht auf die Ausbeutung dieser ökologisch sensiblen Hochgebirgsregion verzichten könnten.

Moore als Wasserspeicher

Auf den lehmhaltigen wasserstauenden Moränen-Ablagerungen der Villanderer Almen erstreckt sich das größte Moorgebiet Südtirols. Kleinere Moorflächen finden sich zudem überall verstreut in Karverebnungen des Naturparks. Auf den verwitterten Porphyrtuffen auf der flachen Ostabdachung der Sarner Scharte (Platten Alm) haben sich ebenfalls Moore und Tümpel entwickelt.

Moore sind organisch gebildete Böden, in denen auf Grund des stauenden, sauerstoffarmen Wassers oder extrem saurer Verhältnisse abgestorbene Pflanzen nicht zersetzt und mineralisiert werden. Der sich bildende Torf ist somit das jüngste Glied in der Serie der fossilen Brennstoffe, aus denen unsere Industriegesellschaft den Großteil ihrer Energie bezieht. Die Ausbeutungsrate dieser »Sparkasse der Natur« ist heute rund hunderttausend Mal größer als ihre Bildungsrate. Die Folge dieses Raubbaus ist der ständig ansteigende Kohlendioxyd - Gehalt der Luft, der infolge des Treibhauseffektes auch bedrohliche Auswirkungen auf das Klima zu haben scheint.

Auch auf der Villanderer Alm hat es nicht an Versuchen gefehlt, die teilweise meterhohen Torfschichten auszubeuten. Neben verschiedenen kleineren Torfstichen wurde beispielsweise 1843 eine Dampfköhlerei installiert. Zum Glück ist es bei den Versuchen geblieben.
Der unschätzbare Wert dieser »Bodenschätze« liegt nämlich nicht in ihrem Brennwert, sondern im Vermögen, Wasser zu speichern, das den Abbauwert tausendfach verzinst. Ein vollgesogener Hochmoortorf besteht bis zu neunzig Prozent aus gespeichertem Wasser. Die Millionen Kubikmeter von Torf auf der Villanderer Alm sind deshalb für das hydrogeologische Gleichgewicht bis ins Tal hinunter von ausschlaggebender Bedeutung. Durch die Verzögerung des Wasserabflusses bei Schneeschmelze und starkem Regen verhindern sie Erosions- und Hochwasserschäden im Siedlungsgebiet und speichern andererseits für Trockenperioden das nötige Trink- und Beregnungswasser.

Heute sind die Moore kaum mehr durch Torfstiche bedroht, vielmehr durch landwirtschaftliche Meliorierungen, Drainagen und Trockenlegungen. In den Tälern sind auf diese Weise bis auf nur wenige Reliktbiotope die Moore verschwunden.

Es ist hingegen schon längst nachgewiesen, daß Trockenlegungen von Moorböden in Hochlagen langfristig keinen landwirtschaftlichen Nutzen erbringen, aber unabsehbare Folgen für die hydrogeologische Stabilität nach sich ziehen. Vermurungen und aufwendige Schutzbauten, Trockenheit und lange Wasserversorgungsleitungen sind die Folgen.

Auf der Villanderer Alm können wir alle Stufen vom Niedermoor zum Hochmoor beobachten. Auf stauender Nässe bzw. bei der Verlandung von Tümpeln bildet sich die grundwasserabhängige Niedermoorgesellschaft, die vor allem von Seggenrieden, Schilf, Wollgräsern, Binsen, der Mehlprimel, dem Fieberklee, der Simsenlilie, Teichbinse, Sumpfdotterblume, dem Sumpf-Herzblatt, Hahnenfuß und Sumpfenzian gekennzeichnet ist. Unter der Moorvegetation finden sich auch nordisch-eiszeitliche Reliktarten, etwa der Nordische Igelkolben auf der Plattenalm.

Das stockwerkartige Wachstum der Torfmoose (Sphagnum) bewirkt im humiden Klima eine Aufwölbung der Moorfläche um rund einen Millimeter pro Jahr. Es bildet sich nun langsam ein grundwasserunabhängiges Hochmoor.
Nur wenige »Spezialisten« vermögen auf diesen extrem nährstoffarmen und stark sauren Standorten ihr Auskommen zu finden. Die Torfmoosbulten werden von der unscheinbaren Moosbeere durchwoben. An ihren zierlichen zyklamenähnlichen Blüten entwickeln sich dunkelrote Beeren. Die Rauschbeere ist am blaugrünen Laub von der Heidelbeere zu unterscheiden; auch die Preiselbeere und Besenheide trifft man an. Vorwiegend auf den schlammigen Naßstellen gedeihen der Sumpfbärlapp sowie der zierliche Sonnentau und die fleischigen Rosetten des Fettkrautes.
Sonnentau und Fettkraut gehören zu den fleischfressenden Pflanzen: gelangt ein ahnungsloses Insekt auf ihre Blätter, wird es von den klebrigen Drüsenhaaren festgehalten und von Verdauungssekreten aufgelöst. Auf diese Weise bessern diese Moorpflanzen ihre Nährstoffration auf. Eine Seltenheit der Hochmoorvegetation ist die reizvolle Rosmarinheide, die in Südtirol nur an ganz wenigen Stellen vorkommt.

Anspruchslose verkrüppelte Birken und Latschen sind die einzigen Gehölze, die hier noch ihr Dasein fristen und den Hochmooren einen bizarren Anblick verleihen. Da die weiche Moorvegetation durch jedes Betreten für Jahre empfindlich in ihrer Entwicklung gestört würde, ist dies vollständig zu unterlassen - abgesehen von der Gefahr, daß man dabei in nur oberflächlich zugewachsene, morastige Schlenken versinkt.

Ein Hochmoor hat als Vegetationsarchiv einen unschätzbaren wissenschaftlichen Wert. So fand man in den bis zu fünf Meter mächtigen Torfprofilen am Mitterstieler Weiher (Ritten) die Vegetationsgeschichte und Klimaentwicklung von

Selbst gewaltige Baumstämme werden vom weichen Torfmoos langsam erstickt und zu Fall gebracht

zwölftausend Jahren seit dem Schmelzen der Eiszeitgletscher nahezu unverändert konserviert: Blütenpollen, Blätter und die Tierreste früherer Lebensgemeinschaften von der ersten Polarvegetation bis zu historischen Getreidesorten ebenso wie gewaltige Baumstämme, die vom weichen, Millimeter für Millimeter wachsenden Torfmoos langsam erstickt und zu Fall gebracht wurden.
David gegen Goliath: Die Gesetzmäßigkeiten der Natur wirken langsam, aber unerbittlich.

Die Hochalmen

Auf dem weiten Plateau zwischen Rittner Horn und Königanger(2439 m) erstreckt sich hoch über Barbian, Villanders, Latzfons und Feldthurns das größte zusammenhängende Almgebiet Südtirols.

Die sommerliche Alpung bedeutet für viele Viehhöfe eine spürbare Ausweitung der Futterbasis. Die gesunden nährstoffreichen Almkräuter, sowie Sonne, Wind und Wetter kräftigen das Alpvieh und machen es resistenter gegen Krankheiten. Vermutlich fühlt es sich hier auch wohler als in den engen Boxen der »Fleisch- und Milchfabriken«.
Auf höher gelegenen Almen wird heute ausschließlich Jungvieh (Galtvieh) gesömmert. Da die Milch heute kaum mehr auf den Almen verarbeitet wird, bleibt das Milchvieh dort, wo auch Melkmaschine und Milchtransporter eingesetzt werden. Die höchsten Almen werden von Schafen bestoßen. Durch ihr dickes Fell geschützt, verbringen sie den ganzen Sommer im Freien.
Die Sarntaler Alpen sind auch die Heimat des Haflinger Pferdes. Die fortschreitende Mechanisierung der Landwirtschaft und der Gebirgstruppen brachte vor wenigen Jahrzehnten einen starken Rückgang des Haflinger Bestandes. Gerade noch rechtzeitig wurde dann das kleine, zähe, fuchsfarbene Gebirgspferd mit der flachsblonden Mähne als ein gutmütiges Freizeitpferd »entdeckt«.

Dem auf den Bergmähdern gewonnenen Heu schreiben die Bauern eine besonders kräftigende und heilsame Wirkung zu, wodurch die geringe Erntemenge zum Teil kompensiert wird.

Der weitaus größte Teil der Almen wird heute nur mehr beweidet. Hier entwickelt sich der trittfeste und weideresistente Bürstlingsrasen, anspruchslos, aber auch wenig ergiebig.
An besseren Standorten gedeihen Weidegräser wie das Alpen-Ruchgras, der Bunte Hafer oder das Lager-Rispengras.
Im Bürstlingsrasen finden wir zahlreiche Alpenblumen, etwa die Bärtige Glockenblume, das Goldfingerkraut, das Katzenpfötchen, den Rauhen Löwenzahn, den Echten Alpenklee, Arnika und Silberdistel, die Schwefelanemone, das Kohlröschen, den Stengellosen, Punktierten und Gelben Enzian.

Die höher gelegenen, von Natur aus gehölzfreien alpinen Rasen werden auf Silikatböden von der resistenten Krummsegge beherrscht. Hier blühen auch die Frühlingsanemone und die Zwergmiere, die Zwergprimel, der Blaue Speik und diverse Polsterpflanzen.

Im Sarntal herrscht die Gemeinschaftsalm der traditionellen Nachbarschaften vor. In verschiedenen Höhenlagen bestehen Nieder-, Zwischen- und Hochalmen, die im Laufe des Sommers nacheinander bestoßen werden.
Auf diese Weise kann die Alpungszeit (meist vom 15. Juni bis zum 15. September) verlängert werden.
Die Almlandschaft der Eisacktaler Seite prägen hingegen Hunderte Hütten von Einzelhofalmen, die für eine wesentlich kürzere Zeit von Familienangehörigen geführt werden.
Heute ist die Sommerfrische oftmals für die Aufrechterhaltung der Kleinalmen der wichtigere Beweggrund geworden.

Auf der Villanderer Alm stehen bereits diverse Wochenendhäuser und nur den verschärften Raumordnungsgesetzen ist es zu verdanken, daß hier nicht die gleiche Zersiedlung wie auf der Seiser Alm

Die meisten Almen
besitzen uralte Schneefluchtrechte auf tiefer gelegene
Mähder und Wälder

um sich griff. So sind die Villanderer Almen bis heute im Sommer wie im Winter ein ruhiges Wander- bzw. Langlaufgebiet geblieben, frei von skitechnischen Erschließungen.

Das rauhe Klima der Sarner Alpen bringt fast jedes Jahr sommerliche Schneefälle mit sich. Die meisten Almen besitzen daher uralte Schneefluchtrechte auf tiefer gelegene Mähder und Wälder.

Kilometerlange, mühevoll geschichtete Steinmauern sollten verhindern, daß die Nachbarskühe sich an fremden Halmen vergreifen. Sie dokumentieren die wirtschaftliche Bedeutung der Almen in den früher kargen Zeiten. Ein halbes Jahrtausend lang prozessierten die Rittner gegen die Barbianer und Villanderer um die Weiderechte. Strafexpeditionen und Viehpfändungen ließen den Streit immer wieder neu entflammen, in den auch der wortgewandte Ritter Oswald von Wolkenstein als Inhaber von Weiderechten in Villanders wiederholt eingriff und in einer Streitschrift die Rittner wenig schmeichelhaft »dem teufel hinten in sein swarcz arsloch« verwünschte. Erst 1823 wurde der Almstreit beigelegt.

Wegen der niedrigen Rentabilität wurden in den letzten Jahrzehnten manche Almen nicht mehr bestoßen. Viele befürchten deshalb Verkarstung, Schäden durch Erosion und Lawinen sowie eine

Krummsegge zwischen Krustenflechten.
Die ausgedehnten Hochmoore der Villanderer Alm sind für einen ausgeglichenen Wasserhaushalt unentbehrlich.
Die Silberdistel öffnet im Spätsommer ihre nektargefüllte Korbblüte.

»Verwilderung« des Landschaftsbildes. Nicht zuletzt deshalb werden seit einigen Jahren den Bauern Alpungsprämien ausbezahlt und wird die Almenerschließung vorangetrieben.

Die Zukunft der Almen

Unter bestimmten Bedingungen kommt es tatsächlich vor, daß der an den langen Halmen festgefrorene Schnee die Rasensoden mit Schneebrettern aufreißt. Hier müßte der Mensch flankierend eingreifen, bis das (aufgrund der frühere Almrodung) gestörte natürliche Gleichgewicht wiederhergestellt ist.
Wie wir auf unseren Wanderungen leicht feststellen können, wirken auch nach den Eingriffen des Menschen meist umgehend die Selbstheilungskräfte der Natur. So bilden auf aufgelassenen Almen bald schon Beerensträucher, Almrosen, Moorbulte und Latschen eine kräftige Vegetationsschicht von weitaus größerer ökologischer Stabilität und Schutzfunktion, als der Mensch sie der Natur jemals wird geben können.

Weit mehr als das Vordringen der natürlichen Wildnis stellen manche Intensivierungstendenzen ein ökologisches Risiko

»I denk
die Villanderer Alp neunmal Wies
und neunmal Wald«.

Wie reagiert die Natur auf den Rückgang der Almwirtschaft?

Ein großer Teil der Lawinenstriche wurde erst vom Menschen durch die Almrodungen verursacht.

Sulzenalm hoch über Graßstein.

dar. Durch Planierung, Drainagen, Chemie- und Gülledüngungen werden heute vermehrt Almmähder in Intensivwiesen umgewandelt, was zudem meist auch noch Straßenbauten und einen erhöhten Wirtschaftsverkehr mit sich bringt.
Auf den übrigen Weiden erhöht sich dann die Viehdichte und führt damit zu einer verstärkten Erosion durch Viehtritt.

Ausgewaschene Düngerreste, aber auch die Abwässer aus Hütten und Freizeiteinrichtungen verschlechtern schlagartig die Trinkwasserqualität.

Aufgrund der seichteren Bodenverhältnisse, der tieferen Temperaturen und der kurzen Vegetationsperiode ist die Selbstreinigungskraft in der Almregion wesentlich vermindert, weshalb die Hochquellfassungen besonders gefährdet und nicht selten durch fäkale Colibakterien verunreinigt sind.
»Ökologische Sünden« haben bereits un-

sere Vorfahren begangen, als sie mit Axt und Feuer die Zwergstrauch-, Latschen- und Waldgrenze herabgedrückt haben. Dazu der Innsbrucker Universitätsprofessor Franz Fliri:

»Im Wasserhaushalt bewirkte die Rodung eine ungleichmäßige Verteilung des Schnees und zusammen mit der Bodenverdichtung auf den Weiden eine Beschleunigung der Schneeschmelze und Zunahme der Hochwassergefährdung, darüber hinaus auch bei Schlagregen und Gewittern mehr Oberflächenabfluß, Bodenerosion und Vermurungen. Eine weitere Folge war die Zunahme der Schadenslawinen, brechen doch zwei Drittel von ihnen im gerodeten Raum unterhalb der maximal möglichen Waldgrenze ab. Deshalb wurde auch der tieferliegende Wald geschädigt, vor allem auf den Hängen in Streifen ausgelöst. Fast alle Gefahren, denen heute die Wildbach- und Lawinenverbauung mit großen Kosten vorzubeugen sucht, sind erst vom Menschen geschaffen worden«.
Die fernen Erinnerungen an Rodungen und verdrängte Schuldgefühle an »hausgemachten« Katastrophen mögen in der Sage vom Villanderer »Almkoat« personifiziert sein. Das Unwesen, halb Mensch - halb Tier (Symbole für Zivilisation und Natur), zerreißt jeden, der sich nach dem Feierabendläuten noch auf den Almen herumtreibt und klagt:

»I denk die Villanderer Alp
neunmal Wies und neunmal Wald«.

Stoanmandlen auf der Sarner Scharte.

An der Erhaltung
dieser fragilen Landmarken -
uralt und immer wieder neu zugleich - muß
jede Generation beitragen.
Manche dieser Steine
mögen schon bronzezeitliche Hirten
geschichtet haben ...

Auch die Schöpfung
können nur wir für die nächste Generation
bewahren.

Der Naturpark Sarntaler Alpen ist derzeit noch in der Planungsphase

Literaturhinweise zum Naturpark Sarntaler Alpen

Fliri, Franz:
Die natürlichen Grundlagen des Landes im Gebirge
in: Tiroler Volkskultur, 1989, Seite 197

Kofler, Erich:
Barbian - Villanders (Gebietsführer 25), Bozen, 1980

Mahlknecht, Bruno:
Sarntal (Gebietsführer 9), Bozen, 1976

Menara, Hanspaul:
Sarntaler Alpen (Alpenwege 3), Bozen, 1982

Rampold, Josef:
Eisacktal (Landeskunde 5), Bozen, 1981

Rampold, Josef:
Bozen, Salten, Sarntal, Ritten (Landeskunde 7), Bozen, 1979

Zatelli, Hansjörg:
Unterwegs im Sarntal, Bozen, 1990

Zingerle, Barbara und Berthold:
Klausen und Umgebung (Gebietsführer 26), Bozen, 1980

Inhaltsverzeichnis